D1868481

CHRISTIANE TRAMITZ

Kindergeheimnisse

CHRISTIANE TRAMITZ

Kindergeheimnisse

Die verborgenen Welten der Elf- bis Achtzehnjährigen

DROEMER

Besuchen Sie uns im Internet:
www.droemer-knaur.de

Die Folie des Schutzumschlags sowie die Einschweißfolie sind PE-Folien und biologisch abbaubar.
Dieses Buch wurde auf chlor- und säurefreiem Papier gedruckt.

Copyright © 2003 bei Droemer Verlag.
Ein Unternehmen der Droemerschen Verlagsanstalt
Th. Knaur Nachf. GmbH & Co. KG, München
Alle Rechte vorbehalten. Das Werk darf – auch teilweise – nur mit Genehmigung des Verlages wiedergegeben werden.
Redaktion: Brigitta Neumeister-Taroni
Umschlaggestaltung: ZERO Werbeagentur, München
Umschlagabbildung: Getty Images, München
Satz: Ventura Publisher im Verlag
Druck und Bindung: Ebner & Spiegel, Ulm
Printed in Germany
ISBN 3-426-27281-4

2 4 5 3 1

Für Gitta,
weil sie mit mir die Jugend teilte,
und für Dieter,
weil er diese Zeit auf wundersame Weise
in Erinnerung rief

INHALT

EINLEITUNG

Heute ist heute und morgen ist alles anders

Lehrer informierten ihre Schüler, Sozialpädagogen hielten Ausschau in Jugendeinrichtungen, Klassensprecher motivierten ihre Mitschüler, Freunde und Bekannte fragten ihre Kinder und die wiederum ihre Freunde. Und dann lief alles wie von selbst, wie beim Schneeballsystem. Motto: Da kommt eine Autorin, die ein Buch schreibt, in dem zu lesen ist, was man erlebte und dabei fühlte. Die schreibt auf, was man liebt oder fürchtet, was einen erfreut, ärgert oder ängstigt. Man kann Geheimnisse ausplaudern, ohne Vertrauen zu verletzen, kann sich entlasten, Welten beschreiben, die ansonsten verborgen sind. Es kommt jemand und hört zu.

Dabei wird Kaugummi gekaut, an Fingernägeln geknabbert, Coca-Cola und Fanta getrunken. Auf den Tischen liegen Chipstüten, Schokolade oder auch schon mal Zigaretten, Teddys und Hasen thronen auf den Betten, Robbie Williams und die No Angels zieren die Wände, Mädchenhefte oder Titutskatalog (für alle Skater ein Muss!) liegen auf dem Regal – und in jedem Zimmer stehen eine Stereoanlage, ein Computer und meistens auch ein Fernseher. Man enthüllt Innenwelten in jenen Räumlichkeiten, in denen man ansonsten Tagebuch schreibt, weint, sich einschließt, Musik hört, Karaoke zelebriert, tanzt, sich mit Freunden trifft oder sich mit Heiligen unterhält. Dort streichelt man sich, man masturbiert und erlebt Höhepunkte, ganz heimlich. In diesen Zimmern sitzen sie nun – Susan,* gepierced an Nase, Zunge, Bauch und Lippe, Dana mit ihren Klammern im Haar, Jasmin, im engen Top, bauchfrei – und berichten über ihre verborgenen Welten. Viele wollen dabei einfach nur cool wirken, stecken in übergroßen Hosen, haben das Haar sorgsam in die Höhe gestylt und reden. Andere sind schüchtern, wie Michi mit seinem Stroh im Haar oder Dino, der nicht richtig wachsen konnte und an einen Drittklässler erinnert.

Es redet nur, wer etwas zu sagen hat. Geheimnisse und Geständnisse verlassen zaghaft die Herzen. Einiges erzählen sie zum ersten Mal in ihrem Leben, wundern sich und erschrecken selbst darüber. »Das waren deine grünen Augen, die haben alles aus mir rausgezogen«, sucht Jasmin nach einer Erklärung für ihre Offenheit.

In Wirklichkeit steckt aber ein ungemeines Bedürfnis nach Bekenntnissen dahinter. »Ich könnte noch Stunden reden, die Zeit ist zu kurz«, beklagt sich Johanna. »Sonst hört doch keiner zu«, meint Lucas.

Emotionen in Worte zu fassen will erlernt sein. Voraussetzungen dafür sind, dass man sich ihrer bewusst ist, sowie die Zuversicht, dass der Austausch seelischer Regungen eine Beruhigung des aufgewühlten Zustands herbeiführt. Sprechen dient nämlich dem Abbau von Spannungen. Schon im Kleinkindalter kommentieren Kinder ihre Handlungen, vor allem dann, wenn sie vor Problemen stehen. Der da noch nicht wirklich vorhandene Ansprechpartner wird irgendwann durch einen Teddybären, eine Puppe, vielleicht aber auch durch einen unsichtbaren Freund ersetzt. Was aber erzählt man sei-

* Die Namen aller Kinder in diesem Buch wurden zur Wahrung der Persönlichkeitsrechte geändert.

nen Eltern in einem Alter, in dem die Emotionen immer mehr ins Bewusstsein dringen? Mit Elfjährigen über ihre Gefühle zu sprechen ist alles andere als einfach. Noch kommentieren sie ihre Empfindungen mit simpel anmutenden Sätzen wie: »Ich bin ganz einfach gut – beziehungsweise schlecht – drauf.«

Gefühle gewinnen in dieser Zeit langsam an Kontur, indem sie bewusster reflektiert werden – und die Worte für all die aufwühlenden Regungen hinken meist hinterher. Später, wenn die Heranwachsenden mit ihren Gefühlen im Clinch liegen, fehlen oft Worte und Verständnis für die inneren Regungen. Es bedarf sensibler Antennen, um die Bedeutung solch knapper Gefühlsbeschreibungen wie »passt schon« oder »passt nicht« zu erahnen. Rückbesinnung ist das Geheimnis dieser Antennen, Rückbesinnung auf die eigene Zeit der Verschwiegenheit, als man klagte, Erwachsene sprächen eine andere Sprache und könnten einen nicht verstehen.

Die Mehrzahl der Gespräche war inhaltlich aufwühlend, bisweilen auch erschütternd. Alle Erzählungen mögen authentisch sein – zumindest aus Sicht der Kinder und Jugendlichen. Sie spiegeln die momentane Schieflage ihrer Gemüter.

Ein Jahr danach wird das Buch gedruckt sein, Michi, Anna, Sofie werden dann möglicherweise über ihre jetzigen Innenwelten schmunzeln, sie gar vergessen haben – denn dann ist anderes wichtig. Richy wird eng mit Zilla befreundet sein, Anna denkt vielleicht mehr an Sven als an ihre Mutter, und Melanie ärgert sich vielleicht, dass sie überhaupt geredet hat.

Aber das ist jetzt egal. Heute haben sie das Bedürfnis zu reden, und heute erscheint ihre Innenwelt so und nicht anders.

Mein Vater regte sich nicht. Im Halbdunkel lag er zusammengebrochen auf dem Boden vor den Augen vieler untätiger Zeugen. War er ganz tot? Oder lebte er noch ein bisschen? Es herrschte bedrohliche Stille, keiner half ihm, und ich war zu weit weg, konnte nicht zu ihm. Meine Mutter, neben mir, blieb ruhig, ignorierte zunächst meine aufkommende Panik.

Irgendwann trug sie mich in aller Eile fort, weil ich die Stille mit einem Schrei störte. Sie hielt mir den Mund zu und redete auf mich ein: »Es ist doch nur ein Schauspiel.« Die vielen Menschen hätten mich alle angeschaut, völlig verwundert, auch ein wenig verärgert, berichtete sie mir später.

Meine bis dahin recht heile Kinderwelt hatte an diesem Abend ihren ersten Knacks bekommen, gleichzeitig leitete der Tod meines Vaters, alias Mortimer, auf der Bühne eine neue Epoche in meinem Leben ein: Ich hatte ein neues Vorbild, fühlte mich als Maria Stuart, litt mit ihr, begleitete sie in den Kerker, auch auf das Schafott, und sprach in ihren Worten.

Maria Stuart war sozusagen meine Britney Spears. Ich wollte so aussehen wie die verhinderte Königin und auch so leben. Deswegen habe ich damals vierunddreißig Teilnahmekarten für ein Preisausschreiben von Jacobs Krönung ausgefüllt, in der Hoffnung, meine Chancen auf den ersten Preis zu erhöhen: »Jacobs Krönung verwöhnt Sie ein Wochenende als Königin auf einem Schloss.«

Schiller nahm ich schwer übel, dass Mortimer Hand an sich legt, denn das bedeutete, dass sich mein Vater allabendlich einen Dolch in den Körper rammen musste.

Viel schlimmer aber fand ich, dass Elisabeth am Ende siegte und Maria Stuart hinrichten ließ.

Das alles muss man wissen, um zu verstehen, warum ich mich Jahre später weigerte, ein Huhn zu essen, und damit die Erwachsenenwelt meines Vaters zutiefst erschütterte.

Das kam so:

Ich war elf Jahre alt – und hatte inzwischen sämtliche Maria-Stuart-Hörspielplatten verinnerlicht –, als mein Vater beschloss, seiner Schiller-infizierten Tochter ein aufregendes Abenteuer zu bieten. Einen Abend kein Hörspiel und tragisches Zitieren! Ihm schwebte ein Lagerfeuer vor, inmitten der Bergwildnis, wo unsere Almhütte lag, der Trempler. Dort wollte er ein Huhn braten, so wie man es eben in der freien Natur macht: aufgespießt auf einem Stock. Der Abend sollte sich ganz auf dem Niveau von Jägern und Sammlern bewegen, also Pilze als Beilage sammeln, Beeren zum Nachtisch suchen, Wasser vom Bach holen und ohne Papier ein Feuer entfachen. Gejagt werden sollte auch, nämlich ein Huhn, das noch lebte. Ein Bauer hatte sich bereit erklärt, Mortimers Jagdgelüste zu befriedigen, indem er freien Eintritt ins Hühnergehege genehmigte, und sah amüsiert zu, wie mein Vater, der Großstädter, ein Huhn zu erlegen versuchte.

Und dann geschah das Schreckliche. Er erwischte eine Henne am Fuß, hielt das zappelnde Federvieh stolz in die Höhe und schritt damit zum Holzstumpf, wo ein Beil lag. Nun konnte Mortimer zwar Hand an sich legen, aber ein Huhn zu köpfen, das überließ er lieber dem Bauern. Der legte das Vieh auf den Stumpf, hob das Beil und trennte mit einem Hieb den Kopf vom Rumpf.

Zum ersten und letzten Mal in meinem Leben sah ich

ein kopfloses Wesen in einem Höllentempo über die Wiese davonflattern, bis es nach einiger Zeit zusammenbrach. Es seien die Lebensgeister, sagte man mir.

Die erste Enttäuschung für meinen Vater bestand an diesem Abend in meiner strikten Weigerung, unser späteres Abendessen zur Feuerstelle zu tragen. Auch die Federn wollte ich nicht rupfen. Die Aufforderung, die Innereien zu entfernen, wagte mein Vater erst gar nicht mehr auszusprechen. Er war am Boden zerstört.

Richtig sauer wurde er dann, als ich stumm am Feuer saß, auf einer Beere herumkaute und kommentarlos zusah, wie das Huhn immer wieder in die Glut fiel, weil der hölzerne Spieß verbrannte. Und als ich mich auch noch weigerte, verbranntes Fleisch zu essen, begann er mich richtiggehend zu beschimpfen. Seine Tochter sei verweichlicht, habe keinen Sinn für Abenteuer, könne nichts aushalten.

Heute weiß ich, dass seine Aktion lieb gemeint war, heute kann ich seine Enttäuschung verstehen, aber heute lebe ich auch in einer anderen Welt. Weit entfernt von jener, in der ich damals schwebte und die ich damals geflissentlich für mich behielt.

Denn damals wusste ich genauso wie heute, dass ich nie auf Verständnis gestoßen wäre, wenn ich meine geheimen Gedanken, meine Innenwelt an jenem Abend verraten hätte: Eine geköpfte Maria Stuart in samtenen Gewändern, wie sie, von ihren Lebensgeistern dirigiert, in den dunklen Räumen ihres Verlieses umherirrt, bevor sie zusammenbricht – dieses Bild war es, was mir den Appetit verschlagen hat, nichts anderes!

Heute begebe ich mich auf die Suche nach den verborgenen Welten unter anderem jener Kinder, die jetzt so alt sind, wie ich damals war, als ich mich weigerte, das geköpfte Mortimer-Maria-Stuart-Huhn zu essen.

Dieses Buch entstand aus einer Neugierde, die vorangegangene Arbeiten ausgelöst hatten: lange Gespräche mit rechtsextremen Gewaltverbrechern. Sie alle hatten die Zeiten des Umbruchs hinter sich, Zeiten, in denen sie sich allmählich von den Eltern gelöst und begonnen hatten, eine neue seelische Heimat zu finden, ihre Welt des Erwachsenseins.

Die Kindheit selten genossen, nicht wirklich erlebt, die Jugend versoffen und verprügelt, waren sie in den Ernst des Lebens geschlittert, wo sie Verantwortung für die Folgen von Taten tragen mussten, die die Ohnmacht gegenüber den Eltern in den frühen Jahren ausgelöst hatte: Polizei, Verhaftung, Knast, Selbstaufgabe oder Kampf um Besserung.

Die prägenden Phasen auf dem Weg in die Schieflage lagen bei den meisten meiner kahlrasierten Gesprächspartner in einer Kindheit, in der seelische und körperliche Grausamkeiten an der Tagesordnung waren. Ab dem zehnten Lebensjahr war die Laufbahn in die Delinquenz praktisch nicht mehr aufzuhalten. Emotionale und räumliche Trennung vom Elternhaus, rein in die Cliquen, Gefühle nicht mehr artikulieren: das waren immer wiederkehrende Muster. Jahre später, im Gefängnis, sprachen sich viele während der langen Interviews die Last vom Herzen, die sie in der Kindheit und Jugend zu tragen hatten.

Hätten sie nur früher schon Worte gefunden – falls denn damals überhaupt jemand zugehört hätte!

Wie mögen sie sich gefühlt haben, damals, im Alter von elf bis achtzehn Jahren? Später, im Gefängnis, kam es nur noch zu kläglichen Versuchen, das Verdrängte in

Erinnerung zu rufen, Manchen gelang es, etliche verweigerten sich. Dennoch: einfach mal reden, das tat ihnen allen gut.

Nun, für sie ist die Chance fast vertan, die Weichen sind gestellt, der Zug rattert in eine vorgegebene Richtung.

Aber was ist mit jenen, die sich noch auf der Suche nach ihrem Weg, ihrer Identität befinden?

Was wissen wir Erwachsenen überhaupt von den Kids, den Elf- bis Achtzehnjährigen? Waren wir einst auch alle selbst in diesem Alter, so befinden wir uns nun, wenn wir an das Innenleben unserer Kinder gelangen wollen, unsererseits vor jener Mauer des Schweigens, an der sich schon unsere Eltern die Köpfe zerbrochen haben, als wir in diesem Alter schwiegen.

Etwas vereinfacht lassen sich die Gründe für enorme Haargelverschwendung, unaufgeräumte Zimmer, Türenschlagen, Kämpfe gegen elterliche Ausgehverbote, stille Rückzüge, hartnäckiges Schweigen und bockige Antworten auf einen klaren Nenner bringen: Hier kämpfen die beiden kompromisslosen Wünsche nach Nähe und Entfernung unerbittlich gegeneinander.

Wir haben es mit der Suche nach einer eigenen Identität, nach eigenen Wertvorstellungen zu tun, mit der aufregenden Lebensphase, in der Sinne und Körper für Veränderungen sorgen, der Macht der Hormone, der Schweiß- und Talgdrüsen, die das Ende geruchsneutraler Kindheit ankündigen.

Aber auch mit einer Lebensphase der Geheimnisse. Den Eltern will man nicht mehr alles erzählen, und selbst Freunden verschweigt man so manch Peinliches und Imageschädigendes.

Vielleicht erfahren Tagebücher vom verhüllten Seelenleben, vielleicht wissen die Großeltern von so manchen Innenwelten. Vielleicht gibt sich der eine oder die andere auch einen Ruck und öffnet sich einer Autorin, weil es da egal ist, weil man diese Frau ja ohnehin nicht mehr sehen wird, weil man mal einfach nur reden will. Oder weil man will, dass geheime Wünsche, Sehnsüchte, Hoffnungen und Ängste in einem Buch zusammengefasst, als Botschaften an die andere Welt verstanden werden sollen. An jene Welt, die vielen von ihnen noch fremd ist und der sie sich unaufhörlich nähern.

In sechzig langen, zwei-, drei- oder vierstündigen Gesprächen gewährten sie mir Einblick in ihre Innenwelten: Kinder und Jugendliche im Alter zwischen elf und achtzehn, aus ganz Deutschland, aus dem Osten, Westen, Norden und Süden. Kinder aus reichen und armen Elternhäusern. Solche, die das Gymnasium besuchen, ebenso wie Kinder aus Real- und Hauptschulen. Für einige ist die Schule die Straße, denn dort leben sie. Ich habe mit Kindern gesprochen, die im letzten Winkel Bayerns, in einer geborgenen, friedlichen Einöde leben, aber auch mit Jugendlichen, deren Umgebung hektisch und anonym ist.

So intensiv diese Gespräche waren, so unrepräsentativ sind sie im Grunde genommen. Dennoch, irgendwann begannen sich all die Erzählungen inhaltlich zu gleichen, und sie bestätigen auch repräsentative Erkenntnisse anderer Wissenschaftler. Zur Situation von Kindern und Jugendlichen gibt es zahlreiche Umfragen und Statistiken. Am bekanntesten und von den Medien am eingehendsten erörtert sind die immer wieder neu erhobene Shell-Studie sowie die Kinder- und Jugendberichte des Bundesministeriums für Familie, Senioren, Frauen und Jugend. Dort ermittelte man für das Jahr 2002 unter anderem, dass es Jugendlichen im Alter zwischen vierzehn und fünfundzwanzig Jahren wichtiger ist, die guten Dinge des Lebens in vollen Zügen zu genießen, als einen hohen Lebensstandard, Macht und Einfluss zu haben. Außerdem ist es ihnen wichtiger, eigene Phantasie und Kreativität zu entwickeln, als sich und ihre Bedürfnisse anderen gegenüber durchzusetzen. Elf- bis fünfzehnjährige Schüler und Schülerinnen bezeichnen sich überwiegend als glücklich und gesund. Ihr Selbstvertrauen reicht von sehr niedrig bis sehr hoch, mit leichter Tendenz zu einem positiven Selbstwertgefühl. Und Alkoholkonsum? Eher ja als nein! Sportliche Betätigung? Nur eine leichte Tendenz zur wirklichen Sportlichkeit, selten Rückenschmerzen, dafür etwas häufiger Kopfschmerzen. Zähneputzen? Na ja, da wird wohl öfter gemogelt und absichtlich vergessen. Selten Hilflosigkeit, verhältnismäßig geringe Einsamkeit. Kurzum, hier zeichnet sich ein recht akzeptables Bild der Situation dieser Altersklasse ab. Man kann beruhigt sein. Zudem erscheint das Ernährungsverhalten ebenfalls durchaus angemessen: Obst und Gemüse sind zwar nicht allzu beliebt, dafür werden Vollkornbrot und Milch eher verzehrt als stehengelassen. Und Süßigkeiten sind zwar begehrt, werden jedoch von einigen kaum bis selten angerührt.

In offiziellen deutschen Statistiken ist auch zu erfahren, dass 2002 im Altersabschnitt zwischen fünf und fünfzehn Jahren insgesamt zweihundertvierundsechzig Kinder zu Tode gekommen sind, achtundzwanzig durch Selbstmord, zwölf durch sonstige Gewalteinwirkung. In der Altersgruppe zwischen fünfzehn und fünfundzwanzig waren zweitausendneun Todesfälle zu beklagen, die meisten durch Unfall, erschreckende sechshundert jedoch durch Selbstmord, hundertachtundsechzig durch Gewalteinwirkung.

Das Kindes- und Jugendalter, eine Frage der Statistik, in der sich Individualität und tiefer greifendes Verständnis jedoch verlieren, bis einer mal wieder »ausrastet«. Dann schildern die Medien Biographie und Gefühle des Täters, meist basierend auf Aussagen der Nachbarn: »Er war immer verschlossen«, der Lehrer: »Im Unterricht hat sie viel geträumt«, oder der Mitschüler: »Irgendwie war er ein Außenseiter.«

Und die Eltern, die merken dann, wie wenig sie eigentlich wissen, Annas Eltern beispielsweise, die im Dichterviertel Kaffee trinken, während ihr Kind hinter verschlossenen Jalousien sein Leben lebt.

Kinder, die erzählen

André ist zwölf und fragt sich unter Tränen, warum Lehrer, die ihn nicht mögen, seine Welt von einem Tag auf den anderen verändern konnten. Seine Leistungen werden immer schlechter, seine Freunde immer weniger – »Ich darf nirgendwo mehr hingehen« – und sein Stiefvater immer strenger: »Neulich hat er mir das Nasenbein gebrochen.«

Anna ist elf, fühlt sich von den Eltern benachteiligt und freut sich auf die Diskozeit.

Birgit ist dreizehn und übergewichtig. Ihr bester Freund heißt Steven und ist ein Tagebuch.

Carola ist fünfzehn. Sie erzählt von ihrem Leben, das zu verkraften kaum vorstellbar ist, so schlimm und unvergesslich sind all die Erlebnisse.

Clemens ist elf. Er liebt seine Eltern über alles, nur will er ihnen nicht sagen, dass er schon mit einem Mädchen geht, weil das ohnehin nichts Besonderes sei!

Daniel ist elf. Bereits mit acht wollte er sich das Leben nehmen, weil er sich zu sehr ausgestoßen und von Schülern und Lehrern zu bedrängt fühlte. Mit elf nahm er Rache, zumindest in Gedanken.

Dino ist vierzehn und würde mit seiner Mutter so gern über seine Schüchternheit sprechen, will sie aber nicht verletzen. Weil ein bisschen Schuld auch ihre Erziehung habe, meint er.

Dominik ist achtzehn und beichtet, dass er die Stimmbänder seines Stiefvaters mit Gift verätzt hat. Er wollte seine Schwester rächen, weil sie vom Stiefvater vergewaltigt worden war. Irgendwann will er auf Mallorca »mal richtig cool Ballermann« leben.

Felix ist sechzehn und lebt in Jena auf der Straße,

weil ihn die Eltern aus der Wohnung geworfen haben. Er träumt davon, einmal mit seiner Freundin einen romantischen Sonnenaufgang erleben zu dürfen, und hat Angst, seine Mutter für immer zu verlieren.

1 VERBORGENE WELTEN DES ABSCHIEDS

Anna und Michi leben noch in der Welt der Kinder. Die Loslösung beginnt für sie schleichend. Die Beschreibung ihrer beschaulichen Innenansichten führt in den Prozess der Ablösung Jugendlicher von ihren Eltern ein.
Der Weg ins Erwachsenenalter ist jedoch beschwerlich. Nicht allen Kindern steht der Königsweg offen. Sofie und Richy erzählen, wie beschwerlich und traurig ihr Abschied vom Elternhaus war.

Innenansichten aus dem Dichterviertel

Anna ist wie ein Prinzesschen. Ich denke, sie ist ein glückliches Kind. Zu Hause wird sie gegenüber den Geschwistern sehr vorgezogen. Aber insgesamt ein Mädchen wie alle anderen in ihrem Alter. (Hortleiterin des Dichterviertels)

Es ist nichts Ungewöhnliches, dass man ihm zusieht. Alle im Ort wissen, dass er sein Mittagessen aus einem großen Abfallcontainer fischt. Der steht unweit vom »Hafen«, so heißt zumindest jener Fleck am Ende einer Sackgasse, bestehend aus einer kleinen hölzernen Brükke, einer verwitterten Hinweistafel und eben diesem Abfallcontainer. Im Sommer tummeln sich hier die Touristen und erkunden mit kleinen Booten die zahlreichen kleinen Flüsse. Das sind die wirklich lukrativen Zeiten, in denen die Gasthäuser voll sind und der Container ausreichend Kalorien bietet. Die Gäste sind wählerisch, sie kommen aus ganz Deutschland, bisweilen auch aus Amerika, wurde mir gesagt. Der Mann in der zerschlissenen Hose wirft mir einen unguten Blick zu, als wisse er, dass ich hier zur Zeit der einzige Tourist bin, der noch dazu seinen Teller geleert und nicht an seinen Hunger gedacht hat. Er kramt zwischen Servietten, Plastikbechern und Zeitungspapier herum und schiebt schließlich eine halbe Semmel in seine tiefe Hosentasche, in der bereits eine Flasche Bier steckt. Außer uns ist niemand auf der Straße.

Zu kalt, zu windig, zu regnerisch, zu einsam.

Ich zwinge mich, ein paar Schritte zu tun, auf und ab zu gehen in diesem Ort, Eindrücke zu sammeln, Schaufenster anzusehen, Lebenswelten zu erahnen, und das bei eisiger Kälte.

Ich fühle mich wie in einem schlechten Film, in dem sich ein Fremder durch scheinbar ausgestorbenes Feindgebiet bewegt. Gleichwohl spüre ich verstohlene Blicke im Nacken, hinter den Fenstern wähne ich Misstrauen. Die Welt hier ist mir fremd, unvertraut, die an sich schmucken Häuser versetzen mich in eine missliche Stimmung, gegen die ich mich nicht wehren kann.

Ich denke an meinen Bruder Philipp. Er hätte dieser Kleinstadt eine glatte Sechs gegeben, da bin ich mir sicher. Ich kenne seinen Geschmack bestens, schließlich haben wir von klein an unser »Könntest-du-hier-leben?«-Spiel exzessiv durchgespielt. Auf allen Autofahrten wurde zum Amüsement unserer Mutter jeder Ort, den wir durchquerten, auf seine Wohnqualität hin genauestens überprüft und mit einer Note versehen. Die goldenen Regeln für eine Eins lauteten: große Gärten um große Häuser, keine Gartenzwerge, viele Menschen auf der Straße, die freundlich wirken mussten, keine Ampeln, gute Autos, also Mercedes und BMW, keine ollen VW-Käfer, wie wir einen fuhren, und viele Wiesen und Wälder in der Nähe. Unseren strengen Richtlinien hielt nichts wirklich stand, die Orte waren zu langweilig, zu ordentlich, zu blöde Menschen, zu schlechte Autos, zu viele Ampeln. Allgemeines Fazit: überall hagelte es Sechser, und zu Hause ist es am schönsten, zumindest dann noch, wenn man klein ist. Dabei war es, um ehrlich zu sein, dort, wo wir aufgewachsen sind, alles andere als schön. Um für dieses Buch Erinnerungen zu sammeln, fuhren Philipp und ich kürzlich durch jene Straßen, die als Kind unsere Heimat waren. Es sind hässliche, kahle Straßen, die durch entseelte, anonyme Wohnsiedlungen führen. Schöne Gärten sind rar, es gibt keine tollen Autos, zu mittellos sind die Bewohner, zudem fanden wir Gartenzwerge. In der Nähe liegt ein Wald, die Angerlohe, dort ist angeblich ein kleines Mädchen umgebracht worden. Es gab auch Wiesen, die lange Zeit ein Exhibitionist durch sein Verhalten leerfegte. Es gab einen Schrebergarten, in dem ich mal Blumen für meine Mutter gepflückt hatte, was mir eine gewaltige Ohrfeige vom Besitzer einbrachte. Es gab sogar einen Spielplatz, den man nur zu bestimmten Zeiten benutzen durfte, bestehend aus einem Eisengerüst und einem Sandplatz. Wir lebten ganz am Rand von München, an der Nahtstelle zwischen einer guten Wohngegend und einer Arbeitersiedlung. Hinter unserem Haus erstreckte sich die sogenannte Mondscheinsiedlung, ein nach dem Zweiten Weltkrieg schwarz erbautes Viertel, in dem die Menschen mehr hausten als lebten, in dem es angeblich Kriminelle, Kinderschänder und Mörder gab. So zumindest spukte es damals in unseren Köpfen herum. Unser Spielplatz ging quasi nahtlos über in jene unheimliche Welt. Hinter unserem Gartenzaun lag eine verfallene Hütte, in der eine Verrückte vor sich hinvegetierte, vor der alle Kinder panische Angst hatten. Es war eine ungeheure Mutprobe, über den Zaun zu klettern und ein paar Äpfel vom Baum zu klauen. Und doch: Wenngleich wir an diesem hässlichen Stadtrand lebten, konnten Philipp und ich uns, selbst wenn wir durch edle Gegenden fuhren, beim besten Willen nicht vorstellen, woanders zu leben. Nur unsere Gegend bekam eine eindeutige Eins.

Die Kleinstadt an der polnischen Grenze, durch deren Straßen ich nun gehe, hat auch noch etwas anderes als einen kleinen Hafen zu bieten: den neuen, zu DDR-Zeiten für die Kohlebauer errichteten Stadtteil (glatte

Sechs). Während der Interviews wohne ich dort in einem der frisch renovierten Hochhäuser. Man hat sich wirklich Mühe gegeben. Die Farben bunt, die Spielplätze liebevoll gestaltet. Dennoch, die Menschen, die hier leben, haben etwas Unvernehmliches an sich. Allein schon der Geruch, der einem in dem überaus reinlichen Treppenhaus entgegenschlägt. Aus den Wohnungen strömt er mir durch die Türritzen in die Nase, verrät Familien, die anders leben, als ich es gewohnt bin. Vorurteile begleiten mich vom Erdgeschoss bis zu meinem kleinen Apartment unter dem Dach, das ich während der Interviews bewohne.

Das Haus wirkt durchsichtig, weil es hellhörig ist. Ich vernehme Stimmen von unruhigen Kindern und genervten Eltern. Jalousien gibt es nicht, und so wird mir im Laufe der vielen Abende, die ich dort verbringe, jener fettleibige Herr im Jogginganzug fast schon vertraut, der allabendlich am Fenster des gegenüberliegenden Hauses mit einer Flasche Bier in der Hand dösig aus dem Fenster starrt. Noch kann er hier leben und muss nicht in den Turm, einen ehemaligen Prestigebau der DDR. Dieses sogenannte Hochhaus besteht aus über zwanzig Stockwerken und ist eine Bastion, in der sich Schicksalsgestalten die Quadratmeter aufteilen, vorzugsweise Alkoholiker.

Anna zeigt mir vor dem Gespräch ihre Wohngegend, das Schwimmbad, den Supermarkt, den Turm und – zunächst von weitem – das Dichterviertel, in dem die Kinder kurze Haare haben, weil dort die Heimat der Läuse ist. Angeblich.

Kleist, Mörike, Schiller und Goethe, wohlklingende Namen für die Straßen eines Viertels, das viele tunlichst meiden. Wer von dort kommt, hat nichts zu vermelden, der hat außerhalb der Gegend kaum Freunde. In der

Schule halten sie zusammen, und im Hort »Dichterclub« vergessen sie, dass sie in der Schule die Filzkinder genannt werden, die nicht ganz dicht sind.

Und als ich Anna frage, ob sie gerne hier lebt, sagt sie »ja« und klingt dabei fast so überzeugend wie einst mein Bruder und ich, als wir Wohnorte mit Noten versahen und uns ganz sicher waren, dass ausschließlich unsere Umgebung die Note Eins verdiente.

Wenn man so glücklich erscheint mit Mondscheinsiedlungen, mit einem Dichterviertel, in dem Alkoholiker, Verrückte, Mörder und Kinderschänder leben (wenn auch nur in der Phantasie), mit einstigen Prestigebauten, den Türmen, in denen nun gesellschaftliche Entsorgung betrieben wird, dann muss es in Kinderherzen so was wie einen Schutzwall geben, über den sie nicht in eine andere Welt blicken können. Der verhindert, dass sie verzweifeln an dem Hier und Jetzt, denn diese Welt, so wie sie sich mir in jenen Tagen dargestellt hat, ist zum Verzweifeln.

Auch Anna vom Dichterviertel hat einen solchen Schutzwall, und der scheint zu funktionieren. Annas dichte, blonde Haare sind lang. Sie waren auch nie kurz, und so kann sie von sich voller Stolz behaupten:

Ich komme vom Dichterviertel und hatte noch nie Läuse.

»Anna kommt mit allen ganz gut aus, sie hat ein offenes und freundliches Wesen. Manchmal nervt sie ziemlich, wenn sie bockig wird. Das passiert immer dann, wenn man ihr etwas nicht erlaubt.« (Hortleiterin)

Im Dichterviertel, in einer klitzekleinen Wohnung, in der fünf Personen und ein Hase leben, spricht die elfjährige

Anna über ihre innere Welt. Sie erklärt sich in kindlicher Sprache mit knappen, einfachen Sätzen.

Noch ist die Welt klar umrissen und überschaubar, genauestens aufgeteilt in Gut und Böse, in Lob und Tadel, Schönheit und Hässlichkeit.

»Ich lebe in T. und habe schon viele lustige Dinge erlebt.«

Mit ihrer (»albernen und bösen«) Schwester teilt sie sich ein kleines Zimmer, in dem gerade mal Platz für zwei Betten, einen Schrank und einen Käfig ist, in dem auch Alex wohnt, der Hase der Schwester. Annas Hase, Brad Pitt, wurde verschenkt, einfach so. Als sie von der Schule kam, war er weg, zurück blieb ein stinkender Käfig, in dem sich Exkremente von Wochen angesammelt hatten. An der Wand hängt ein Poster von Brad Pitt, auf dem der Star für die allabendlichen Träume zweier Mädchen herhalten musste.

»Ich habe vier Geschwister, drei Brüder und eine Schwester. Meine Schwester ist zwölf, mein kleinster Bruder ist neun, der dann kommt ist vierzehn, und der größere wird jetzt einundzwanzig. Manchmal mag ich sie nicht so, manchmal sind sie auch gemein zu mir. Meine Mutti ist Putzfrau und mein Papa ist Fahrer.
Wir haben auch noch einen Hasen. Der ist erst elf Wochen alt, den hat meine Schwester erst vor kurzem gekriegt.
Ich hatte auch einen Hasen, aber der ist jetzt weg, weil ich mich nicht darum gekümmert habe, habe ihn nicht saubergemacht. Weil das immer so stinkt und so richtig eklig ist.

Als kleines Kind war ich mal im Krankenhaus, und da haben sie mich dann auch operiert, da war ich drei Jahre alt. Da bin ich auf eine Scherbe gefallen. Jetzt habe ich hier auch eine ganz große Narbe, so groß ist die ungefähr.
In den Sommerferien gehen wir öfter baden, in den Zoo und auf den Rummel und so, und im Winter, da fahren wir dann Ski. Meine Schwester kann ja ganz gut fahren, die ist jetzt schon fast Profi, die kann das Lenken schon gut, ich kann das noch nicht.
Unser Haus wird jetzt neu gemacht.
Eigentlich freue ich mich, aber irgendwie auch nicht, wenn das dann alles so laut ist, wenn man dann nicht schlafen kann, die haben das ja schon mal wegen der Fenster gemacht, und da war das dann so kalt, als sie neue Fenster reingemacht haben.
Ich würde gern ein eigenes Zimmer haben, weil mit meiner Schwester streiten wir uns immer so viel, und meistens hauen wir uns auch immer gegenseitig.
Meistens, falls ich etwas habe, was sie dann haben möchte, streiten wir uns über Sachen und wegen Spielzeug. Mutti sagt dann, wir sollen aufhören.
Wenn ich zu Hause bin, spiel ich meistens mit Barbie. Ich habe verschiedene Barbies, über zehn Stück, glaube ich, mindestens. Ich spiele Diskogehen oder so was. Da ziehe ich ihnen also Kleider, Hosen und so was an. Ich habe so ein blaues Kleid mit durchsichtigen Ärmeln. Dann habe ich noch so eine Diskohose, die ist so grün und für oben ein Top mit Spaghettiträgern und bis hierhin geht so ein dünnes Netz. In der Disko tanzen die dann zur Musik. Barbiemänner habe ich keine mehr, ich hatte mal welche, aber die sind jetzt kaputt.
Ich würde selber mal gerne in die Disko gehen, aber ich

darf nicht, von meinen Eltern aus, weil ich noch zu jung bin. Ich weiß viel von Disko, weil meistens kommt im Fernsehen was, bei MTV oder Viva.
Ich bin jetzt in der 5a. Ich komme sehr gut klar mit meinen Lehrern, meine Klassenlehrerin ist ja auch sehr nett. Wir haben so einen Jungen in der Klasse, der ist hyperaktiv, und den schickt sie dann meistens aus dem Spiel raus. Er nimmt Tabletten, weil er immer rumbrüllt und alles mögliche und Kinder ärgert. Meistens, wenn wir Unterricht haben, und der quatscht rum, dann muss er raus, aber nicht immer.
Wenn er Tabletten nimmt, dann wird er meistens ruhig. Wenn er die nicht nimmt, dann streitet er immer und ärgert und so was. Ich mag ihn nicht, weil er so wild ist.
Ich habe in der Schule ganz viele Freunde, manche mag ich, manche auch nicht.
Bei uns in der Klasse gibt es eine richtige Angeberin, die tut so, als wäre sie die Beste, weil sie fast überall nur Einsen hat. Aber im Sport ist sie auch nicht gut, nur in den Unterrichtsfächern, Sport nicht so. Ich mag sie nicht, weil wenn ich an ihr vorbeigehe, dann geht sie immer zu jemand anderem hinüber, wenn ich neben ihr stehenbleibe. Das ärgert mich. Die hat in unserer Klasse, weil sie so angeberisch ist, nicht sehr viele Freunde.
Ich habe über sechzehn Freunde, glaube ich jetzt mindestens. Eine, die ist ganz nett, die geht mit mir immer nach Hause, wenn Schulende ist, sie hat ja den gleichen Weg, ich muss nur ein Stück weiter gehen.
Wenn ich aus der Schule komme, ist manchmal die Mutti da, aber oft auch nicht, weil sie kennt noch jemanden, da geht sie meistens nachmittags hin, Kaffee trinken oder so. Mein Papa ist ja auch nicht so oft da, der ist ja auch meistens unterwegs.

Für meine Hausaufgaben hat Mutti meistens keine Zeit, und wenn sie Zeit hat, hilft sie mir ja auch manchmal. Aber ich glaub, sie will es nicht, sie hat kein Interesse. Meistens guckt sie Fernsehen, wenn ich aus der Schule komme und ihr was erzählen will, dann guckt sie mich aber auch nicht an. Und am Essenstisch dürfen wir ja eigentlich nicht reden, deswegen reden wir auch nicht so oft am Tisch. Nur meine Mutti, die redet meistens mit dem Papa. Ich will auch nicht, dass man da redet, weil meistens sagt man was Ekliges, wenn man dann mal was sagt.

Über Schlangen oder so was.

Früher durften wir eigentlich reden, aber dann hat mein Papa gesagt, wir sollen nicht mehr reden, seit einem Jahr so. Weil wir dann ewig nicht essen und nicht fertig werden, aus dem Grund auch. Wir sollen uns beeilen und nicht reden. Ich finde das ungerecht, und ein bisschen Wut hab ich da schon.

Mich ärgert auch, wenn wir irgend etwas machen oder runterfallen lassen, müssen wir ins Zimmer, und wenn meine Mama oder mein Papa irgend etwas runterfallen lassen, die können draußen bleiben, das finde ich ungerecht.

Vor einem Jahr habe ich mal eine Ohrfeige gekriegt, da habe ich dann Angst gehabt, dass ich noch mal eine kriege. Danach musste ich ins Zimmer. Ich fand es sehr ungerecht, mein Bruder hat auch irgend etwas gemacht, und der hat keine gekriegt.

Ich bin immer die Schuldige. Ich muss immer alles ausbaden.

Da hab ich auch auf meine Mutti eine Wut, weil die meine Schwester und meinen Bruder immer bevorzugt, ein bisschen.«

Anna holt den Hasen aus dem Käfig, streichelt ihm zärtlich über das weiße Fell. Auf dem Boden liegen Barbiepuppen, in der hellgrünen Diskohose, oben ohne und die Haare noch nicht gekämmt.

Wir machen eine Pause und trinken Limo. Heute ist Sonntag, die Geschwister sind bei Freunden, die Eltern zum Kaffeetrinken bei den Nachbarn. Gleich wird getanzt. Wenn Anna wieder allein ist, lässt sie die Jalousien runter, legt ein rotes Tuch auf die Lampe und legt Jeanette Biedermann auf. Die Puppe wird ausgehfein gemacht, in ein sexy Top gequetscht und frisiert. Sobald unser Gespräch vorbei ist, wird Anna sie hier, in diesem kleinen Zimmer, in ihre Traumdisko begleiten, in eine ersehnte Welt der Jugend.

Doch noch stelle ich viele Fragen, zum Teil lästige Fragen, solche, die Anna noch nie beantworten musste. Es fällt ihr schwer. Ihre Antworten bestehen nunmehr aus knappen Wörtern, die ihre Welt unabdingbar in drei überschaubare Kategorien einteilen: ja – nein – weiß ich nicht.

Warum hast du das Gefühl, dass die anderen ein bisschen bevorzugt werden?

Weiß ich nicht.

Fällt dir das jetzt schwer, darüber zu sprechen?

Ja.

Hast du das Gefühl, dass sich keiner dafür interessiert?

Ja.

Kannst du dich eigentlich daran erinnern, wann du das letzte Mal von deiner Mama in den Arm genommen worden bist?

Da wo meine Oma gestorben ist, an dem Tag.

Und davor? Ist das lange her?

Na ja.

Jetzt bist du ja erst elf Jahre alt. Das ist eigentlich eine Zeit, wo man Kinder noch in den Arm nimmt, normalerweise zumindest. Hast du das Gefühl, du möchtest es öfter haben, dass die Mama dich in den Arm nimmt?

Ja.

Hast du das Gefühl, dass deine Mama dich nicht mehr so lieb hat, deswegen?

Ja.

Wie ist das für dich?

Tut weh.

Was machst du denn von dir aus, um zu deiner Mama wieder einen besseren Kontakt zu bekommen? Zeigst du ihr, dass du das gerne hast?

Ja.

Anna sieht mich nicht mehr an. »Ja« und »Nein« werden gehaucht, und ich habe ein schlechtes Gewissen, habe Angst, sie mit meinen Fragen zu quälen, fahre aber dennoch fort:

Wie zeigst du es ihr?

Meistens möchte ich ihr beim Kochen helfen, aber dann lässt sie mich nicht helfen. Dann sagt sie, jetzt brauchst du nichts helfen.

Hättest du denn insgesamt das Bedürfnis, dass sie mehr mit dir unternimmt?

Ja.

Was würdest du denn gern machen?

Ich würde gern mit meiner Mutti mal einen Einkaufsbummel oder so was machen, wo wir alleine sind oder so.

Wie ist das mit deinem Papi? Hast du zu ihm sehr viel Kontakt gehabt, oder ist der meistens weg gewesen, als du klein warst?

Der ist meistens weg gewesen.

Hast du bei dem auch das Bedürfnis, dass du ihm irgendwie näher kommst, oder ist es irgendwie ganz okay, dass er weg ist?

Manchmal bin ich auch traurig, wenn er weggeht.

Wie ist denn das Verhältnis von deinen Eltern untereinander?

Meistens streiten sie sich, manchmal nicht. Manchmal halten sie zusammen, manchmal streiten sie sich.

Wie läuft das ab, wenn sie sich streiten?

Meistens geht es ja ums Geld, dann streiten sie sich, und wenn es meinem Papa zuviel wird, dann geht er immer in die Schlafstube und spielt am Computer.

Du sagst, meistens streiten sie sich. Schreien sie sich dann an, oder wie machen sie das?

Ja, sie schreien sich an.

Wie ist denn das für dich, wenn sie sich streiten?

Ich finde das dann blöd und so.

Hältst du dann zu jemandem, mehr zum Papa oder zur Mama?

Zu beiden.

Wie verhältst du dich, wenn sie sich streiten?

Ich sage zu meiner Mutti, Mutti, soll ich Papa holen, und dann sagt sie meistens nein.

Wie fühlst du dich, wenn deine Eltern streiten?

Ich bin traurig. Der Papa hat mal gesagt, da haben sie sich gestritten, und da hat Papa gesagt, dann gehe ich jetzt weg. Dann ist er zu meinem Opa gegangen.

Für längere Zeit?

Nein, nur für ein Weilchen, dann ist er aber wiedergekommen.

Hast du manchmal Angst, dass deine Familie auseinanderbricht, wenn sie streiten?

Ja, habe ich meistens auch.

Hat denn deine Mama schon mal gesagt, dass sie geht?

Sie hat gesagt, sie geht bald, wenn es so weitergeht mit dem Streiten, aber ist sie noch nicht.

Ist das eine Angst, die du momentan hast?

Ja.

Sprichst du mit jemandem drüber?

Nein.

Woran liegt das? Glaubst du, dass du das niemandem erzählen kannst?

Weil ich es mich nicht traue und so.

Du frisst es einfach in dich rein und denkst nicht drüber nach?

Ja.

Wie ist die Welt der Erwachsenen für dich? Wie stellst du dir die Welt vor? Was ist das für eine Welt? Ist dir die Welt vertraut oder eher fremd?

Ja, eigentlich fremd.

Freust du dich darauf, erwachsen zu werden?

Nein.

Was glaubst du, was verbindest du mit Erwachsenen, was ist so typisch erwachsen für dich?

Das Arbeitengehen und so.

Wenn du jetzt ein Wunschalter hättest, wie alt würdest du am liebsten sein?

Zwölf.

Ein bisschen älter, als du jetzt bist, ein Jahr älter. Was glaubst du, was du da machen kannst?

Dann dürfte ich ein Handy haben, aber das kriege ich ja jetzt noch nicht.

Hast du das Gefühl, dass sich das Verhältnis zwischen dir und deinen Eltern im Laufe der letzten Zeit verändert hat, dass es irgendwie anders geworden ist? Oder ist es gleichgeblieben?

Ein bisschen anders.

Beschreibe das mal ein bisschen. Ist das etwas auseinandergegangen oder ein bisschen mehr zusammen?

Mehr auseinander.

Hast du das Gefühl, dass du dich zurückgezogen hast, oder haben sich deine Eltern etwas zurückgezogen?

Ich.

Du hast dich zurückgezogen? Du hast dich einerseits mehr zurückgezogen, andererseits möchtest du eigentlich mehr Nähe haben, hast du gesagt.

Ja.

Das sind ja zwei verschiedene Sachen, sich zurückziehen und Nähe. Was überwiegt jetzt mehr, oder ist es heute so und morgen so? Wie schaut das bei dir aus?

Mehr Nähe.

Du hättest gern mehr Nähe. Also bist du da auch in einem Konflikt. Einerseits hast du dich zurückgezogen, weil du enttäuscht warst, sehe ich das richtig?

Ja, wegen der Ohrfeige.

Und andererseits hättest du gern Nähe. Also ist das momentan nicht auf so gutem Weg?

Nein.

Was könnten deine Eltern machen, damit du ganz, ganz glücklich bist? Wenn du jetzt zaubern könntest?

Dann mal auf ein Konzert gehen oder so was. Wo wir dann alle zusammen sind.

Beschreib mal einen Tag, der perfekt wäre, wo du sagen

würdest, so müsste der Tag ausschauen. Ich stehe auf in der Früh, wie geht es dann weiter?

Ich stehe auf, dann gehe ich meine Mama und meinen Papa wecken, dann gehen wir uns anziehen und so, dann würde ich meine Mutti fragen, ob wir vielleicht einen Spaziergang machen und so. Und wenn wir dann wiederkommen, vielleicht essen und zusammen noch ein bisschen spielen, also ein paar Spiele machen, dann abends zusammen Fernsehen gucken.

Was könnten deine Eltern tun, dass du dich wieder mehr öffnen und mehr erzählen würdest?

Mich fragen, ob ich Kummer habe oder so.

Glaubst du, dass du ihnen das dann sagen würdest?

Ja.

Aber sie fragen dich nicht?

Nein.

Hast du oft Stimmungsschwankungen? Stimmung heißt, mal glücklich, mal traurig, mal wütend sein. Wechselt das bei dir sehr häufig?

Ja.

Was sind so die Hauptgefühle, die du so am Tag hast?

Traurig.

Das sind wirklich deine Hauptgefühle? Würdest du sagen, dass du im großen und ganzen ein trauriges Kind bist?

Ja.

Kannst du es anderen Menschen zeigen, wenn du traurig bist?

Nein.

Warum nicht? Was hast du für ein Gefühl, was passiert, wenn du es zeigst? Denkst du, die anderen können dich sowieso nicht verstehen?

Ja, so ungefähr.

Versuchst du dann was anderes zu sein, dich anders zu geben?

Ja, zickig.

Versuchst du, dich zu verstellen?

Ja, ein bisschen.

Wie wärst du denn gern? Hast du eine Idealvorstellung, wie du gerne sein würdest?

Glücklich.

Was sind das für Gründe, wenn du traurig bist?

Wenn jemand weggeht … und wegen meinen Geschwistern.

Was machen die mit dir?

Weil die mich ja immer ärgern, dann werde ich auch immer traurig und so.

Hast du das Gefühl, dass die Menschen dich so nehmen, wie du bist, dass sie sagen, so gefällt uns Anna, oder hast du das Gefühl, dass die Menschen dich nicht so gerne mögen?

Nein, nicht so gerne.

Warum nicht? Hast du das Gefühl, du machst da was falsch, oder hast du das Gefühl, die Leute verstehen dich nicht?

Die Leute verstehen mich nicht so.

Woran merkst du das, dass die Leute dich nicht mögen?

Weiß ich jetzt nicht so.

Was macht dieses Gefühl aus? Hast du das Gefühl, die sind nicht so nett zu dir, oder sie meiden dich, oder sie kümmern sich nicht um dich? Woher kommt das Gefühl?

Sie meiden mich.

Reden sie mit dir nicht, oder wie machen sie das?

Sie reden nicht so oft mit mir.

Warum glaubst du, dass du nicht so beliebt bist?

Ich strenge mich in der Schule nicht an und so.
Aber du möchtest dich doch ganz gerne anstrengen, hast du gesagt.
Ja.
Fehlt dir die Unterstützung?
Ja.
Und hast du das Gefühl, weil du in der Schule nicht so gut bist, bist du nicht so beliebt?
Ja.
Du hast gesagt, du hast Stimmungsschwankungen, also verschiedene Gefühle. Was kommt denn zu der Trauer noch dazu an Gefühlen? Bist du auch manchmal glücklich?
Ja.
Wann bist du denn am glücklichsten?
Wenn meine Oma wieder da wäre oder so.
Wie stellst du dir eigentlich deine Zukunft vor? Wie möchtest du später einmal leben?
Ganz normal, wie jeder Mensch auch, nicht mit schlechtem Gewissen, wenigstens.
Wo möchtest du gerne leben?
Hier, weil hier geht es mir gut.
Glaubst du, dass sich deine Träume verwirklichen, dass das alles so kommen wird, wie du es dir vorstellst?
Nein.
Woran, denkst du, könnte es scheitern?
Das weiß ich jetzt nicht.
Wie glaubst du, wirst du später leben?
Ich werde nicht soviel Geld haben, für das Haus und so.
Was willst du Erwachsenen sagen mit diesem Buch?
Dass die Eltern mal netter sein sollen, die jetzt so streng sind. Dass die, die jetzt Kinder kriegen, nicht so werden wie meine Eltern.

Was sollen sie anders machen?

Sie sollen die Kinder nicht schlagen, und wenn sie zwei haben, das jüngste nicht immer vorziehen.

Ist dir das Gespräch eigentlich schwergefallen?

Ja.

Was ist dir denn besonders schwergefallen?

Über diesen Streit zu reden und so.

Welchen Streit meinst du jetzt?

Von meiner Mama und meinem Papa.

Warum ist dir das schwergefallen?

Das weiß ich jetzt nicht so. Weil ich nicht so gerne darüber rede und so.

Hast du heute über Sachen gesprochen, über die du sonst noch mit niemandem gesprochen hast?

Ja. Über den Tod meiner Oma.

»Anna ist in meinen Augen ein sehr glückliches Kind. Die Beziehung zu ihren Eltern ist gut. Auch den Verlust der Oma hat sie gut weggesteckt. Die kam da mit einer Mitteilung in den Hort, in der stand, dass die Oma gestorben ist, man hat es ihr aber nicht angemerkt. Die spielte ganz normal, so wie immer. Da war ich sehr erstaunt drüber.« (Hortleiterin)

Anna will nicht mehr weiterreden, und ich kann sie verstehen. Gemeinsam schlürfen wir die Limo aus, und ich frage sie, ob ich noch bleiben und zusehen darf, wie sie ihre Barbiepuppe für das große Diskoereignis frisiert. Anna stimmt zu und bindet der abgegriffenen Puppe mit einer blauen Schleife einen Pferdeschwanz. Der kleine Hase wird in den Käfig gesteckt, er muss raus auf den Gang. Hasen haben in einer Disko nämlich nichts verloren, ebensowenig eine fremde Frau, die viele, zum Teil unangenehme Fragen stellt. So verabschiede ich mich dann doch und sehe im Hinausgehen, wie Anna ein rotes Tuch über die Lampe legt.

Draußen dann, im grauen Regen, als ich die Mörikestraße überquere, höre ich, wie jemand mitten am Tag die Jalousien herunterlässt.

Und in diesem Moment bin ich wohl der einzige Mensch im Dichterviertel, der weiß, dass sich da oben, im zweiten Stock des grauen Hauses, die heimliche Innenwelt eines Kindes leidenschaftlich öffnet.

»Anna weiß nicht so richtig, was sie will, und kann noch nicht die kindliche Sache abschließen, sie hat stellenweise sehr naive Seiten an sich und will dann aber auf der anderen Seite schon so groß und erwachsen wirken, die ist noch so hin und her gerissen, die weiß noch nicht so richtig, was sie will und wo sie lang soll.« (Hortleiterin)

Und wir erzählen uns Geschichten, bis wir alle schlafen

Die Familie hat für Kinder und Jugendliche an Bedeutung gleichermaßen gewonnen wie verloren. Als Aushandlungsort und emotionaler Rückhalt genießt sie hohe Priorität …

Sie verlassen die Stadt und fahren Richtung G. Die Straße ist kurvig und führt über sanfte Hügel. Zwanzig Kilometer Äcker, Wiesen und Weiden. Und dann mal wieder ein kleiner Wald. Sie überqueren vier Bäche, durchfahren fünf Ortschaften. Links sehen Sie den Hubererweiher. Achten Sie auf das Kruzifix am rechten Straßenrand, denn gleich danach biegen Sie auf einem schmalen Weg ab in einen Laubwald. Noch fünfhundert Meter, und Sie erreichen den Weiler. Vorsichtig fahren, denn da sind Kinder, Katzen und Hühner unterwegs!

Der Hof ist ganz einfach zu finden, es ist der letzte, ganz am Ende des Weilers.

Wenn Sie Lisa, den Haflinger, und Zenka, die Ziege, sehen, dann sind Sie angekommen.

Vor der Hofeinfahrt steht ein Junge und winkt.

Es ist der elfjährige Michi, der schon seit zwanzig Minuten am Tor wartet, weil er selten Besuch hat und weiß, ihn im tiefen Niederbayern zu finden, ist nicht einfach.

Der kleine Juniorbauer hat einen schüchtern sanften Händedruck und stellt mir seine »Freunde« Lisa und Zenka vor. »Wollen Sie mal unseren Hof sehen?« fragt er mich erwartungsvoll und beginnt mit seiner Führung. Lisa und Zenka trotten hinter uns her, über den Hof bis hin zum Kuhstall, wo die anderen Freunde warten, die Kühe Resi, Maria, Gusti und wie sie alle heißen. Resi gibt am meisten Milch und Maria kalbt bald. Nebenan ist der Kälberstall, Michis Revier. Da füttert er jeden Morgen vor der Schule und mistet jeden Abend nach den Hausaufgaben aus. Es geht weiter, rauf in die Tenne, der Haflinger und die Ziege warten unten. Oben duftet es nach Heu. Links hinten, in einem Holzregal, liegt Michis Geige. Nachmittags übt er hier, zur Zeit sind es Stücke von Vivaldi. Michi greift in einen Sack mit Kraftfutter. »Belohnung für Zenka und Lisa, weil sie warten«, sagt er.

Neben dem Haus leben die Kaninchen in kleinen Ställen, die muss die kleine Schwester Ziska saubermachen, »und weil die immer vergisst, die Türen zu schließen, hat der Fuchs schon vier Hasen geholt«.

Michi zieht seine Gummistiefel aus und schlüpft in Filzpantoffeln. »Sie können Ihre Schuhe anbehalten, weil Sie zu Besuch sind«, meint er und bittet in den kühlen, dunklen Hausflur. Michi hat heute den Boden gewischt wie an jedem Samstag, da er mit Ziska der Mutter im Haushalt helfen muss. Bad, Wohnzimmer, Hausflur und Kinderzimmer aufräumen und putzen. Michi hasst Samstage.

In seinem Zimmer hängt ein Kruzifix, ein Bild von Jesus, diversen Heiligen und den Hexen aus der Fernsehserie »Charmed«. Das Zimmer teilt er mit Ziska, nur hat die ein richtiges Bett und Michi ein Kanapee. Weil das so zerschlissen ist und ein bisschen schief, freut er sich auf das Bett von seinem Bruder, wenn der endlich mal auszieht. An der Wand baumeln eine Lederhose und ein Trachtenhut. Eigentlich geht er ganz gern in den Trachtenverein, wäre es in der Hose und den dicken Socken nicht immer so heiß. Ein kurzer Blick in die anderen

Zimmer, in denen die sieben Geschwister leben. Überall ein Kruzifix und ein Instrument. Hackbrett, Flöte, Geige usw. Weil es laut ist, wenn alle für die monatlichen Heimatabende üben, spielt Michi einfach in der Tenne. Außerdem mag er als einziger Klassik.

Sein Bruder Franz spielt in der Kirche Orgel. Jeden Sonntag hört die Familie zu und singt mit.

»Ich glaube an Gott, in der Schule bin ich so mittel, ich versteh mich gut mit meinen Geschwistern, und manchmal ess ich ganz gern Süßes«, sagt Michi über sich, schließt die Stubentür und öffnet dahinter, bei Fanta und Krapfen, zaghaft seine verborgene Welt.

Da ist die Mama, die immer für ihn da ist, die Mama, mit der er über fast alles reden kann, nur nicht über Sex. Den mag er sowieso nicht, weil Sex pervers ist. So Speichelaustausch beim Kuss, das ist schon widerlich. Die Mama findet Sex auch ekelhaft, und der Fernseher wird ausgeschaltet, wenn die Menschen sich mal wieder küssen oder nackert rumlaufen.

Letztes Jahr war Michi mal verliebt, in die Nachbarstochter, weil die so ist wie er: lustig. Michi hat sie immer angeschaut, aber gesagt hat er es ihr nicht. Überhaupt gehört ein Kuss schon dazu, das weiß er, aber er hat Angst davor, weil man dabei ja so viel falsch machen kann. Die Jungs aus seiner Klasse haben auch Angst. Meistens spielen sie Lego, aber manchmal sprechen sie auch über die Mädels, die irgendwie schon weiter, dafür aber auch zickig sind.

»Ich bin einfach noch mehr ein Kind«, erklärt Michi.

Der Papa arbeitet viel, zuviel. Er hat nie Zeit. »Ich glaube, ich habe kein so gutes Verhältnis zu meinem Papa deswegen. Der ist nicht streng, sondern zurückhaltend.

Manchmal schimpft er, aber nur wenig. Aber in letzter Zeit ist es besser geworden, weil jetzt spielt er mit mir mal Mensch-ärgere-dich-nicht oder macht einen Ausflug.«

Überhaupt, die Erwachsenen denken nur ans Arbeiten. Michi will lieber ein Kind bleiben, aber weil er doch älter wird, will er zumindest lieber Tierarzt als Bauer werden. »Das darf ich dem Papa aber nicht sagen, weil meine Brüder ihn schon so enttäuscht haben. Der eine ist Musiker geworden, und der andere will mal studieren. Und der Papa sagt immer, dass er jetzt für mich den Hof hält.« In der Schule lernt Michi Latein, das brauche er für das Studium, sagt er. Biologie ist sein Lieblingsfach, und Zenka und Lisa müssen sich regelmäßig Muskelstränge und Knochenbau untersuchen lassen.

Michi meint, dass sich eigentlich niemand richtige Gedanken um ihn macht. Die Mama mag ihn zwar, aber nicht wirklich. »Wenn ich mal eine Eins in Latein habe, sagt sie nur, das hast du gut gemacht, aber ich glaube, die freut sich nicht richtig. Deswegen glaube ich, dass ich ihr eigentlich ein bisschen egal bin.« Die Ziska ist die Kleinste, die immer alles kriegt. Nur einmal hat sich Michi da beschwert. »Ich glaube, da habe ich die Mama verletzt, weil sie so wütend geworden ist, weil sie sich ja so viel Mühe mit uns allen macht.« Reden will er mit ihr nicht mehr, wenn er Sorgen hat, weil sie selber ihre Probleme hat. Die große Familie und das wenige Geld. Wenn die Klasse Ausflüge macht, bleibt Michi zu Hause. Im Zimmer weint er manchmal heimlich auf seinem braunen Kanapee. »Der Jesus schaut mich dann so an, und ich glaube, dass er mich auch hört.« Oder er geht in die Scheune und spielt Vivaldi, denn die Geige »kann oft helfen«.

Nur ins Legoland durfte er mit. Die Fahrt hat er zum Geburtstag geschenkt bekommen. Jetzt hat er auch mehr Freunde in der Klasse, weil sie zusammen Lego spielen. Ganz früher, in der ersten Klasse, hat Michi kaum ein Wort gesprochen. »Weil ich ein bisschen schüchtern war«, meint er. »Aber jetzt tauschen wir in der Pause manchmal Legos aus.«

»Legoland, das war das Schönste im Leben«, sagt er mit rotem Kopf.

Und sonst? Was wäre sonst noch schön? »Wenn die Eltern mehr Zeit hätten, zum Reden und zum Zuhören.« Und inmitten bayerischer, geborgener Kleinidylle beschreibt Michi seinen Traumtag: »Am Morgen erst mal aufwachen und dann ein großes Frühstück. Dann mit der ganzen Familie ins Legoland fahren. Ich würde dann auch noch gerne mit allen Schwimmen gehen. Und dann würde ich wollen, dass am Abend die ganze Familie in einem großen Zimmer schläft und sich Geschichten erzählt, bis wir alle eingeschlafen sind.«

> *… als Herkunftsmilieu und als Stätte der Wertebildung verliert die Familie an Bedeutung. Unbeschadet wirkt die Vererbung kulturellen, sozialen und ökonomischen Kapitals weiter.* (Elfter Kinder- und Jugendbericht des Bundesministeriums)

Abschied von der Kindheit

»Manchmal fühle ich mich wie eine Erwachsene und kann auch sagen, dass ich erwachsen bin, und manchmal bin ich dann auch wieder ein Kind.« (Susan, 13)

Sicher können Sie sich an das erste Mal erinnern, nein, an all die vielen ersten Male, an all die einmaligen, einschneidenden Erlebnisse. An die erste Palme am Meer, an den ersten Schultag, an den ersten Tag im Berufsleben, an das erste selbstverdiente Geld, an die erste Stereoanlage, an die erste Liebe. Klar, auch den ersten Kuss vergisst man nicht, schon gar nicht das erste Abenteuer im Bett, auf der Wiese, im Auto oder sonst wo. Pubertierende, die die ersten Haare an bislang kahlen Stellen entdecken, Frauen, die das erste Mal ihr Kind im Körper spüren.

Das erste Mal ist oft verbunden mit Vorfreude oder Überraschung, bisweilen aber auch mit Angst, auf alle Fälle mit viel Gefühl und andauernder Erinnerung.

Wie aber steht es mit dem letzten Mal?

Bewusste letzte Male gibt es am Tag X nicht wirklich, denn grundlegende Veränderungen oder der Tod, die ein weiteres Mal verhindern, sind selten im voraus bekannt. Wohl gibt es einen letzten Schultag, eine letzte Nacht in der alten Wohnung, einen letzten Blick auf die große Buche, bevor sie gefällt wird, ein letztes Gespräch mit der Großmutter, kurz vor ihrem Tod. Ansonsten nehmen wir das letzte Mal nicht wirklich als Ereignis wahr, zu flexibel und vage ist die Zukunft, zu unreflektiert gehen wir mit vielen Gegebenheiten im Leben um, zu passiv sind wir, zu selbstverständlich erscheint uns das meiste. Zu wenig würden wir vermissen – oder doch?

Dort, wo Veränderungen absehbar sind, wo Abschiednehmen klar auf der Hand liegt, kommen Tage und mit ihnen Ereignisse, die, nähme man sie bewusster wahr, eine andere, viel größere Bedeutung haben könnten.

Jetzt, da ich dieses Buch schreibe, beginne ich nachzudenken. Jedesmal, wenn eines meiner Kinder auf meinem Schoß sitzt, den Kopf an meinen gelehnt, könnte es das letzte Mal sein, weil der Lauf der Dinge will, dass es irgendwann schlicht und einfach »uncool« ist, auf Mutters Schoß zu sitzen. Irgendwann werden sie mir zum allerletzten Mal ihre Legokonstruktion zeigen, und irgendwann werden sie nicht mehr unter meinem Dach schlafen wollen. Irgendwann wird es für alles ein letztes Mal geben, und deswegen werde ich jetzt, im Vorgefühl kommender Veränderungen, das vermeintlich letzte Mal jedesmal aufs neue genießen!

Wüsste Annas Mutter, dass ihre Tochter das letzte Mal in der Küche steht, um beim Kochen zu helfen, um nah bei ihr zu sein, dann würde auch sie nicht sagen: »Geh spielen, ich brauch dich hier nicht.«

Welche Gedanken kommen bei der Suche nach dem letzten Mal, wenn die Botschaften nicht mehr nach außen getragen werden, wenn verborgene Welten aufkeimen? Vor allem aber: Wie sehr quält uns das Bewusstsein, dass damals, an einem belanglosen Tag, in Wirklichkeit etwas ein letztes Mal geschah?

Eigene Wege gehen

Die Welt der Kinder geht schleichend über in die Welt der Erwachsenen. »Die Abgrenzung soll nach Theorien der Individuation im Jugendalter zunehmen und wird daher als Bestandteil einer gesunden Entwicklung gesehen. Tatsächlich grenzten sich die Befragten in der zehnten Klasse geringfügig stärker ab als die jüngeren Befragten, und sie informierten ihre Eltern weniger über sich selbst«, schreibt der Wissenschaftler Masche nach seiner Untersuchung bei sechstausend Jugendlichen.

Früher, als die Grenzfindung entlang gesellschaftlicher Tabus verlief, erfuhren die Jugendlichen eine gesellschaftlich allgemeingültige Etikettierung. Zerschlissene Jeans, laute Musik, lange Haare, radikal anmutende, politische Ideologien waren nicht wirklich Ursache der Konflikte zwischen Eltern und ihren Kindern, sondern Katalysatoren zwischen beiden Generationen.

Wo aber bleiben die heutigen Abgrenzungsmerkmale? Keine Initiationen, keine Rituale, keine wirklich klaren Signale und Merkmale. Die Jugendzeit ist heute eine andere als noch vor zwanzig Jahren.

Nehmen wir die Mode als Beispiel. Damals lösten Jeans und Parka heftige Protestbewegungen bei Erwachsenen aus, die Jugendlichen hatten ihr eigenes Outfit, durch das sie sich erfolgreich abgrenzen konnten. Und heute? Gehen Sie mal zu Pimkie oder Orsay, wo flippige, enge, auf Teenies zugeschnittene Kleidung hängt. No Angels und Shakira ertönen aus den Lautsprechern. Und inmitten ihrer Kinder versuchen Erwachsene, mit der Jugend mitzuziehen. In den Umkleidekabinen lösen Mütter Mädchen, die ihre Töchter sein könnten, ab und ziehen sich Tops über, die kurz genug sind, dass sie den gepiercten Bauchnabel sehen lassen. Oder Thema Sport: Da pfeifen in den Städten graumelierte Herren in coolen Hosen auf Inlineskatern an Ihnen vorbei und fühlen sich jugendlich fit. Konkurrenz, wie es sie vor allem unter Freundinnen gibt, findet zunehmend auch auf der Eltern-Kind-Ebene statt. Der Vater als »Kumpel«, die Mutter als »beste Freundin«, die mit ihren Kindern Popkonzerte besuchen – das sind keine leichten Voraussetzungen für Abgrenzung.

Heute, so der Philosoph Gallner in der ZEIT, scheine die Reise der Kinder auf der Suche nach ihrer Zukunft im Grunde bloß dorthin zu führen, wo sie sich ohnehin schon befänden.

Entgegen der Erwartung, ist in der Untersuchung von Masche weiter zu lesen, stehe dennoch die Abgrenzung und das sogenannte Monitoring der Eltern mit einer Reihe problematischer Erscheinungen in Zusammenhang: zum Teil erniedrigtes Selbstwertgefühl, vermehrte Depressivität, Einsamkeit, Aggressivität, abweichendes Verhalten und mangelnde Empathie sowie erhöhte Wahrscheinlichkeit, Alkohol, Tabak, Haschisch und harte Drogen zu konsumieren.

Die Mittel, sich von Erwachsenen abzulösen, werden also immer drastischer, und nicht selten bekommt der Körper zu spüren, was die Seele auszusprechen nicht erlaubt: Piercing beispielsweise wird immer exzessiver, in der Hoffnung, doch endlich Tabus zu sprengen. In der ZEIT wird spektakulär das Thema »Ritzen« aufgegriffen, eine Form der Selbstverstümmelung, die überwiegend Mädchen als Reaktion auf unerkennbare Welten zwischen innen und außen an sich fabrizieren.

Auch die zierliche Melanie ist auf der Suche nach

deutlicher Abgrenzung, wenn sie weniger essen will als ihre Mutter, die ihren Jugendwahn mit Schlankheitsmanie verwirklicht. Ich besuche die Vierzehnjährige in einem edlen Vorort Hamburgs, und da sitzt sie auf der Designercouch, inmitten eines ebenso edel gestylten Wohnzimmers, den Blick auf einen traumhaften Garten mit einem Teich.

Hier wird durchdachter Wohlstand zelebriert. Alles hat seinen geordneten Platz. Nichts scheint auf Zufälligkeit oder Spontaneität zu weisen. Die Fernsehzeitung griffbereit im Zeitungskorb, das Holz ordentlich vor dem Kamin aufgeschichtet. Die Bücher, nach Farben und Größe geordnet, der Teppich passend zu den Vorhängen, die Türgriffe aus ähnlichem Material wie die Stuhllehnen, die Lichtschalter, im Design passend zur Fernbedienung, die Stereoanlage farblich durch die Gläser in der Vitrine ergänzt.

Wo ist Leben, wo ist Bewegung? frage ich mich unwillkürlich.

Vielleicht draußen, am Teich, denn da spuckt ein großer Messingfisch Wasser auf die stummen Goldfische. Drinnen aber, da sitzt Melanie mit versteinertem Gesicht, verloren in einer emotionslos, steril schönen Welt; die Schuhe passen zum Rock, das T-Shirt zu den Ohrringen, der Lippenstift zu den lackierten Nägeln. Leben findet hier nur heimlich statt, die ordentliche Scheinwelt wird verrückt, wenn die Mutter nachts zu ihrem jugendlichen Liebhaber fährt und Melanie oben in ihrem Zimmer entblößt vor dem Spiegel steht.

»Nachts wache ich auf und ärgere mich maßlos, dass ich am Abend noch ein Brot gegessen habe. Oft stehe ich dann auf, ziehe mich nackt aus und schaue in den Spiegel. Die Lampe habe ich so eingestellt, dass ich meinen Körper nur zur Hälfte erkennen kann, die andere Hälfte ist überflüssig, die zeigt mein Übergewicht. Das kann ich mir in der Nacht wegdenken. Und dann finde ich immer noch, dass ich dicker bin als meine Mutter. Aber die Kraft, die sie hat, die hab ich einfach nicht. Seitdem sie einen Freund hat, der zehn Jahre jünger ist als sie, geht sie jeden Tag zwei Stunden ins Fitnessstudio. Am Abend isst sie nur Salat, und ich habe kaum Sport gemacht und einen Riesenhunger. Aber ich kann doch nicht mehr essen als meine Mutter. Die passt mit ihren zweiundvierzig Jahren in meine Klamotten. Überhaupt, ich kann nicht mehr sehen, wie die rumläuft. Das habe ich ihr auch schon gesagt. Mami, das ist peinlich, diese Glitzerdinger, die engen Jeans, auch wenn sie eine Superfigur hat. Aber irgendwie will sie mir wohl zeigen, dass sie hübscher ist als ich.« Indem Melanies Mutter ihrer Tochter ein Leben der Jugend vorlebt, raubt sie ihr den langen Weg zum Erwachsensein.

Melanies verborgener Wegbegleiter auf ihrer Suche nach Identität ist der Hunger: »Dass ich magersüchtig bin, weiß nur ich, ich allein. Und das soll auch so bleiben!«

Die Sehnsucht, wahrgenommen und anerkannt zu werden, wie auch die Angst davor, erwachsen zu werden, treiben etliche Kinder aber auch zu entgegengesetzten Exzessen. Birgit etwa frisst alles in sich rein: »Wenn die ›fette Sau‹ zu mir sagen, dann ist mir das egal«, will sie mich glauben machen. Als wandelnde Tonne stelle sie wenigstens irgendwas dar, meint sie, dennoch leidend. Die Sängerin Mariah Carey habe, wenn man genau hinschaue, auch einen kleinen Bauch, und es werde nicht lange dauern, dann sei auch sie zu dick, sagt Birgit und sieht sich auf diese Weise mit der Sängerin eng verbündet.

So sind es einzig die lästigen Alltagserscheinungen und manch erstrebenswerte Privilegien des Erwachsenenalters, die die beiden Welten voneinander zu trennen scheinen, und weniger Mode, Musik, Haarlänge und schon gar nicht Ideologien.

Vor allem die Kinder der Achtundsechziger-Generation mit ihrem Konzept von Freiheit und Unangepasstheit sehen sich mit ewig jung erscheinenden Eltern konfrontiert. Aber auch Kinder von Eltern, die selbst noch auf der bislang vergeblichen Suche nach der eigenen Identität sind, tappen hilflos im Dunkel. Die Ohnmacht vieler Eltern gründet in der eigenen Orientierungslosigkeit. Wenn Eltern selbst keine klare Linie finden, wie können sie dann ihren Kindern verschiedene Richtungen erklären oder gar vorleben? »Es gibt häufig genug Eltern von Vierzehnjährigen, die ahnen, dass ihr Kind den Bach runtergeht, jedoch der Meinung sind, dass sie es selber wissen müssten, eben weil sie selbst keine Linie für sich haben«, sagt die Hauptschulleiterin Frau Scholder. Und Pfarrer Lothar König sieht in der indoktrinierten Bedeutungslosigkeit der Kirche einen Grund für die fehlende Identität, zumindest in der ehemaligen DDR. »Woher haben Erwachsene Werte und verspüren eine Richtung, in die sie hingehen?« Im Osten kommt erschwerend hinzu, so der Psychologe Sebastian Jende, dass Eltern nie gelernt hätten, zu erziehen. »Wie sollen die das können? Sie wurden ja selbst nur durch staatliche Einrichtungen rund um die Uhr erzogen. Kann da eine verantwortungsbewusste Elternidentität entstehen, die die Kids klar erkennen – und von der sie sich entsprechend auch absetzen können?«

Halt und Identifikation finden Jugendliche heute vermehrt bei Gleichaltrigen, den Peers, die weniger gesellschaftlichen und politischen Idealen entgegenträumen als der eigenen Selbstverwirklichung. Die allgegenwärtige Zauberformel lautet dabei: Ich will es mal besser haben, weniger arbeiten, mehr Geld verdienen, denn Erwachsensein, das bedeutet Schluss mit rosigen Zeiten.

Dennoch: »Erwachsene verlieren ihre Machtposition nun immer mehr. Teenager erschaffen sich ihre eigene, je nach Peergroup variierende Kultur, und Eltern können weder erraten, noch darüber bestimmen, welche Aspekte der Erwachsenenkultur sie beibehalten und welche sie über Bord werfen werden, oder was sie sich Neues ausdenken werden«, meint Judith Harris. »Ja, vor zwei Jahren, da war ich noch sehr viel zu meiner Mutter hingezogen«, erzählt der vierzehnjährige Dino, »weil ich da auch nicht so sehr viele Freunde hatte. Da war ich eigentlich sehr viel bei meiner Mutter. Meine Mutter war eigentlich schon fast wie ein Freund für mich. In den letzten zwei Jahren ungefähr, da habe ich dann auch meine Freunde sehr viel bei mir gehabt, oder ich war bei ihnen. Da habe ich meine Mutter auch nicht sehr viel gesehen, und dann ist das Gefühl zu meiner Mutter etwas abgeklungen. Ich hab in der Zeit dann auch das Gefühl gehabt, dass meine Mutter meine Schwester bevorzugt. Ich war dann ein bisschen sauer und bin dann nicht mehr so oft im Wohnzimmer gesessen, sondern in mein Zimmer gegangen. Das hat sie dann schon gemerkt, aber sie hat mich dann auch gelassen, sie hat nichts dagegen gesagt. Ich bin jetzt nicht mehr so stark zu meiner Mutter hingezogen, ich kann auch gut alleine, ohne sie auskommen, genau wie bei meinem Vater.«

»Freunde, das sind die heutigen Werte, die Jugendliche haben, dabei werden die Grenzen bis zum Rande der Illegalität überschritten«, weiß Frau Scholder von ihren Schülern zu berichten. Egal, was sie anstellen, die Täter werden nie verraten. Diskretion ist Ehrensache, vor allem den Eltern gegenüber. Eine Mauer des Schweigens. Das ist der hohe ideelle Wert der heutigen Jugend.

Mit den Loslösungsprozessen gehen oft schmerzhafte Empfindungen einher, denn sie finden nunmehr auf einer viel tieferen und empfindlicheren Ebene statt, die zu Wunden führen. Auf eine einfache Formel gebracht: Früher hieß es, meine Eltern regen mich auf, weil sie ständig über meine Haare meckern, und heute heißt es, meine Eltern mögen mich nicht mehr, sie wollen mich nicht mehr wahrnehmen. »Die Knackpunkte waren, sie hat sich selten um mich gekümmert, weil noch meine Geschwister da waren, wenn die aus der Schule kamen, musste sich ja mehr um die gekümmert werden«, erzählt Patty. »Da habe ich irgendwann angefangen, mein Schulleben mir selber zu gestalten, sprich, ich bin nach der Schule heimgekommen, Ranzen in die Ecke und raus. Das hat meiner Mutter nicht gefallen, und da gab es Zoff.«

Ihre Null-Bock-Gefühle führen viele der von mir interviewten Kinder auf die ständigen Auseinandersetzungen mit den Eltern zurück. »Die verhalten sich halt ständig falsch.« Torsten ist überzeugt: »Es gibt ständig Zoff, weil ich keinen Bock mehr habe. Aber ich habe keinen Bock mehr, weil die Eltern so daneben sind.« Torsten fühlt sich von den Eltern zu wenig beachtet, zu wenig geliebt. Aber man streitet sich deswegen nicht. Torsten thematisiert an dieser Stelle die Schule: »Wer lernt denn schon gerne in der Jugend? Keiner, oder wenige, und der Stress mit meiner Mutter war der zweite Punkt, weil ich mich mehr oder weniger über meine Mutter hinwegsetzte. Wenn es mal wieder hieß, es gibt Stubenarrest, da kriegte ich mich so lange mit meiner Mutter in die Haare, bis sie sagte: ›Komm, mach dich ab, geh raus und lass mich jetzt in Ruhe.‹ Sie konnte sich nicht mehr durchsetzen, und dann hat sie mich rausgeschmissen. Das war, als ich vierzehn war. Irgendwie war sie völlig machtlos.«

Und Oliver berichtet: »Mit meiner Mutter habe ich mich nicht mehr verstanden, die habe ich dann irgendwann links liegengelassen, habe mich über sie hinweggesetzt. Wenn es hieß, ich soll zu Hause bleiben, na gut, da habe ich Rambazamba gemacht, bis sie nachgegeben hat, und irgendwann habe ich das dann alles ignoriert und mir mein eigenes Leben gestaltet. Da war ich dreizehn oder vierzehn.«

Torstens Abnabelung ist inzwischen vollzogen, äußerlich wie innerlich: »Jetzt habe ich gar keinen Kontakt mehr. Ich mache mir da auch gar keinen Kopf, was sie macht.« Wie sein Herz spräche, würde er es wahrnehmen, sei dahingestellt.

Letztlich aber seien es eher die Eltern, die ihre Kinder verlassen, wenn deren Abgrenzungsprozesse zu vehement sind – und nicht umgekehrt, vertritt Pfarrer König. »Irgendwann können und wollen die nicht mehr, die Kinder werden ihnen zu anstrengend, sie sind überfordert, und dann provozieren sie die Trennung – im schlimmsten Fall durch Hausverbot. Alle Straßenkinder, die ich betreue, können davon ein Lied singen.«

Die Gefühle der Kinder während der Lösungsphase sind ambivalent, schwanken zwischen Trauer, Wut und manchmal gar Hass – Empfindungen, die sie nicht nur auf die Eltern, sondern auf sich selbst beziehen. »Okay«, gesteht Nina ein, »da bin ich vielleicht ein bisschen zickig, rechthaberisch, und manchmal bin ich dann auch zu empfindlich, wenn ich mich streite. Aber ich fühl mich dann auch irgendwie alt, wie eine Erwachsene, wenn ich was durchsetzen will.«

»Ich bin oft wütend, weil ich mich irgendwo ungerecht behandelt fühle«, sagt Till und gibt zu, dass auch er Schuld an den Streitereien trüge. Aber nur ein ganz klein wenig!

Patty ist sechzehn und spricht die mangelnde Elternliebe an, revidiert aber gleich: »Ich fühle mich von meinen Eltern zwar nicht ungeliebt, aber es fehlt halt so das Verständnis für das, was mich immer bewegt. Wenn ich mir über irgendwelche Sachen Gedanken gemacht habe, dann war ich am Anfang noch nicht so selbstbewusst, das zu leben, sondern habe mich halt auch immer versucht anzupassen. Aber dann, als ich selbstbewusst geworden bin, hat das meiner Mutter natürlich auch überhaupt nicht in den Kram gepasst, diese absolute Tendenz ins Negative. Ja, da gab es halt immer mehr Stress, weil ich mehr Freiheiten wollte, und sie wollte das natürlich nicht.«

Sind die Klagen über zu wenig elterliche Liebe nicht auch ein fast schon notwendiges Merkmal der Abnabelung? Sicher, die Empfindung mangelnder Liebe ist eng gekoppelt an ungenügendes elterliches Verständnis für Sehnsüchte, vor allem dann, wenn diese verzweifelt um Selbstmitleid kreisen. Das Leiden ist eben ein großes Thema in dieser Lebensphase. Leiden wegen der Freunde, unter den hohen Schulanforderungen, an Perspektivlosigkeit, an der Liebe, unter unliebsamen, vieldiskutierten Einschränkungen, etwa dem abendlichen Ausgehverbot. Und Eltern können da nicht wirklich mitleiden, denn sie sind nicht dabei, kennen nicht die Umstände bis ins Detail, und überhaupt und übrigens … Tiefere Gründe für mangelnde Liebe können nur unter

Schmerzen hinterfragt werden, da lassen wir das doch lieber bleiben.

Wenn Kinder sich von den Eltern zurückziehen, ihnen nicht mehr so offen entgegentreten, dann liegt das nicht in erster Linie am mangelnden Vertrauen. Vielmehr vermuten viele Jugendliche elterliche Hilflosigkeit, die sich aufgrund der unterschiedlichen Welten auftut. »Ich spreche dann mit meinen Freunden«, meint beispielsweise Stefan, »wenn ich weiß, dass meine Eltern mir nicht helfen können. Dann belaste ich sie auch nicht damit.« Als großes Problem sieht er den ständigen Vergleich der Erwachsenen mit der eigenen Jugend: »Dann kommt wieder das, wie sie das sahen, als sie noch jung waren und so. Aber die Zeiten haben sich geändert. Es ist vieles anders geworden, und von einigen Dingen, wo sie meinen, dass sie mir helfen könnten, die helfen mir überhaupt nicht oder bringen mir noch mehr Probleme.«

Ein weiterer Grund für das zunehmend zurückhaltende Verhalten den Eltern gegenüber ist das unterschiedliche soziale Umfeld. Probleme in der Schule beispielsweise bespreche man eher mit Freunden, weil die ja schließlich dabei seien, die könnten sich besser einfühlen, meint Petra. Aber auch das Anderssein, die andere Rolle, die man bei Freunden spielt, könne ein Grund sein, betont Susan. Bei Freunden übt man eine andere Identität aus, bei ihnen kann man das Bild verkörpern, das einem vorschwebt. Man kann so sein, wie man will, ist nicht mehr das kleine Kind, das abends einen Gute-Nacht-Kuss bekommt – auch wenn man sich nach diesem, ganz inoffiziell, eigentlich noch sehnt. »Zum Beispiel, wenn ich ein Problem mit mir selber habe oder merke, dass mit mir etwas nicht stimmt, ich einfach komisch drauf bin und nicht weiß, warum. Eigentlich bräuchte ich da meine Mutter noch sehr, dass die mich mal in den Arm nimmt, auch wenn ich schon fast so groß bin wie sie. Meine Mutter sieht mich aber nicht so, wie ich zu meinen Freunden bin. Bei denen bin ich lässiger, lockerer, und wir machen einfach auch mehr so Sachen, die weiß nicht, was ich mit denen schon alles erlebt habe, und deswegen kann ich darüber nur mit meinen Freunden reden. Wenn ich verliebt bin oder eine Entscheidung habe zwischen zwei Jungen und mich nicht entscheiden kann, dann rede ich auch mit meiner Mutter drüber, aber mehr noch mit meinen Freunden eigentlich, die sind auch in meinem Alter und wissen einfach, wie ich denke, und können das nachvollziehen«, sagt Jasmin.

Wer hat recht, wer unrecht? Kinder oder Eltern? Diese Frage wird zu keiner wirklich zufriedenstellenden Antwort führen. Unterschiedliche Sichtweisen sind nun mal wesentliches Merkmal des Loslösungsprozesses.

Trotz aller Kritik zehren die Kinder von der Geborgenheit, die von den Erwachsenen ausgeht. Egal, wie sie von Vater und Mutter behandelt werden, gleichgültig, wie groß die Anschuldigungen und Beschwerden sein mögen, bei der Frage nach emotionaler Stütze kommen immer wieder die gleichen Antworten: Meine Eltern sind die große Stütze – und ab und an auch mal die Freunde.

Ausführliche Beschwerden über elterliches Unverständnis münden immer wieder in Äußerungen, man fühle sich letztlich von den Eltern weitgehend verstanden und unterstützt. Wenn Eltern zu unliebsamen Lehrern gehen, wenn sie Verständnis für schlechte Noten haben, wenn sie beim Lernen helfen – auch wenn das oftmals mit harten Kämpfen verbunden ist –, wenn sie dann doch mal vom Liebeskummer erfahren, stets werden die

Ratschläge und Hilfeleistungen geschätzt und als emotionale Unterstützung gewertet. »Ja, zum Beispiel bei Prüfungen, sowohl beim Üben als auch beim Abfragen, dann machen sie das so lange, bis ich das verstanden habe, da haben mir meine Eltern schon sehr geholfen«, erzählt Marie. Besonders wichtig sind auch Erinnerungen an Pflege und Umsorgung am Krankenbett. Kinder und Jugendliche vergessen nicht, wie Mutter oder Vater am Bett gestanden und Tücher gewechselt haben, wenn die Stirn heiß war. »Ich glaube, das war eine sehr wichtige Zeit für mich, als ich gemerkt habe, dass meine Mama im Krankenhaus immer zu Besuch gekommen ist. Irgendwie glaube ich, dass ich da wie ein kleines Kind war«, meint Timo.

Wissenschaftler sprechen wegen dieser Verquickung von Anziehung und Abwendung nicht mehr von Loslösungsprozessen, sondern vielmehr von einer Umgestaltung der Beziehung. Die zunehmende Abgrenzung erfolge bei gleichbleibend starker, wenngleich auch weniger kindlicher Verbundenheit, so Youniss und Smollar.

Wie sieht es auf der anderen Seite aus? Was müssen Eltern denken, empfinden, leiden, wenn sich ihre Kinder ablösen und eigenständig werden?

Die Mutter von Karen beispielsweise zweifelt an sich selbst, meint, sie habe alles falsch gemacht. Doch das sei falsch, meint Marie. »So mit fünfzehn ging das los«, erzählt sie, »da bin ich dann einfach abends nicht mehr oder erst später nach Hause gekommen. Ich hatte einfach das Gefühl, dass meine Mutter mich nicht ernst nimmt, dass sie sich halt auch immer einmischen muss und nicht sieht, wer ich bin. Sie sieht mich noch als das Mädchen, das zur Schuleinführung das furchtbare Kleid anhatte, und das liebe, brave Kind, das ich früher war. Wie ich früher angeblich war. Aber sie sieht einfach nicht, dass ich einfach ein eigener Mensch bin mit eigenen Werten. Nachdem meine Mutter mir mal gesagt hat, was habe ich in der Erziehung falsch gemacht, da habe ich halt auch gemeint: nichts, du hast mir meinen gesunden Menschenverstand beigebracht, und daraus folgt, dass ich mir meine eigenen Werte schaffe.«

Viele Eltern sehen mit zunehmendem Alter ihrer Kinder deren Liebe schwinden. Küsse werden seltener, Umarmungen gibt es höchstens zum Geburtstag, an Weihnachten oder auf Beerdigungen, und dann wird an deren Echtheit gezweifelt – das verletzt. Linda erinnert sich: »Das ist halt auch so eine Sache gewesen, bei dieser Beerdigung von meinem Opa. Da war so eine ekelhafte Stimmung. Ich war nicht traurig über meinen Opa, das konnte ich nicht sein, denn ich kannte ihn ja nicht. Ich habe mir gedacht, na ja, meine Mutter hat ihren Vater verloren, das tut sicherlich weh. Ich wollte sie nur trösten. Und in dem Moment, wo ich meine Mutter umarmt habe vor dem Grab von meinem Opa, da hat sie gesagt: wenn es wenigstens ehrlich gemeint wäre. Das hat mir so weh getan. Das war ehrlich gemeint.«

Dennoch, Kinder mutieren nicht zu egoistischen, störrischen Monstern, die ihre Identitätssuche ohne Rücksicht auf dem Rücken der Eltern austragen. Eltern sollten wissen, dass Kinder sehr wohl mitfühlen, wenn sie zu weit gehen. Sie haben genügend Antennen, die sie trotz oder vielleicht gerade wegen der starken Turbulenzen ausgefahren haben. Probleme haben sie nur mit dem Umgang dessen, was ihnen diese Antennen zuführen.

»Eigentlich merke ich das schon ein bisschen, wenn meine Mutter nahe am Ende ist, und dann lasse ich sie auch in Ruhe und nerve irgendwie meinen Vater oder schnappe mein Fahrrad und fahre zu Freunden, oder ich gehe in mein Zimmer«, erzählt Lucas.

Wie könnten sich Eltern verhalten? Die Antwort ist nicht einfach, vielleicht auch gar nicht möglich. Die Kinder wissen es selbst nicht, weil sie Konflikte irgendwie brauchen. Dennoch, Masche folgert aus seinen Untersuchungen, nicht die totale Abgrenzung sei der Königsweg für die Jugendlichen, vielmehr sollten Eltern in enger und respektvoller Begleitung helfen, Alltags- und Lebensentscheidungen zu treffen. Dazu müssen bisweilen Barrieren überbrückt werden, indem sich Eltern über Grenzen setzen, die Kinder ihnen oftmals ungewollt, fast zwanghaft setzen. Dino verschwindet immer in sein Zimmer, wo er grübelt und nach Lösungen für seine Probleme sucht. So hätte er sich zum Beispiel sehr gefreut, wenn seine Eltern ab und an mal an seine Tür geklopft hätten, um mit ihm zu reden. »Ja, hätte ich schon besser oder gut gefunden, wenn sie mal fragen, wie es einem so geht, in welchem sozialen Umfeld man sich bewegt. Das sollten die Eltern schon mal fragen.« Und Susan fügt hinzu: »Eltern sollten mal fragen, wie es einem geht. Und wenn sie dann eine patzige Antwort bekommen, dann sollen sie auch wissen, dass wir es so nicht meinen.«

Wenn elterliches Verhalten den Abgrenzungsversuchen ihrer Kinder zu stark entgegensteht, hat das oft negative Folgen, wie Einsamkeit, geringeres Selbstwertgefühl, bisweilen gar Depressionen. Es gibt aber auch Eltern, die so sehr mit sich selbst beschäftigt sind, dass sie die Loslösungsprozesse ihrer Kinder kaum wahrnehmen. Diese Kinder tendieren dann oft dazu, ihre Eltern radikal auszugrenzen, eng verbunden mit kalten Gefühlen und geringer Empathie. Dann dominiert Härte. Härte nicht nur gegen die Eltern, Härte auch gegen sich selbst. Sofies Äußerungen beschreiben die Hintergründe ihrer radikalen Abgrenzung, die sich still, heimlich und voller Rache vollzieht. An Sofies Abgrenzungsprozess wird nachvollziehbar, wie eine kindliche Psyche in kalte Starrheit mündet, wenn die Lebensvoraussetzungen ungünstig sind.

Sofies Trennung

(ein rekonstruierter Verlauf, basierend auf diversen Erzählungen von Sofie, Bekannten und Freundinnen)

Kürzlich traf ich Sofie zufällig auf der Straße wieder, ein halbes Jahr nach unserem Gespräch. Aus den blonden Haaren waren schwarze geworden, die Augenringe, die sie damals hatte, waren inzwischen noch dunkler und mit einem dicken Kajalstift betont. Ein Piercing an der Lippe, ein Glitzern an dem ansonsten pechschwarz bemalten Mund. Das Gesicht sehr blass. Sie grüßte nur kurz: »Wann kommt denn das Buch raus?«

»Bald«, sagte ich. Dann lächelte sie verlegen und zog weiter in ihren weiten, lässigen Hosen.

Von ihrer Freundin Britta weiß ich, dass der Bruch nun endgültig vollzogen ist, jener Bruch, den sie vor einem Jahr trotzig und heimlich angekündigt hatte. »Ich geh. Irgendwann bin ich dann einfach nicht mehr da!« Ob es die Mutter interessiert, dass ihre Tochter an diesem Tag mal wieder die Schule schwänzte? Wohl kaum.

Der entscheidende Tag, so Britta, sei der gewesen, als man ihnen die Mandeln entfernte. Die Freundinnen lagen danach im selben Zimmer und wachten auch fast gleichzeitig aus der Narkose auf. Britta wurde von ihrer Mutter gehegt und gepflegt, sie legte ihr feuchte Lappen auf die Stirn und hielt ihr die Hand.

Zur gleichen Zeit steckte sich Sofies Mutter Susanne unten im Foyer des Krankenhauses entweder eine Zigarette an, telefonierte, las Zeitung oder träumte. Kein Beistand, nervöse Hilflosigkeit. Wie auch immer, sie setzte konsequent ein Verhalten fort, das sie in den vergangenen dreizehn Jahren gepflegt hatte.

Das Leben von Sofies Mutter ist turbulent. Kurz verheiratet, gleich eine Familie gegründet, Sofie auf der Welt, und schon kündigten sich die ersten Eheprobleme an. Der Vater zieht zu seiner Geliebten, die Verlassene tröstet die verletzte Seele in Bars und in Gegenwart junger Liebhaber. Sofie war damals vier.

Im Verlauf der Jahre poliert Susanne ihr Selbstbewusstsein gehörig auf, und zugleich verabschiedet sie sich von den lästigen Mutterpflichten. Konkret bedeutete das: Die Kinder machen ihr Frühstück selbst, und Mama bleibt im Bett. Das Mittagessen wird auf einen Apfel oder ein Fünfmarkstück reduziert, das sie ab und an auf den Kühlschrank legt. Dennoch war für Sofie damals alles noch halbwegs in Ordnung.

Sechs Jahre vergingen unspektakulär. Susanne arbeitete tagsüber, die Wochenenden verbrachte sie bevorzugt mit ihren Freunden. Sofie absolvierte ohne Schwierigkeiten, vor allem aber selbständig, die Schulzeit. Sie arrangierte sich mit den Umständen, begnügte sich mittags mit dem Apfel oder aß bei McDonalds.

Susannes Welt war von Männern ferngelenkt. Sie passte sich aufs erstaunlichste den jeweiligen Wünschen ihrer aktuellen Bekanntschaften an. Sofie erlebte die verwunderlichsten Metamorphosen ihrer Mutter mit: Mama mal ganz bieder, mal ganz flippig. Mama, die sonntags Käsekuchen backt und abends Wollpullover strickt, Mama, die Beatles hört, Mama, die ins Fitnesscenter geht, Mama, die ihre Haare von Schwarz auf Blond färbt, die mal gestylt, mal als halber Punk die Wohnung verlässt. Mal war sie eine sehr liebe Mama, die abends Küsse verteilte, mal kam sie abends gar nicht erst nach Hause.

Im nachhinein weiß Sofie die Wandlungen ihrer Mutter richtig zu deuten. Sie war ganz einfach fremdbestimmt, männerbestimmt, und je weiter ihr Alter fortschritt, desto mehr Kapriolen musste sie machen, um beim anderen Geschlecht den erwünschten Erfolg zu haben. Zäh, sehr zäh waren die vergangenen Beziehungen angekurbelt worden, um so schneller und lebhafter war dann jeweils das Ende.

Irgendwann hatte Susanne ihre Attraktivität eingebüßt. Schuld daran waren wohl auch die vielen Biere, die sie sich an den geselligen Abenden genehmigt hatte. Sie wurde zusehends fülliger und unzufriedener. Abends, wenn sie sich mal mit Sofie in der Küche traf, war sie wortkarg. Da saß sie dann, schweigend, in sich gekehrt und umhüllt von schwermütiger Frustration, und sah zu, wie Sofie den Tisch deckte. Interessieren da noch kindliche Belange?

Lange Zeit blieb Sofie angenehmer Hintergrund, funktionierend und gehorchend, immer da, immer das Bett wärmend.

Zeit für Beobachtungen kleiner Details blieb nicht. Als Sofie zwölf wurde, setzte ihre Periode ein. Wie sie damit umzugehen hatte, erfuhr sie von ihrer Freundin Britta. Die Mutter quittierte die körperliche Reifung ihrer Tochter mit der Bemerkung »Pass auf, dass du nicht schwanger wirst.«

Allmählich und heimlich begann Sofie sich zu wandeln. Sie benutzte das Parfüm ihrer Mutter, schminkte sich, anfangs noch unscheinbar. Sie interessierte sich nun auch für Jungen, für Sexualität. Sie begann aber auch langsam, das Leben ihrer Mutter kritisch zu hinterfragen, und reagierte vermehrt mit Unverständnis und Anklagen, besonders aber mit Trotz und Wut. Äpfel,

McDonald's, keine Zeit für Hausaufgaben, nie da sein, keine Fragen, etwas zuviel Alkohol, ständig wechselnde Freunde. Streit zwischen Mutter und Tochter waren bald an der Tagesordnung. »Manchmal hocke ich daheim und sperre mich ein und höre nur laut Musik. Was anderes kann ich dann nicht machen. Oder ich gehe raus und schlage ein paar Äste im Wald zusammen, dann geht es mir wieder besser«, sagte mir Sofie. »Meine Mutter kann nicht einsehen, dass ich älter geworden bin, ich bin dreizehn, nicht drei. Das sind zehn Jahre Unterschied. Ich versuche mit ihr zu reden, aber es ist, als würde ich gegen eine Wand reden. Sie meint, sie versteht immer alles. Dann redet man mit ihr und versucht ihr das zu erklären, und sie kapiert das einfach nicht. Sie kapiert es einfach ganz und gar nicht. Das hasse ich.«

Im Krankenhaus stellte sich Sofie schlafend, als die Mutter ins Zimmer kam, und zwei Tage später, als sie die Mutter aus dem Auto steigen sah, sperrte sie sich in die Toilette ein. Britta wurde Zeugin, wie Susanne im Krankenzimmer nach ihrer Tochter suchte, an die versperrte Badezimmertür pochte und bald darauf das Krankenzimmer mit dem alles entscheidenden Satz wieder verließ: »Dann geh ich halt wieder, du blöde Kuh!« Das war der endgültige Bruch.

»Wir beide haben eigentlich Schuld, weil wir uns einfach auseinandergelebt haben, wir kennen uns überhaupt nicht mehr. Meine Mutter weiß, dass ich Sofie heiße, und sie weiß vielleicht, wie ich aussehe, dass ich blonde Haare habe und dass ich mich ein bisschen schminke, aber sie kennt mich einfach nicht mehr. Und ich kenne sie auch nicht mehr, weil sie mir fremd geworden ist – und einer Person, die mir eigentlich richtig fremd ist, der erzähle ich nichts. Das wäre alle anders, wenn ich mit meiner Mutter mehr reden würde, wenn ich mehr dürfte.« Jetzt darf Susanne nicht mehr reden, weil Sofie nicht mehr zuhört.

Mit welchen Gefühlen haben sich Mutter und Tochter verabschiedet? Sofie habe damals noch lange geweint, als ihre Mutter das Krankenzimmer verlassen hatte, sagt Britta. Und Susanne?

Hat sie sich gleich eine Zigarette angesteckt? Einen Freund angerufen, sich über die Tochter beschwert? Ist sie nach Hause gefahren und hat ein Bier geöffnet? Hat sie vielleicht auch geweint, oder war sie wütend? Hat sie darüber nachgedacht, was das Verschließen der Badezimmertür zu bedeuten hatte? Sie ahnte wohl nicht, wie wichtig ein wenig Fürsorge gewesen wäre, ein kühlendes Tuch zu reichen, ihrer Tochter die Hand zu streicheln. Es sind oft die kleinen Gesten, die das Fass vor dem Überlaufen bewahren. Das weiß ich von Britta und einigen anderen Kindern, die ähnliches erlebt haben.

Susanne hat den Vorfall inzwischen wohl längst vergessen. Mutter und Tochter leben ihr Leben. Nebeneinander, wie Schienen, die parallel verlaufen, ohne sich jemals zu treffen. Sofie ist irgendwie anders geworden, sagt Britta, so schroff, vor allem der Mutter gegenüber. »Ich kann meine Mutter nicht mehr sehen, ich geh irgendwann«, hatte sie angekündigt.

Mit ihren schwarzen Haaren, einem Eastpack auf dem Rücken und hohen Schuhen schlurfte Sofie nach unserer kurzen Begegnung zu McDonalds. Eigentlich war alles wie immer. Räumlich ist Sofie geblieben, aber innerlich ist sie inzwischen weit weg.

»Eine richtige Mutter«, hatte Sofie am Ende unseres Gesprächs gesagt, »hilft einem, wenn man Probleme hat. Sie weiß auch, was los ist mit ihrem Kind. Steht eine

Schulaufgabe an, und ich sage es meiner Mutter eine Woche vorher, dann sagt sie, okay, setz dich hin und lerne. Eine richtige Mutter unterstützt einen, wenn man etwas Schlechtes gemacht hat, sie schreit ein Kind nicht an, sie unterstützt es. Und das hat meine Mutter nie für mich gemacht. Sie war für mich nie richtig da.«

Abgrenzungsprozesse lassen Eltern oft in schlechtem Licht erscheinen. Zu wenig hätten sie sich gekümmert, zu streng oder zu lässig seien sie in der Erziehung, hätten zu viel beschützt oder zu wenig umsorgt. Diese geringschätzigen Äußerungen werden dennoch meist von einem innigen Gefühl der Verbundenheit begleitet, welches Gewissheit gibt, dass Eltern lieben und letztlich immer für einen da sind.

Ob Sofie ganz tief in ihrem Herzen auch so denkt?

Gewaltsame Lösung

Richy, siebzehn Jahre, berichtet über seine Loslösung vom Elternhaus:

»Ich möchte sagen, ich hatte eigentlich eine ganz gute Kindheit, durch meine Oma. Jedes Wochenende sind wir in den Wald gefahren oder spazieren gegangen. Ich hatte auch halt früher schon viele Freunde, und von daher kann man sagen, ich hatte eine schöne Kindheit. Ich bin mehr oder weniger bei meiner Oma aufgewachsen, weil meine Eltern auf Arbeit waren.
Mit zwölf Jahren habe ich mich dann mit meiner Mutter nicht mehr so verstanden und bin ihr aus dem Weg gegangen, habe ich doch schon mein eigenes Ding gemacht. Nach der Schule habe ich den Ranzen gleich unten um die Ecke getan und bin mit meinen Kumpels losgezogen. Wir haben im Wald eine Baumbude und einen Bunker unter der gebaut. Da hatten wir doch jeden Tag zu tun.
Ich war ein kleiner Rebell, und von daher gab es doch immer mal Zeiten mit Stubenarrest. Das bezog sich mehr auf die Schule, weil ich doch nicht so ein guter Schüler war, von daher gab es doch öfter mal die Beschwerden von den Lehrern. Die ersten zwei Schuljahre waren noch eher mittelmäßig. Aber dann gab es doch so zwei Fächer, wo es nicht so mein Ding war, wo ich mich mehr oder weniger durchgeknausert habe. In der sechsten Klasse hab ich dann die Lust verloren, wo ich sitzengeblieben bin. Da hatte ich doch erst mal einen Durchhänger gehabt. Mein Ziel war mal Realschulabschluss, aber das wurde mir mehr oder weniger vermiest. Ein

bisschen war ich selber schuld und ein bisschen lag es auch an der Lehrerin, das heißt bei 4,5 hat sie mir doch die Fünf gegeben, anstatt die Vier. Den Lehrern hab ich immer, auf Deutsch gesagt, den Tag vermiest.
Ich habe mich immer ganz hinten hingesetzt, da wurden doch schon mal die Schulhefte hingelegt und die Autozeitschrift darunter. Oder ich habe gemalt im Unterricht, irgendwelche Sachen. Schule wurde halt immer uninteressanter für mich. Irgendwann bin ich nur noch mitgeschwommen. Ich habe mich aus allen Sachen mehr oder weniger rausgehalten oder besser distanziert, wo es mich nicht interessiert hat.
Deswegen habe ich mich mit meiner Mutter nicht mehr verstanden. Es hat sich alles um die Schule gedreht. Wenn ich mal eine Eins oder Zwei nach Hause gebracht habe, was auch immer mal wieder vorkam, da hat sie sich schon drüber gefreut und hat halt gesagt, es geht doch. Meine Oma hat sich aber mehr darüber gefreut als meine Mutter. Die Mutter von meiner Freundin hat sich am meisten über meine Noten gefreut, weil sie ja im Prinzip mit mir geübt hat.
Bei meiner Freundin war das Elternhaus eben so, wie man es sich wünscht.
Die Knackpunkte mit meiner Mutter waren, sie hat sich selten um mich gekümmert, weil noch meine Geschwister da waren, um die musste sich ja mehr gekümmert werden. Da war ich dreizehn, vierzehn. Da habe ich irgendwann angefangen, mein Schulleben mir selber zu gestalten, sprich, ich bin nach der Schule heimgekommen, Ranzen in die Ecke und raus. Das hat meiner Mutter nicht gefallen. Da habe ich ihr gesagt, hör mal, ich bin alt genug, ich mache mein eigenes Ding. Dadurch gab es auch mit der Zeit Stress mit dem Vater, weil

er immer in der Schule antanzen musste, weil die Noten auch schlechter wurden.
Irgendwie bin ich geflüchtet, weil ich keinen Bock mehr hatte. Wer lernt denn schon gerne in der Jugend? Keiner, oder wenige. Irgendwann entwickelt man seinen eigenen Charakter, man will doch mehr draußen mit den Kumpels was unternehmen, als daheim zu sitzen. Wenn es mal wieder hieß, es gibt Stubenarrest, da habe ich mich so lange mit meiner Mutter in die Haare gekriegt, bis meine Mutter sich gesagt hat, komm, mach dich ab, geh raus und lass mich jetzt in Ruhe. Sie hat dann versucht, unten die Flurtür zuzuschließen, aber sie wusste halt nicht, dass ich einen eigenen Schlüssel hatte, den habe ich in der Werkstatt von meinem Vater gefunden. Das wusste sie nicht. Dann kam abends noch mein Vater ins Spiel, wenn er von der Arbeit kam, hatte Stress, hatte die Schnauze voll vom Tag, und dann kam meine Mutter zu meinem Vater und hat dem, auf Deutsch gesagt, die Ohren vollgeheult wegen mir. Sie hat gesagt, dein Sohn hat mich wieder erniedrigt. Mein Vater war dann halt aus dem Häuschen. Meistens lag ich schon im Bett, wenn er gekommen ist.
Dann gab es Stress, auf Deutsch gesagt. Dann hat mein Vater mir auch schon mal eine Tracht Prügel gegeben, was er dann hinterher bereut hat, weil mein Vater ein prima Kerl ist. Hinterher kam er dann und sagte, es tut mir leid.
Irgendwann hat mich das dann auch angekotzt, auf Deutsch gesagt, dass ich dann immer der Sündenbock war vor meinem Vater oder vor meiner Mutter.
Das ging ein, zwei Jahre so, sie hat es, wie gesagt, jeden Abend meinem Vater erzählt, mein Vater kam jeden Abend hoch, und da habe ich dann gesagt, Mensch,

Vater, das bringt doch nichts, der Stubenarrest. Jede Woche ein oder zwei Tage. Wenn ihr mich einsperren wollt, dann tut mich doch einfach in einen Käfig.

Ich habe den ganzen Stress und den Frust, den ich privat hatte, in mich reingefressen. Ich habe es immer weggedrängt.

Irgendwann gab es dann halt den Zeitpunkt, einen ausschlaggebenden Punkt, da bin ich mal richtig heftig ausgerastet. Da bin ich hoch in mein Zimmer und habe die Einrichtung demoliert. Der Frust musste raus. Wo wollte ich ihn jetzt rauslassen? Gut, da war das Zimmer halt da, und da habe ich die Einrichtung demoliert. Da kam meine Mutter hoch, und da habe ich mich gerade umgedreht und wollte gegen die Schrankwand hauen, und da hat sie halt eine gefangen. Was mir hinterher leid tat. Ich verstehe es selber nicht, dass es mir leid getan hat, aber es war meine Mutter, und wann erhebt ein Kind gegen die Mutter die Hand?

Das war für mich wie ein Blackout, dass ich gegen meine Mutter die Hand erhoben habe. Ich bin da raus und fort, da war ich drauf und dran, auch abzuhauen, weil ich bin damit nicht klargekommen. Um mich abzulenken, habe ich mich mit einem Kumpel getroffen. Da hat mich dann mein Vater gefunden. Der ist da richtig ausgerastet. Da hatte ich das erste Mal richtig heftig Angst vor meinem Vater.

Er hat mich erst mal gepackt, in die Küche gezerrt und versucht, mir eine runterzuhauen, aber ich war ja doch ein bisschen schneller, bin über die Eckcouch, hintenrum, und da muss er wohl in seiner Wut den Tisch dermaßen gedrückt haben, dass ich den Tisch abgekriegt habe. Das war wirklich sehr heftig. Der hat es dann doch irgendwie geschafft, mir eine runterzuhauen, dann bin ich raus, ab in mein Zimmer, und habe abgeschlossen. Ja, da kam mein Vater halt nicht rein. Der hatte aber doch ein bisschen mehr Kraft und hat die Tür aus den Angeln gezogen, und das war dann sehr heftig, da war ich dann erschrocken. Da war er erst mal selber baff und hat sich hingesetzt, war selber fertig dann, was ich eigentlich nicht verstanden habe. Er saß bei mir am Schreibtisch und hat selber nicht gewusst, was er machen soll. Dann haben wir uns sehr lange unterhalten. Ich habe das dann meinem Vater erklärt, und ab da wurde auch das Verhältnis zu meinem Vater intensiver, er hat sich die Zeit einfach genommen.

Er ist dann abends halt nicht mehr weggegangen, nur um mich auf einen Weg zu bringen, dass ich doch nicht noch mal kriminell werde.

Es gibt ja doch viele Jugendliche, die machen, was sie wollen, und geraten dann auf die schiefe Bahn, und das wollte mein Vater halt vermeiden.

Mit meiner Mutter habe ich dann erst mal kein Wort mehr geredet.

Sie hat auf mich immer den Eindruck gemacht, dass sie denkt, der kommt schon allein irgendwo klar. Ich habe noch zwei andere Geschwister, die kleinste war die Lieblingstochter von ihr. Zu mir und meiner mittleren Schwester hat sie nicht so den Draht gehabt. Die Jüngste, die muss beschützt werden, die Älteren kommen schon allein klar.

Vielleicht liegt es daran, dass ich die erste Zeit bei meiner Oma aufgewachsen bin, vom Babyalter an, dass sie keinen Draht zu mir hat.

Ja, wenn ich das noch heute so von meiner Oma höre, dass sie mich mehr oder weniger die erste Zeit großgezogen hat, während meine Mutter arbeiten war, da möchte ich ihr vielleicht keine Vorwürfe machen, das ist ja verständlich. Viele machen es genauso, dass sie das Kind zu den Eltern geben. Aber gerade in der Zeit, wo die Schule bei mir nicht so lief, wo meine Mutter auch gesehen hat, dass es nicht läuft, vielleicht hätte sie doch öfters mal ankommen sollen. Sie hätte auch mal fragen können, Mensch, wie geht es dir, was machst du heute Schönes? Dieses soziale Umfeld auch mal zu erfragen. Hast du denn irgendwelche Probleme? Kann ich dir irgendwo helfen? Na gut, ich mache mir vielleicht selber den Vorwurf, wäre ich vielleicht anders gewesen, wäre es auch anders gelaufen.

Na, so mit sechzehn, siebzehn war dann die Scheidung. Meinen Vater hat es angekotzt, dass er abends bis zehn arbeiten muss und meine Mutter zu Hause sitzt und nichts macht und das Geld verprasst.

Sie haben immer versucht, es nicht an die Kinder heranzulassen. Aber wir haben es mitgekriegt, weil wir waren dann ja schon in einem Alter, wo man sich selber schon seine Gedanken macht und selber auch schon einen eigenen Charakter hat, und wo man schon weiß, wo der Hase lang läuft. Da habe ich dann auch mitgekriegt, dass hier irgend etwas faul ist.

Sie haben sich sehr laut unterhalten, sagen wir es mal so. Also auch mal angeschrien, meine Mutter ist auch mal heulend raus. Aber das war mir dann irgendwo egal. Weil ich auch selber meine Probleme hatte. In dem Alter hat man ja schon seine eigenen Probleme. Ich habe es nicht an mich herangelassen. Ich meine, irgendwo ist es heute noch schade, dass ich keine richtige Familie in dem Sinne habe, eine Mutter und einen Vater. Auf der anderen Seite sage ich mir, ich lebe mein eigenes Leben und versuche es besser zu machen.

Irgendwie bin ich stolz auf das, was ich bis jetzt im Leben erreicht habe. Ich habe meine Schule mit qualifiziertem Hauptschulabschluss abgeschlossen, meine Lehre gepackt und doch jetzt mit meiner Freundin eine eigene gemeinsame Grundlage aufgebaut. Und dass ich mich mit meinem Vater so gut verstehe, darauf bin ich doch sehr stolz.
Ich möchte ehrlich sagen, ich hätte einiges besser machen können, das ist richtig. Aber ich sage mal so, ich kenne es auch von vielen Freunden, dass es bei denen so ähnlich abgelaufen ist. So ist halt das normale Leben.«

Kinder, die erzählen

Franzi ist fünfzehn und klettert nachts heimlich aus dem Fenster, um woanders eine heilere Welt zu erleben als tagsüber zu Hause, wo die Mutter vor ihren Augen geschlagen wird.

Frederik, sechzehn, ist Satanist, liebt schwarze Kleidung und trinkt das Blut geschlachteter Schafe. Er leidet darunter, dass er keine Gefühle zeigen kann.

Hendrik ist fünfzehn und lag als kleines Kind lange auf der Intensivstation, an die er sich mit Grauen erinnert. Hendrik glaubt, nicht beliebt zu sein, und versucht sich mit allen Mitteln bei seinen Freunden durchzusetzen, denn er meint, das Wichtigste im Leben sei »eine große Klappe, damit man sich durchsetzen kann«.

Isabel ist siebzehn und stellt sich, seit sie denken kann, vor, wie ihr Leben wohl verlaufen wäre, wenn ihre Mutter noch lebte. Als sie acht war, erklärten ihr der Vater und dessen Lebensgefährtin, dass ihre Mutter bei einem Autounfall ums Leben gekommen sei. Seitdem fühlt sie sich, als habe sie die zweite Hälfte ihres Lebens verloren.

Jana ist sechzehn und leidet unter ihrem Busen, der ihrer Meinung nach viel zu groß geraten ist. Nun spart sie heimlich für eine Operation, zweihundertsechsunddreißig Euro hat sie schon zusammen. Ihre Eltern dürfen von dem Plan nichts erfahren!

Janek ist vierzehn und wächst seiner Meinung nach behütet und umsorgt auf. Was ihn stört, ist der Waschzwang seiner Mutter (»vor dem Essen, nach dem Essen, vor dem Spielen, nach dem Spielen« und abends mit Desinfektionsmittel, »damit das Bett sauber bleibt«). Er berichtet über die Verwahrlosung seines Freundes.

Linus ist sechzehn und will nicht erwachsen werden: »Da geht es nur ums Geld.«

Jasmin ist vierzehn und wundert sich über sich selbst, dass sie so ausführlich über ihre große Liebe sprechen konnte: Ihr Leben sei inzwischen nur noch auf eine Person reduziert, auf Steffen. Nur wenige Menschen seien in der Lage, richtig zu lieben. Sie habe das von ihren Eltern gelernt, die nach fünfundzwanzig Jahren immer noch glücklich verheiratet sind.

2 DIE VERBORGENE WELT DER FREUNDE

Freunde gewinnen an Bedeutung, werden zum Zentrum der Gefühlswelt. Freunde helfen bei der Loslösung, bei der Suche nach der eigenen Identität. Freunde prägen, belehren einander, stärken sich gegenseitig – und schwächen den elterlichen Einfluss.

Es ist eine Zeit, in der das Leben zunehmend außerhalb der Familie stattfindet. Neue Regeln des Sozialverhalten werden erlernt. Die Frage nach Akzeptanz und Liebe steht groß im Raum, und das Leid ist schwer, wenn man den ungeschriebenen Gesetzen der Gleichaltrigen nicht entspricht.

Mein Blick zurück – um zu verstehen

Gitta trug zwei Klammern im Haar, wie sie heute wieder modern sind. Der Scheitel, sorgsam gezogen, trennte die bisweilen etwas fettigen Haare in zwei Hälften, die sie zu Rattenschwänzen gebunden hatte. Das wöchentliche Bad hatte gegen den Nachschub der fettproduzierenden Drüsen einen schweren Stand. Samstags trug sie ihre Haare offen. Bis zum Mittwoch. Dann wurden sie wieder in lila Spangen zu Zöpfen gezwängt, um die Zeit zu überbrükken, bis endlich wieder der Freitag kam. Da nämlich heizte sie im Keller den Ofen an und wachte mit *Bravo* auf den Knien zwischen Kartoffeln und Äpfeln (aus dem eigenen Garten) über das Feuer, bis das Wasser warm genug war und sie endlich baden konnte.

Irgendwie beneidete ich sie, nicht der Aluwanne wegen, sondern weil sie *Bravo* lesen durfte, mehr sogar, sie durfte ihr Zimmer mit Postern tapezieren. Smokie, T Rex, Jethro Tull ... Meine Mutter hatte da wenig Verständnis. »*Bravo,* welch schlechtes Niveau«, pflegte sie abschätzig zu sagen.

Gitta war meine heimliche Dependance für Verbotenes. Sie hielt mich auf dem laufenden, welche Musik »in«, welche Frisur schick war, welche Typen gut ankamen, wie man sich zu kleiden hatte – obgleich hier unsere Meinung ebenso geteilt war wie Gittas Haupthaar.

Vor allem aber wusste Gitta, wie Sex funktionierte, zumindest was Zungenkuss, Necking und Petting anging. Es war kein wirklich profundes Wissen, sondern es basierte einzig auf *Bravo*-Lektüre, wie sich herausstellen sollte, als Gitta und ich unseren ersten Zungenkuss gedanklich vorbereiteten. Männer gehörig auf die Probe stellen, verriet Gitta, das sei besonders wichtig. Gitta plante für uns alles bis ins Detail. Vor dem ersten Kuss sollte man erst mal sicher sein, dass man auch wirklich miteinander »ging«. Gittas erster Kuss sollte Jagger gelten, der so hieß, weil er lange, wilde Locken hatte und Gitarre spielen konnte. Jagger sollte ein Musikstück für Gitta komponieren, und Hubert, der mich küssen wollte, musste vorher zehn Kilometer weit bis zum Wohnzimmer von Gitta radeln, das Gitta mir zur Verfügung gestellt hatte, damit mich Hubert dort küssen durfte. Ich hielt mich an unseren Vorsatz, die Jungens erst mal strampeln zu lassen. Gitta nicht, die küsste Jagger ohne Musikstück, aber Hubert radelte von Flintsbach bis Nussdorf. Fazit: Hubert erklärte mir tags darauf, er gehe nun nicht mehr mit mir, das sei ihm alles zu stressig, und Gitta ging mit Jagger, wenn auch nur zwei Tage lang.

Dann waren wir beide wieder solo und mit Hilfe ausgiebiger *Bravo*-Konsultationen prüften wir, was wir falsch gemacht hatten. Schlussfolgerung: Wir waren nicht hübsch genug für die Jungenwelt.

Eine Minipli musste her, und meine Mutter erkannte mich nicht mehr, denn zu dem krausen Lockenkopf pinselte mich Gitta mit allerlei Schminkmaterial an, das sie vorher großzügig bei Karstadt entwendet hatte.

Gitta brachte mir nicht nur das Schminken bei, bei ihr lernte ich auch tanzen, und ich bin sicher, dass sich meine Bewegungen zur Musik seit damals kaum verändert haben. Gitta hörte mir stundenlang zu, verstand mich wie sonst kein anderer Mensch, und umgekehrt schüttete mir Gitta ihr Herz aus, wenn ihre Mutter mal wieder Stress machte.

Gitta konnte hervorragenden Nudelsalat zubereiten, mit ihr trank ich mein erstes Bier, mit ihr fuhr ich nachmittags in die Stadt, und ab und an schwänzten wir gemeinsam die Schule. Ich erinnere mich auch noch an diverse Mutproben, etwa nachts durch den Friedhof zu gehen, nachdem wir uns einen Krimi oder Gruselfilm angesehen hatten. Ausgerüstet mit einem Messer zogen wir um die Gräber, das Schaudern im Rücken. Solche Aktionen sollten unsere Freundschaft festigen.

Mein erster Diskobesuch erfolgte ebenfalls mit Gitta, auch die ersten Ferien ohne Eltern.

Wie lebendig ist diese Zeit nach so vielen Jahren noch. Ich tanze noch im selben Stil wie damals, bereite den vertrauten Nudelsalat unverändert zu, sehe die Aluwanne inmitten der Kartoffeln und Äpfel vor mir, und ich stelle mir vor, wie Gitta heute wohl aussehen würde. Doch das geht nicht wirklich.

Die Konfrontation mit dem Tod, das kopflose Huhn, eine guillotinierte Maria Stuart, hatte damals meine heile Kinderwelt heftig irritiert. Dann, kurz vor meinem Eintritt ins offizielle Erwachsenenalter, beendete ein übermüdeter Busfahrer Gittas Leben.

Welch grausame Ironie des Schicksals, dass ein Schlafender den Tod einer Schlafenden verursacht, denn Gitta war auf dem Rücksitz eingeschlafen, als der Bus das Auto rammte. Das alles geschah, als ich zum ersten Mal in meinem Leben über tausend Kilometer von Gitta entfernt war, und darin lag meine Schuld: »Sie ist tot, weil du nicht mit ihr weggefahren bist, so wie es ausgemacht war. Sie würde noch leben, wenn sie mit dir in Italien wäre. Aber du musstest ja mit deinem Freund wegfahren!« Der Vorwurf von Gittas Mutter traf mich tief ins Herz, denn ich war anstatt mit Gitta mit meinem damaligen Freund in die Berge gefahren. Dort fuhr ich in die Hölle, während Gitta gen Himmel eilte, so jedenfalls wirkte jene Nacht auf mich. Weltuntergang in den Bergen, prasselnder Regen, Blitze und Donner, und ich lag halluzinierend im Bett, die Tropfen, die durch das marode Dach auf den Boden fielen, wurden zu Gittas drohend klopfendem Zeigefinger. Sie trug wieder ihre Rattenschwänze, so wie ganz früher, und lag über mir auf dem kalten, feuchten Speicher. Sie formte die Lippen vorwurfsvoll zu einem tonlosen »So, das hast du von deinem Egoismus«. Und es hallte schmerzend in meinem Ohr: »Platsch, poch, platsch, poch.«

Lehnen Sie sich zurück und versuchen Sie sich zu erinnern. Vielleicht schließen Sie dabei am besten die Augen. Rufen Sie sich die Bilder jener Menschen ins Gedächtnis, die Ihnen geholfen haben, erwachsen zu werden.

Möglicherweise geht es Ihnen dann wie mir: die Gedanken nostalgisch, ein bisschen Wehmut, ein anderes Zeitgefühl. Ein kurzer Blick in den Spiegel. Die verklärten Augen könnten die Gesichtszüge wieder glatt erscheinen lassen, wie sie damals waren, hier und da vielleicht ein Pickel …

Wenn Sie das schaffen, dann werden Sie vielleicht verstehen, was folgt.

Willst du mein Freund sein?

»Nicht mehr die Eltern sozialisieren Kinder, nein: Kinder sozialisieren Kinder!« (J. R. Harris, 2000)

»Ich habe so sechzehn Freunde«, sagt Anna stolz.

Petra hat zehn und Michi nennt zwölf Freunde. Lucas will das alles genauer wissen: »Meinst du so richtige Freunde oder nur Bekannte? Weil von denen habe ich viele, aber Freunde, so ganz echte, auf die ich mich verlassen kann, hab ich nur wenige.«

Wer ist dein Freund? Diese Frage wird bis zum Erwachsenenalter immer wieder neu beantwortet. Die Angaben über die Anzahl der Freunde können Auskunft darüber geben, wie streng die Kriterien für eine Freundschaft sind.

Im Vorschulalter ist ein Freund schlicht und einfach derjenige, der neben einem wohnt und mit dem man spielt. Danach, so zwischen dem sechsten und neunten Lebensjahr, geht es mehr um gemeinsame Interessen. Ein Freund spielt halt auch Fußball, oder die Freundin mag auch Puppen, oder man hat den gleichen Schulweg.

Dann, etwa bis zum dreizehnten Lebensjahr, werden die Definitionen von Freundschaft komplexer und präziser. Die Meinung der anderen wird wichtiger, man beginnt sich einzufühlen und mitzuleiden. Dadurch werden einzelne Freunde allmählich bedeutsamer: »Freunde müssen ahnen, wie es einem wirklich geht. Manchmal verstellt man sich ja auch ein bisschen, unbewusst, dass man das einfach nicht jedem zeigen will, wenn es einem schlechtgeht. Das finde ich halt wichtig, wenn man da einen hat, der darüber Bescheid weiß, mit dem man reden kann. Da ist ein Freund wichtiger, als wenn man sagt, man hat fünfzehn Freunde oder so etwas, mit denen allen versteht man sich super, das ist dann meist ein bisschen oberflächlich«, definiert Susan ihre Freunde.

In diesem Alter sinkt die Anzahl derer, die man Freunde nennt.

Exklusivität und ein gewisser Absolutheitsanspruch bei Freundschaften können dazu führen, dass Kontakte zu Kindern außerhalb dieser Beziehung leicht als Vertrauensbruch verstanden werden und es zu Konflikten kommt, wie bei Liebesbeziehungen, in denen oft gegenseitiger Besitzanspruch erhoben wird. Diese extreme Fixierung auf die Freundin, den Freund kommt bei Mädchen häufiger vor als bei Jungen. Der Wunsch, Freundschaften aufrechtzuerhalten, fördert die soziale Kompetenz, etwa die Bereitschaft nachzugeben, Kompromisse einzugehen und soziale Empathie aufzubauen.

Marie beschreibt solche Lernprozesse: »Die Leute, mit denen ich ziemlich gut stehe, spielen eine große Rolle für mich. Denn wenn wir zum Beispiel streiten, und sie sagen Geheimnisse von mir, dann sage ich, warum hast du das gesagt, ich sage auch keine Geheimnisse von dir, wenn wir uns streiten. Dann diskutieren wir das aus und umarmen uns, dann ist das wieder geregelt. Wenn wir uns streiten, sagt keiner von uns, die ist in Wirklichkeit so und so und der so und so, dann sagen wir es uns immer ganz ruhig.«

Durch den Umgang mit Gleichaltrigen (Peers) wird zudem ein gewisses Grundverständnis für Gleichheit und Gleichberechtigung erlernt. Die Kinder und Jugendlichen erfahren, dass andere ähnliche Ansprüche stellen wie sie selbst, indem sie die gleichen Vorrechte beanspruchen und Nachteile in Kauf nehmen. Dabei lernen sie – wenngleich oft mühsam –, dass ihre eigene Sicht der Dinge nicht die einzige ist.

Die benötigte Kompetenz im freundschaftlichen Umgang erwerben Kinder im Lauf der Zeit durch die Erfahrungen, die sie in Beziehungen machen. Die Folge: Freundschaften werden mit zunehmendem Alter immer stabiler.

Die Einbettung in ein Geborgenheit bietendes Netzwerk Gleichaltriger ist für alle Kinder sehr bedeutsam, und das Leid ist groß, wenn es zu Konflikten kommt. Mit allerlei Strategien versuchen sie, Probleme aus dem Feld zu räumen und ihre Freundschaften aufrechtzuerhalten. Die Kinder erzählten, wie sie nach einem Streit heimlich seitenlange Briefe schrieben, in denen sie Unwillen, Wut oder Trauer festhielten, oftmals aber den Weg zum Briefkasten unterließen, weil sie sich nicht trauten. Irgendwann, nach Tagen oder gar Wochen, fanden sie dann wieder zusammen.

Versöhnungen nach einem Streit gelten fast schon als Höhepunkte von Beziehungen. »Eine wirkliche Freundschaft«, so die vierzehnjährige Melanie, »muss vertragen, dass man auch mal zwei, drei Monate nicht mehr miteinander spricht oder sich anschaut, dann aber doch wieder aufeinander zugeht und sich verträgt.«

In dieser Zeit richten sich Mädchen noch an Mädchen, und Jungen verbringen ihre Zeit mit Jungen. Diese Orientierung am eigenen Geschlecht fördert die geschlechtsspezifische Sozialisation. Die Kinder bestärken sich gegenseitig in ihrem Verhalten und tragen so zum Aufbau einer Geschlechtsidentität bei. Die oft starke Abgrenzung zum anderen Geschlecht dient nicht zuletzt auch der Stärkung dieser eigenen Identität.

Nicht selten versuchen Erwachsene, dem gegenzusteuern, etwa durch eine entsprechende Sitzordnung in der Schule, bei der Mädchen und Jungen zusammengebracht werden sollen. Meist vergebens. Das ist, vor allem aus Sicht der Jungen, »uncool« und wird mit reichlich Spott quittiert. Oder nehmen wir Kindergeburtstage als Beispiel: Die in der Entwicklung etwas reiferen Mädchen laden zwar ab und an mal Jungen ein, ob die dann aber auch kommen, sei dahingestellt. Und umgekehrt? Ab wann laden die Jungen Mädchen ein? Deutlich später, nämlich erst dann, wenn Sexualität allmählich zum Thema wird.

Ab dem vierzehnten Lebensjahr erfährt die Qualität von Freundesbeziehungen noch intensivere und intimere Dimensionen.

»Eine richtig enge Freundin habe ich nur eine, und das ist gerade wieder im Aufbau«, erklärt Silvia. »Das ist irgendwie vor einem Jahr auseinandergegangen, weil sie immer solche Zickphasen hatte, wo sie einfach sauer auf mich war, keinen Grund hatte und kein Wort mehr gesagt hat. Irgendwann hatte ich dann halt die Schnauze voll und bin nach Hause gegangen und habe gewartet, dass sie mal anruft. Das ist halt nicht passiert. Da habe ich mir gesagt, na ja, wenn sie sich nicht meldet, dann liegt ihr wohl auch nichts an der Freundschaft. Das ging halt jetzt bis vor ein paar Wochen, wo ich mir dann gesagt habe, na, rufst mal an, irgendwas fehlt dir doch. Dann habe ich das gemacht, und wir haben uns getroffen. Sie hat dann auch gesagt, dass sie massenweise Briefe geschrieben hat, dass sie es halt auch bereut, aber einfach nicht den Mut aufgebracht hat, sich zu melden. Und jetzt ist alles wie früher, sie ist mir nicht fremder geworden, sondern im Gegenteil, die Freundschaft ist so fest wie nie vorher.«

Die Gespräche werden nun offener, das Bedürfnis,

über eigene Empfindungen zu reden, wächst. Jetzt überwiegt die Meinung Gleichaltriger die der Eltern.

Durch Öffnung wird man angreifbar, sensibler, man empfindet gegenseitige Abhängigkeitsgefühle, die eng verbunden sind mit Ängsten, verletzt zu werden.

»Ohne meine Freunde könnte ich nicht leben. Wir schauen uns in die Augen und wissen, wir brauchen uns nichts zu verheimlichen. Aber weil ich denen so vertraue, habe ich auch manchmal Angst, dass ich zuviel von mir verrate«, gesteht Susan.

Offenheit ist aber auch ein Gradmesser für die Qualität der Freundschaften. Vor allem Mädchen betonen den ehrlichen und offenen Umgang, eng verbunden mit absoluter Diskretion.

Marie betont, wie wichtig es sei, dass bei Freundschaften Geheimnisse gewahrt werden: »Freundschaft ist, wenn man mir zuhört, und wenn ich was sage, dass es nicht gleich weitererzählt wird, dass man es für sich behält. Mit einem Freund muss ich viel unternehmen können, er muss auch mal für mich dasein.«

»Man darf sich gegenseitig nicht anlügen«, sagt Birgit, »und muss sich alles erzählen können und nicht erst raten müssen, wenn es dem anderen beschissen geht, was hat der jetzt? Wichtig ist aber auch, dass der andere zu einem steht und nicht sagt, ja du bist nett, aber hinter dem Rücken über einen herzieht.«

Während Mädchenfreundschaften auf einer starken, gefühlsmäßig innigen Basis beruhen, sind Freundschaften unter Jungen tendenziell aktionsbezogen und gefahrenorientiert. Gemeinsam tut man Verbotenes, misst sich durch Mutproben, vor allem aber hilft man sich gegenseitig aus der Patsche – und schweigt dazu. Dominik kennt seinen besten Freund schon zwei Jahre. »Bis jetzt ist der ziemlich gut, wenn ich Stress hatte bis jetzt, dann hat er mir geholfen. Wir haben eigentlich auch ganz gut Scheiße gebaut. Das war schon ziemlich krass, was wir durchgemacht haben. Jetzt geht es ins Gericht. Da müssen wir Aussagen machen, da haben wir alles schon so zurechtgelegt: Wir waren es nicht!«

»Freunde, das sind die heutigen Werte, die die Kids haben. Dabei überschreiten sie Grenzen – mehr denn je zuvor. Sie wissen ganz genau, irgendein Kumpel hat Blödsinn gemacht, sich selbst gefährdet oder Sachen massiv beschädigt. Das wird jedoch nicht verraten. Die Mauer des Schweigens ist so hoch angesiedelt, dass man sie kaum durchbrechen kann. Das ist der hohe Wert von Jungens«, so die Leiterin einer Hauptschule, Frau Scholder.

Ob Jungen- oder Mädchenfreundschaften, *ein* Faktor spielt bei beiden eine wesentliche Rolle für die Qualität der Beziehung: Einfühlungsvermögen. »Freunde«, erklärt Pascal, »sind so wichtig, damit man den Umgang miteinander lernt, vor allem, was die Gefühle angeht.«

Sehnsucht nach Freundschaft

Nachts, in ihren Träumen, ist sie beliebt. Zwischen ihren Teddybären träumt Petra, sie werde zur Klassensprecherin gewählt. Mehr braucht sie nicht zu ihrem Glück. Die Zwölfjährige ist gut in der Schule, hat liebevolle Eltern, spielt Klavier und Tennis. Ihre Welt, so sagt sie, sei in Ordnung. Manchmal ist sie ein bisschen schüchtern und gesteht, sie wäre gerne wie ihre Freundin Katja, Die ist Klassensprecherin, frech, angesehen und sieht toll aus: »Einmal hab ich mich mit meiner Freundin gestritten«, erzählt sie, »und da hab ich geträumt, dass ich auch so angesehen bin wie sie. Dass ich auch mal angerufen werde und dass mal sie sich entschuldigt und nicht immer ich. In letzter Zeit hat sie immer mit jemand anders was ausgemacht, da war ich immer das fünfte Rad am Wagen. Einmal sind sie alle vor mir weggerannt in der Pause und sind woanders gestanden, das hat mich sehr bedrückt.«

Auch Jana floh in Träume, nicht nur nachts. »Ich weiß das noch ganz genau«, erzählt sie, »in der Grundschule habe ich mir vorgestellt, ich bin ein Pferd oder was weiß ich, und bin halt so über den Schulhof gehüpft und habe mir vorgestellt, ich bin jetzt ein Pferd im Wind und so, habe die anderen halt völlig ignoriert und habe da mein Ding gemacht. Ich hab da irgendwie in meiner eigenen Welt gelebt. Ich habe mir mit meiner Schwester auch immer alles mögliche vorgestellt: Heute bin ich mal ein armes Mädchen und dies und jenes, wir haben so im Sandkasten gespielt, so arme Familie, ja, meine Schwester war die Mutter, und es gab immer Pellkartoffeln, solche Dinger halt. Ich war halt immer die Außenseiterin, was auch daran lag, dass ich nicht in den richtigen

Klamotten rumgerannt bin, ich war halt immer so eine kleine Klugscheißerin und so, immer die Beste in der Schule, und das hing ja auch mit meinen Eltern zusammen, wie ich erzogen worden bin und so. Manchmal bin ich in der Hofpause dann auch zu den anderen gegangen, habe mit denen spielen wollen. Ich war bei denen aber nicht richtig akzeptiert. Ich weiß auch nicht, wie ich das beschreiben soll. Na ja, das habe ich so gemeint, dass ich halt nicht wirklich dazugehört habe, nicht wirklich in das Spiel integriert war. Ich glaube, ich war den anderen irgendwie lästig, weil ich mich dann irgendwie an die drangehängt habe, aber nicht wirklich dazugehört habe. Ich hatte ja auch nie so coole Klamotten an wie sie und so, das waren nur irgendwelche furchtbaren Klamotten, immer mit T-Shirt in die Hose stecken und so, solche schrecklichen Sachen, echt. Meine Eltern haben mir einfach immer nur diese furchtbaren Klamotten aus dem Otto-Katalog bestellt, die halt einfach nicht so cool waren. Na ja, die Beliebten, die waren sportlich, die sahen toll aus, was weiß ich, die hatten die tollsten Barbies und die coolsten Geschwister und waren immer total aufgeschlossen und so, alles irgendwelche Sachen, die für mich vielleicht unwichtig waren, und ich habe mich erst für andere Sachen interessiert und viel gelesen und dann eher lieber rum geklugscheißert und so. Viele haben mich auch altklug genannt, weil ich mir über Sachen Gedanken gemacht habe, über die sich Kinder keine Gedanken zu machen haben.«

Kinder machen sich ausgesprochen viele Gedanken darüber, ob sie beliebt sind oder nicht, als seien sie mit einem Sozialradar ausgestattet, der ständig in Aktion ist. Dabei steht der Wettbewerb im Vordergrund, schließlich misst sich an diesem der Beliebtheitsgrad.

So begeben sich die Kinder alltäglich in einen Kampf der Rivalitäten. Wer spricht mit wem, wer hat was an, wen hat der Lehrer mehr gelobt, wer hat die besseren Noten, und welche Eltern fahren das tollere Auto. Wer hat die schönere Freundin, und wer raucht die stärkere Zigarettenmarke. Welcher Penis ist länger und welcher Busen am üppigsten ... und so weiter und so fort. Bei Mädchen wird in dem Zusammenhang gern das Aussehen, bei den Jungen Kraft, Mut und Sportlichkeit ins Feld geführt. Später dann, etwa ab dem vierzehnten Lebensjahr, wird zunehmend die soziale Kompetenz zum Beliebtheitsfaktor.

Je nachdem, ob Hauptschule oder Gymnasium, ob Osten oder Westen, werden die Prioritäten anders gesetzt. Fest steht jedoch, dass das Selbstbewusstsein im wesentlichen von der Akzeptanz bei Gleichaltrigen, der Anzahl und Qualität der Freundschaften geprägt wird.

Beliebt an seiner Schule seien diejenigen, die »rauchen und nur teure Sachen tragen«, meint etwa Dino, und unbeliebt solche, die immer den Klassenclown spielen und den Unterricht stören. »Bei uns ist die Tina eine Außenseiterin, weil die immer Mist erzählt. Sie redet immer über ihr Aussehen. Sie hat Sachen an, die sehen kindisch aus. Mich hat sie immer genervt, wenn sie eine neue Hose hatte, ach, wie findest du meine Hose, ich finde die Scheiße. Wenn ich gesagt habe, die sieht doch gut aus, dann hat sie gesagt, echt, meinst du, und das die ganze Zeit über. Immer, wenn sie was Neues hatte, oh, wie findest du das, und so. Das geht uns allen ganz schön auf die Nerven«, beschreibt Sofie eine Außenseiterin. Und Hendrik meint, »Durchsetzungsvermögen, vielleicht auch mit Hilfe einer großen Klappe«, das seien die Spezialitäten der Beliebten. Man müsse sich durchsetzen, bei den Schülern, vor allem aber bei den Lehrern – ein Hinweis an jene geplagten Lehrer, die für die Imagepflege ihrer Schützlinge herhalten müssen. »Bei uns ist der Stefan beliebt«, erzählt Frederik. »Ich glaube, es liegt an der Art und Weise, wie er sich im Unterricht verhält, denn er versucht eigentlich, sowie es geht, jeden in die Pfanne zu hauen. Er ist auch ziemlich groß, ziemlich stark, und er kennt die meisten Schüler, da sie verwandt sind oder direkt neben ihm wohnen oder so. Ich denke mal, es kommt viel darauf an, wie gut man die Familie kennt. Zum Beispiel, wenn man weiß, der hat drei große Brüder und so, die machen alle so und so was, und das finde ich so cool, dann ist der gleich mit drin.«

Lucas wiederum mag Streber und Angepasste nicht, besonders unbeliebt in seiner Klasse sei der Sohn des Sparkassendirektors, der die FAZ liest: »Der bringt uns alle zur Weißglut. Das ist ein Typ, der will sich halt alle warmhalten, und der ist zu allen nett und freundlich, aber eigentlich kann er keinen leiden. Der liest halt nur in der Zeitung, die FAZ, die liest er jeden Tag, steht immer so da, der ist halt wie so ein Bankdirektor, und denkt halt, dass er über das ganze Leben Bescheid weiß, weil er wirtschaftlich das halt weiß. Ich weiß nicht, der denkt dann echt, der weiß von dem ganzen Leben Bescheid, was da los ist. Und ich finde, eigentlich weiß der nichts, weil er zwischenmenschlich überhaupt keine Ahnung hat. Der hat keine Freunde und nichts. Er will das auch nicht. Ich bin da ganz offen, ich sage ihm das auch, er weiß, dass ich ihn nicht leiden kann. Trotzdem ist er immer scheißfreundlich zu mir, weil er das irgendwie nicht schnallt. Ich weiß nicht, was mit ihm ist. Er ist auf jeden Fall ein sehr komischer Mensch. Es ist halt oft wegen seiner Art, weil er immer zu allen scheißfreundlich ist, der meldet sich für alles, und der meldet sich immer, der ist ein richtiger Streber, der will jeden Vortrag freiwillig machen. Er kommt sich halt so vor und will halt immer der Beste sein, aber eigentlich ist er jetzt nicht besser als ich. Ich bin halt nicht schlecht, ich bin halt Durchschnitt, und er ist fast noch schlechter als ich in der Schule. Bei uns gibt es einen in der Klasse, an den kommt keiner ran, der spricht mit keinem. Auch wenn der Lehrer ihn was fragt, gibt er überhaupt keine Antwort. Der redet einfach nicht.«

Im Osten, das stellte sich bei den Gesprächen als Auffälligkeit heraus, zählt Leistung.

»Wir alle«, schildert Nina, »waren von der ersten bis zur sechsten Klasse zusammen, erst dann wurden wir geteilt. Wir haben eigentlich jeden so recht gleich behandelt, auf einer gleichen Ebene. Bei uns früher gab es das nicht, wie es das heute gibt, dass einer, der keine Markenklamotten anhat, Außenseiter ist. Das gab es bei uns nicht, weil wir doch alle noch in der DDR groß geworden sind, und von daher war dieser hohe Standard, den es heute in den Schulen gibt, bei uns nicht vorhanden. Auch der Zusammenhalt war recht groß. Beliebt und ein Vorbild war dann der, der eine Eins geschrieben hat. Da hast du dir dann gesagt, dass kannst du auch schaffen. Wir haben uns auch privat getroffen, wenn es mal Probleme gab mit dem Unterricht und so, da haben wir uns doch schon mal getroffen und haben uns untereinander geholfen, so dass es eigentlich Außenseiter oder Leute, die nur schlecht waren, bei uns nicht gab. Bis auf ein paar. Leute, die bei uns Vorbilder waren, waren eigentlich nur die, die gute Leistungen gebracht haben. Ansonsten haben wir uns doch eigentlich alle auf einer gleichen Ebene befunden.«

Später, wenn soziale Kompetenz gefragt ist, sind jene beliebt, die sich auf die Gefühle anderer einstellen können. Timmy ist in der zwölften Klasse und meint, Ehrlichkeit und emotionale Unterstützung, wenn andere Probleme haben, die bestimmten den Beliebtheitsgrad.

Beliebte Kinder stehen im Mittelpunkt, werden meist verehrt. Die Bewunderung ist jedoch oft durchsetzt mit Neid. Die Gründe für die Beliebtheit werden geschmälert, indem nach Schwächen gesucht wird – und solche finden sich immer: »Die Katja ist beliebt, weil sie selbstbewusst ist. Die ist auch immer der Wortführer. Sie meint halt immer, sie ist was Besonderes. Sie ist immer gut angezogen und hat auch sehr viel Geld. Sie ist beliebt, aber es wird auch ziemlich viel gelästert über sie«, sagt Petra von der Klassensprecherin, von deren Beliebtheitsgrad ihre Träume durchdrungen sind.

Im wesentlichen sind es aber nicht die Markenkleidung, der finanzielle Rückhalt, die große Klappe oder das gute Aussehen, was Kinder beliebt macht, selbst wenn es den Äußerungen zufolge so erscheinen mag. Freunde zu gewinnen, sie auch behalten zu können, stellt hohe Anforderungen an die soziale Kompetenz, und das wird honoriert. So sind letztlich all jene Kinder beliebt, die die grundsätzlichen Regeln zwischenmenschlichen Umgangs einhalten können. Kommunikative Fähigkeiten stehen hierbei an erster Stelle, Gesprächsregeln einhalten, Akzeptanz, Einfühlungsvermögen und Interesse an anderen signalisieren. Verbales und nichtverbales Verhalten werden gleichermaßen bewertet, Kinder, die viel lächeln und eine positive Ausstrahlung haben, Kinder, die ehrlichen Blickkontakt aufnehmen, eine offene Körpersprache sprechen, sind die wirklich beliebten. Das bestätigt auch die Fachliteratur.

Die Kompetenz im Umgang mit anderen ist jedoch nicht einfach so gegeben. Die sozial wichtigen Verhaltensweisen lernen Kinder im wesentlichen durch den Umgang mit Gleichaltrigen, was auch bedeutet, dass bisherige Erfahrungen mit anderen mit entscheidend dafür sein können, wie freundschaftsfähig ein Kind überhaupt ist. Früher hatte die Familie als primäre Sozialisationsinstanz einen entscheidenden Einfluss auf das Sozialverhalten, indem sie die Basis dafür schuf, wie sich die Kinder später in ihrem sozialen Umfeld bewegen. Grundvoraussetzung dafür ist ein gewisses Selbstvertrauen. Nur jenen Kinder, die einigermaßen selbstsicher und von sich überzeugt sind, fällt es leicht, auf andere zuzugehen.

Unbeliebte Kinder befinden sich in einem täglich durchkämpften Teufelskreis, denn sie haben keine wirkliche Chance, all die Fertigkeiten zu erlernen, die sie benötigen, um beliebt zu werden. Wer von den anderen abgelehnt wird, kann freundschaftlichen Umgang nicht wirklich lernen. »Wir haben eine in der Klasse, zu der sagen alle immer, du stinkst, du bist hässlich und so, also schon ziemlich gemeine Sachen. Eigentlich ist sie gar nicht so richtig hässlich, sie müsste nur was aus sich machen. Du stinkst, das sagt man halt nur so. Ich glaube schon, dass ihr das ziemlich weh tut. Die wollte auch schon ein paarmal nach Hause gehen und hat zum Lehrer gesagt, sie schafft das alles nicht mehr. Ich meine, das ist ja auch klar. Dass das ihre Gefühle verletzt, wenn alle auf ihr rumhacken«, berichtet Pina. »Aber irgendwie gibt ihr niemand eine Chance und fragt sie, wie es ihr eigentlich geht.«

Als Außenseiter gilt, wer zurückgezogen ist. »Die Kinder sind unbeliebt, die mit keinem reden. Ich glaube, die meinen, dass sie was Besseres sind«, sagt Silvia. Die

Wirklichkeit sieht jedoch meist anders aus. Dino zum Beispiel kann sich noch gut an jene Zeiten erinnern, als er immer im Abseits stand und mit kaum jemandem gesprochen hat: »Ja, ich war schüchtern, eigentlich sehr schüchtern. Ich hatte immer Angst, dass ich etwas falsch mache und dass mich die anderen Kinder für einen schlechten Menschen halten. Das war so, bis ich ungefähr zwölf geworden bin. Danach hat sich alles bisschen geändert. Da hab ich allmählich gelernt, mit anderen zu reden. Ich hab dabei vor allem gelernt, dass es nicht so schlimm ist, wenn man mal was Falsches sagt.« Mit seinen Eltern wollte er über seine Probleme nicht reden. Wenn sie ihn doch mal auf sein Verhalten angesprochen haben, »da habe ich richtig abgeblockt, weil ich bisschen Angst davor hatte, dass sie mich irgendwie komisch finden. Ich hatte einfach Angst davor, dass sie irgend etwas Falsches von mir denken könnten.« Dino schiebt die Ursachen seiner früheren Unbeliebtheit auf die falsche Erziehung. Er sei zu wenig mit anderen Kindern zusammengebracht worden. Das alles seiner Mutter mitzuteilen, sei damals jedoch undenkbar gewesen. »Ich hatte Angst, dass sie sich dann selbst Vorwürfe macht, dass ich falsch erzogen worden bin.«

Lästern über Aussehen, Kleidung, schlechte Noten und ähnliches sind typische Formen verbaler Gewalt. »Wir haben einen aus unserer Klasse immer gehänselt wegen seiner schlechten Noten, und auch weil seine Familie irgendwie Probleme gehabt hat. Und er hatte auch nicht die Klamotten, die man so hat«, erzählt Linus. Anderssein wird bestraft, schikaniert, und das auf unterschiedliche Weise. »Geh doch in den Schweinestall und lass dich schlachten, du fette Sau«, muss sich Birgit immer wieder sagen lassen, und hinter ihrem lässig dahingeworfenen Kommentar, »das ist mir aber scheißegal«, stecken in Wirklichkeit Seelenqual, Verwirrung der Gefühle und Depression. Fettleibigkeit geht nicht selten eine verheerende Kausalkette voran, deren Bindeglied die Unfähigkeit ist, die eigenen Gefühle zu erkennen und auseinanderhalten zu können. Wut, Verzweiflung und Angst gehen ineinander über und werden als Hungergefühle gedeutet. So begegnen diese Kinder ihren diffusen Erregungszuständen mit unkontrolliertem Essen. Der einzige Ausweg ist nicht die Diät, sondern die Sensibilisierung der eigenen, emotionalen Empfindungen. Wenn nichts geschieht, wird Birgits Gleichgültigkeit in einer Spirale enden, in der sich negative Gefühle und Kalorien gegenseitig immer höher schrauben und an deren Ende sie das Gespött der anderen erduldet – indem sie isst.

Neben den verbalen Formen des Mobbings gibt es auch die körperliche Gewalt, bei der dem vermeintlichen Sonderling gezeigt wird, wo sein Stellenwert ist: am Boden, mit einer Faust in der Magengrube.

Besonders demütigend ist das stumme Mobbing, bei dem der Außenseiter einfach links liegengelassen wird, als sei er nicht da, als sei er ein schreckliches Nichts.

Mädchen und Jungen sind gleichermaßen Opfer von Hänseleien. Es gibt bestimmte Merkmale, die manche für Mobbing anfälliger machen, etwa anders auszusehen, wie bei Richy, der wegen seiner Lippen-Gaumen-Spalte »Kongolippe« oder »Scharte« genannt und regelmäßig verprügelt wurde. Die Erinnerung an die diskriminierenden Tage ist noch überaus wach. Heute, da er Glatze und Springerstiefel trägt, ist Ruhe. Im Gegenteil: »Früher habe ich immer eingesteckt, war der Prügelknabe, und dann hab ich mir irgendwann mal gedacht, du verteidigst dich nie. Dann hat es mir gereicht, und ich habe ein paar

Schläge verteilt. Zuerst bei jemand, der einen Kopf kleiner war als ich. Ich bin dadurch härter geworden.«

Zu beliebten Mobbingopfern werden aber auch Kinder, die sensibel oder zu schüchtern sind, die hilflos und ungeschickt wirken, und solche, die besonders gutmütig und gutgläubig auf andere zugehen. Denn wer mobbt, will oft gerade solche Eigenschaften bei sich selbst verbergen.

Wie empfinden Kinder und Jugendliche das Ausgestoßensein? Die meisten Kontakte finden in der Schule statt, folglich wird dort das Gefühl, nicht dazuzugehören, besonders virulent. Mindestens eins von zehn Kindern leidet unter Ausgrenzung, mit welcher Form des Mobbings ihnen auch immer begegnet wird. Sie alle fühlen sich schlecht, sehr schlecht. Übelkeit vor der Schule, Angstzustände auf dem Pausenhof. »Man fühlt sich so vernachlässigt, wenn keiner mit einem spricht. Ich war sauer auf mich«, meint Dino, »dass ich es nicht geschafft habe, beliebt zu sein. Aber vor allem war ich sehr traurig.«

Unbeliebtheit kann bei Kindern dann zu Depressionen führen, wenn sie die Ablehnung auf eigene persönliche Mängel zurückführen. Vor ihnen öffnet sich ein tiefes Loch, sie fallen, ziehen sich in Trauer zurück, meiden den Umgang mit Gleichaltrigen mehr und mehr – und werden um so mehr abgelehnt. Depressive Kinder zeigen Verhaltensweisen, die andere oft missverstehen. Können die Eltern jedoch für ein emotionales Gleichgewicht sorgen, kommt es häufig zu bedeutsamen Veränderungen, dann etwa, wenn die Kinder merken, was sie zu leisten in der Lage sind. Der kleine Michi konzentrierte sich auf die Schule, als er merkte, dass er aufgrund seiner schüchternen Zurückhaltung von den Klassenkameraden abgelehnt wurde. Seine Freunde waren Schulbücher und

Lehrer, und er schöpfte Kraft aus der Bestätigung, die ihm die guten Noten gaben. Der Psychologe Daniel Goleman stellt fest, dass Kinder oft im vierten, fünften Schuljahr diesen Schub nach vorne erhalten. »Ich bekomme gute Noten, weil ich intelligent bin, und ich habe weniger Freunde, weil ich nicht so lustig bin.« So ähnlich könnte es in den Köpfen dieser Kids aussehen, die sich selbst bestärken und letztlich eine positive Grundhaltung erlangen. Experten zufolge werden übrigens zwanzig Prozent der jährlichen Selbstmordfälle durch Mobbing ausgelöst. Plötzlicher Leistungsnachlass, psychosomatische Symptome, wie häufiges Klagen über Kopfschmerzen, zunehmende Isolation und die Weigerung, den Schulweg alleine zu bewältigen – denn da spielen sich oft wahre Dramen ab –, sind Alarmsignale und sollten sowohl von Lehrern als auch von Eltern sehr ernst genommen werden. Birgit resignierte eines Tages und revidierte ihre eingangs gespielte Gleichgültigkeit: »Egal, was du machst, du wirst weggeschubst, und es wird gesagt, verpiss dich, du blöde Sau. Und immer versucht man, neue Freunde zu gewinnen. Es ist hart, wenn man sieht, wie andere beliebt sind. Die Schulzeit ist jetzt für mich nur noch Stress, das ist ein Ort, wo ich mich frage, was will ich hier eigentlich?«

Kritisch wird es übrigens auch für die Täter, die Spötter. Sie stehen nicht selten am Anfang einer delinquenten Laufbahn, und ihr erstes Delikt ist das Quälen von Schwächeren. Auch sie sind aufgrund ihres aggressiven Fehlverhaltens unbeliebt, ihnen gegenüber verhält man sich jedoch ruhig, um zu vermeiden, selbst zum Opfer zu werden.

Es gibt viele Ursachen für Mobbing in der Schule. In aller Regel weist es jedoch auf Konflikte hin, deren

Auslöser unter anderem Überforderung, Unterforderung, übersteigertes Leistungsverhalten, ungünstiges Familienleben oder gestörte Lehrer-Schüler-Beziehungen sein können. Die angestauten Aggressionen werden dann an anderen Kindern ausgelassen. Machtgefühle kompensieren dabei Gefühle der Unsicherheit wie Leistungsversagen oder eigene Minderwertigkeitsgefühle, etwa aufgrund eines geringen sozioökonomischen Status der eigenen Familie.

Um dem Mobbing zu begegnen, bedarf es einer gewissen Offenheit für die Problematik. Diese zu thematisieren, anstatt sie zu verharmlosen oder gar totzuschweigen, sei effektiv, so die Psychologen. Dabei sollte das Selbstwertgefühl von Opfern wie von Tätern gleichermaßen angesprochen und gestärkt werden. Und die Mitschüler: Die sollten sensibilisiert werden für die seelischen Nöte, die hinter all den Hänseleien stecken. Denn am meisten helfen können nicht die Erwachsenen, sondern die Peers.

Sag es keinem weiter!

»Tja, was verstehe ich unter einer wirklich guten Freundschaft? Ich glaube, ich habe da ein sehr hohes Ideal. Wenn man sich eigentlich auch versteht, ohne viel zu sagen. Wenn man merkt, dass der andere scheiße drauf ist, und wenn man dann vielleicht auch mal ein bisschen nachhakt. Dass man zusammen lachen kann und sich halt auch tiefer unterhalten kann, wenn es dem anderen schlechtgeht, und wenn man dann auch nichts weitererzählt. Das ist für mich Freundschaft.« (Nina)

Freunde ertragen gemeinsam. Sie teilen Geheimnisse, Freuden, Wünsche, Sorgen, seelische Katastrophen und vor allem: das Schweigen darüber.

Es ist nicht immer mangelndes Vertrauen, das Kinder den Eltern gegenüber schweigen lässt, sondern das ungleiche Umfeld. Die Probleme in der Schule beispielsweise bespräche man eher mit Freunden, weil die ja schließlich dabei seien, die könnten sich besser einfühlen, meint Petra. Aber auch das Anderssein, die andere Rolle, die man bei Freunden spielt, könne ein Grund sein, betont Susan. Bei Freunden hat man eine andere Identität, da kann man das Idealbild verkörpern, das einem vorschwebt. Man kann so sein, wie man will, ist nicht mehr das kleine Kind, das abends einen Gute-Nacht-Kuss bekommt – auch wenn man sich nach diesem ganz inoffiziell eigentlich noch sehnt.

»Zum Beispiel wenn ich ein Problem mit mir selber habe oder merke, dass mit mir etwas nicht stimmt, ich einfach komisch drauf bin und nicht weiß, warum. Meine Mutter sieht mich nicht so, wie ich zu meinen

Freunden bin, mit denen bin ich lässiger, lockerer, und wir machen einfach auch mehr so Sachen, die weiß nicht, was ich mit denen schon alles erlebt habe, und deswegen kann ich darüber nur mit meinen Freunden reden. Wenn ich verliebt bin oder eine Entscheidung habe zwischen zwei Jungen und mich nicht entscheiden kann, dann rede ich auch mit meiner Mutter drüber, aber mehr noch mit meinen Freunden, eigentlich, die sind auch in meinem Alter und wissen einfach, wie ich denke, und können das nachvollziehen«, meint Johanna.

Die Basis für das Einfühlungsvermögen werde in der Familie erstellt, so die Ergebnisse einer repräsentativen Umfrage bei Kindern und Jugendlichen, durchgeführt von Masche. Kinder, die ihren Eltern gegenüber starke Verbundenheit verspüren, weisen eine stärkere Empathiefähigkeit auf, denn: Nur wer innerhalb seiner Familie reden durfte, wem die Eltern zugehört und wen sie verstanden haben, findet auch einen Zugang zu den eigenen Gefühlen – eine Voraussetzung für die Fähigkeit, ein guter Freund zu sein, der mitfühlt, sich mitfreut und mitleiden kann. Sensibilität für die Gefühle des Freundes ist eine wichtige Voraussetzung dafür, dass Freunde auch Freunde bleiben.

Ich fragte die Kinder und Jugendlichen, welches Schicksal oder welche Erzählung eines Freundes sie am meisten berührt hat, wo sie am meisten mitgelitten haben. Die Antworten kamen ohne Zögern, hier oftmals zum ersten Mal geäußerst – endlich, so schien es manchmal.

Isabel: »Ich höre schon einiges, auch von Vergewaltigungen und so. Ich hatte mal eine Freundin. Wir haben uns beide gegenseitig gestützt, weil sie selber vergewaltigt wurde. Die restlichen Problemchen, die sie mal erzählen, das ist meistens so Kinderkram oder so. Zwecks Freund und große Liebe, die es dann am Ende aber doch nicht ist. Auch mit Liebeskummer kommen sie zu mir, weil sie wissen, dass ich sie verstehe, weil ich das selber oft genug hinter mir habe. Oder wenn jemand verstorben ist, kommen sie auch meistens zu mir. Ich weiß, wie man sie tröstet, sozusagen.«

Dino: »Das, was ich am übelsten fand, war, dass mein Freund, der ist elf gewesen, mir gesagt hat, und ich war der einzige, der es wusste, dass sein Vater Selbstmord begangen hat. Der hat sich aufgehängt, und mein Freund hat das nur mir anvertraut, und das weiß bis jetzt auch noch keiner außer mir und seiner Familie. Offiziell heißt es, er hatte einen Herzanfall.«

Susan: »Die Mutter meiner Freundin ist einfach verrückt, die verpflichtet ihre drei Kinder zum Putzen, zu allem möglichen, der Mann muss im Keller wohnen, das ist ein Hammer. Der Mann hatte vor zehn Jahren eine Nierenkrankheit, hat einen Schlauch hochgelegt gekriegt und muss im Keller wohnen. Das ist auch kein Leben für ihn, und meine Freundin hat gesagt, dass sie geschlagen wird. Wenn ich die manchmal so ein bisschen anlange, so: Hey, wie geht's?, dann zuckt sie gleich zusammen, und so weiter. Und sie darf nie raus, das ist der Hammer. Die wird nach der Schule sofort abgeholt. Ich glaube, die traut sich gar nicht, alles von daheim zu erzählen, aber ich spüre, wie es ihr geht.«

Richy: »Meine Freunde reden wenig über solche Sachen. Wenn man irgendwas Größeres macht, wie zum Beispiel einen Mord und solche Faxen, da spricht man nicht drüber. Das wissen vielleicht zwei, drei Leute, aber dann wird nicht drüber gequatscht, das behält man dann für sich, weil die Gefahr zu groß ist, dass das entdeckt wird.«

Franzi: »Meine Freundin, wo sie sechzehn geworden ist, hat sie erfahren, dass ihr Vater, den sie jetzt eigentlich hat, dass das gar nicht ihr Vater ist. Das hat die übelst mitgenommen, dass sie es erst so spät erfährt. Ich finde, das kann man auch einer Zehnjährigen erzählen, weil heutzutage sind die Kinder schon so weit entwickelt, dass sie alles schon verstehen. Wenn das bei mir jetzt so wäre, wenn ich ein Kind hätte von jemand anders und hätte aber einen festen Freund, oder wäre verheiratet oder so, ich würde das dem Kind auch schon beizeiten beibringen, dass es eigentlich gar nicht der richtige Vater ist.«

Sofie: »Am schlimmsten ist, dass eine Freundin von mir von einem Ausländer missbraucht wurde. Da war die vierzehn. Sie hat nichts mehr gegessen und getrunken, sie lag nur noch im Bett und hat gebrochen. Sie hat sich richtig echt eklig gefühlt. Wir haben so lange geredet, drei, vier Stunden. Da hat sie mir gesagt, was los war. Ich wollte den Kerl schlagen, totschlagen, alles. Ich war so fertig, ich wollte mit keinem mehr reden. Und dann hat sie gesagt, sag es bitte keinem weiter. Ich habe gesagt, okay, mache ich. Bis heute weiß es noch keiner.«

Josy: »Eine Freundin, die hat mir halt erzählt, dass ihre Mutter sie öfters mal anbleckt. Und wenn ich sie treffe und sie deprimiert ist, dann weiß ich wieder Bescheid, dass sie sich mit ihrer Mutter gestritten hat. Ab und zu kommt es auch mal zu Handgreiflichkeiten.«

Petra: »Einmal, das war in der zweiten Klasse, hat mir eine Freundin erzählt, dass sich die Eltern nachts immer so streiten, dass meine Freundin nicht schlafen kann. Die haben sich dann auch scheiden lassen. In der Zeit hat sie mit ihren Eltern nicht reden können, da war sie erst neun. Da hab ich richtig mitleiden müssen.«

Janek: »Mein bester Freund ist ein Pflegekind und der hat noch eine Schwester. Und seine richtigen Eltern haben die Kinder, also ihn und seine Schwester, in einem Zimmer eingesperrt und haben die Tür nicht mehr aufgemacht und so. Und die mussten dann halt auch den Stuhlgang in diesem Zimmer machen. Ich glaub, die haben einmal am Tag was zu essen bekommen, immer ein bisschen Wasser und so. So auf dem Fußboden. Dann ist das Jugendamt gekommen und hat die mitgenommen, und dann haben die Eltern die wieder gekriegt. Dann haben die sich um die Kinder überhaupt nicht mehr gekümmert. Ich kann das einfach nicht verstehen, da hab ich als Scheidungskind noch Glück gehabt. Und als der acht Jahre war, ist vor seinen Augen sein bester Freund von einem Lkw überfahren worden. Ich glaub, das verfolgt ihn immer noch ab und zu, soweit ich das mitkrieg. Er erzählt dann manchmal davon.«

In Anbetracht dieser Schicksale, die sich Kinder und Jugendliche gegenseitig anvertrauen, ist das Erlernen von Empathie nicht schwierig. Und mit Schaudern vernimmt man, was Kinderohren hören und Kinderherzen zu verdauen haben – ohne es wirklich erzählen zu dürfen, denn Dichthalten hat oberste Priorität, stärkt die Bindung und ein klein wenig auch das Ego: Ich weiß was, was sonst keiner weiß, schon gar nicht die Erwachsenen.

Kinder, die erzählen

Jeremy ist dreizehn. Seinen Eltern nimmt er sehr übel, dass sie ihn nicht vor einem Lehrer schützen, der ihn ständig an den Ohren zieht. »Es ist nicht, weil es weh tut, aber das alles so vor der ganzen Klasse. Die nennen mich jetzt schon Langohr.«

Johanna ist siebzehn und erzählt, wie sehr sie ihre Mutter liebt und wie jämmerlich sich ihr Vater zu Tode getrunken hat. Johanna meint zudem, dass niemand sie leiden kann.

Josy ist dreizehn, ihre Eltern leben getrennt. Josys Vater hat eine neue Freundin, die ihn mit einem Arbeitskollegen betrügt. Josy hat das heimliche Paar entdeckt und traut sich nicht, mit ihrem Vater darüber zu reden: »Das würde ihn so verletzen.«

Karen, Gabi und Luca sind vierzehn und klärten mich über die sexuellen Erfahrungen ihrer Altersgruppe auf.

Kerstin ist fünfzehn und hat große Sehnsucht nach ihrer Großmutter. Manchmal meint sie, ihr Leben seit deren Tod nicht mehr meistern zu können.

Klara ist sechzehn und erzählt von ihren Todesgedanken derart eindringlich, dass man das Gefühl hat, man sei bei diesen traurigen Tagträumen stiller Zeuge.

Linda ist fünfzehn und liebt ihre Mutter über alles, nur ist sie nicht in der Lage, ihre Gefühle zu zeigen, da es »zu oft Missverständnisse« gab, die dazu führten, dass Linda sich in ein »Schneckenhaus« zurückgezogen hat. »Ich habe eine rauhe Schale und kann den weichen Kern nicht zeigen.«

Lissy, Wolfi, Bill, Gela, Katja und Jacob sind Mitschüler von Daniel, der mit einem Küchenmesser auszog, seine Lehrerin das Fürchten zu lehren. Sie berichten von den Vorfällen.

3 DIE WELT DER SCHULE

Thema Schule: Wenn die Kinder und Jugendlichen über ihre Schulerlebnisse sprachen, waren sie kaum mehr zu bremsen. Sie schimpften über Ungerechtigkeiten, beklagten sich über schlechte Lehrer, unliebsame Mitschüler, über zuviel Hausaufgaben und hässliche Schulörtlichkeiten. Gleichzeitig gestanden sie, wie glücklich sie sind, wenn sie sich akzeptiert fühlen und Lehrer ihnen Verständnis entgegenbringen …

Von Daniel, der loszog, das Fürchten zu lehren

Fette Schlagzeile in einer Tageszeitung: *Elfjähriger mit Küchenmesser in Schule ertappt!*

Eltern, Kinder und Lehrer einer beschaulichen Stadt im Süden Deutschlands waren in hellem Aufruhr. Wer sollte Opfer des elfjährigen Schülers sein? Vor allem aber, welche Motive hatte dieser Junge?

Schwer zu sagen, so das Resultat der örtlichen Zeitung. Könnte die herzlose Lehrerin gewesen sein, vielleicht aber auch die Auseinandersetzungen unter den Kindern.

Ich kenne Daniel schon lange. Durch Zufall erfuhr ich, dass er hinter dieser Schlagzeile stand. Ich kenne auch seine Mutter und viele seiner Mitschüler. Also begann ich nachzufragen. Hier seine Geschichte, die Geschichte von einem Jungen, der auszog, das Fürchten zu lehren.

Daniel lebt zusammen mit seiner Mutter in einem kleinen Haus am Rande der Stadt. Als ich beide besuche, regnet es in Strömen. Der Himmel ist tiefschwarz, passend zur düsteren Biographie des kleinen Daniels, die, so scheint es zumindest, ihren unguten Weg bereits am dritten Schultag eingeschlagen hatte.

»Eigentlich hab ich mich auf die Schule gefreut«, meint Daniel, der mit roten Wangen dicht vor dem Mikrophon meines Aufnahmegeräts sitzt. »Darf ich mal meine Stimme hören?« bittet er mich, nachdem er die ersten Sätze gesprochen hat. »Wart halt ab, sei ruhig«, meint seine Mutter, froh, endlich mal selbst Gehör zu finden. Ich spule dennoch zurück. Andächtig vernimmt

Daniel seine leicht verzerrte Stimme und meint stolz, er höre sich fast wie ein Erwachsener an: »Wahnsinn!«

In der freudigen Erahnung seines zukünftigen Stimmbruchs schwingt Sehnsucht. Endlich raus aus dem Alter, in dem seine Bestimmung die des Außenseiters ist, die des fetten Klopses, dessen Mutter Hure geschimpft wird. Ich wechsle die schwachen Batterien, die seine Stimme tief klingen ließen. »Besser, wenn man mal vorsorglich neue Batterien reintut«, erkläre ich ihm, »wer weiß, wie lange unser Gespräch dauert.«

Der schlechte Lehrer sei der Anfang allen Übels gewesen, stimmt die Mutter in das allgemeine Klagelied überforderter Eltern ein. »Gleich am dritten Schultag stellte er Daniel in die Ecke, vor der ganzen Klasse, angeblich nur, weil er geschwätzt hat«, erzählt sie. Am vierten Tag wurde seine Außenseiterposition auch in der Sitzordnung kenntlich gemacht: letzte Reihe und alleine.

Die gegenseitige Schuldzuweisung für das Versagen von Kindern ist bekannt. Lehrer klagen über familiäre Defizite, die sie auszugleichen haben – und Eltern über unangemessenes Lehrerverhalten, Unverständnis und Mangel an Kompetenz und Einfühlungsvermögen.

In den ersten Wochen hagelte es Strafarbeiten, weil Daniel durch Unaufmerksamkeit Aufmerksamkeit erregen wollte. Er schwätzte mit anderen Kindern oder ärgerte sie, warf mit Papierbällchen. Ich darf nicht böse sein, ich darf nicht schwätzen, ich muss mitarbeiten, schrieb er dann anschließend als Strafe fünfzigmal auf einen Block. »Warum hast du eigentlich soviel gestört?« will ich von Daniel wissen. »Weil, weil … (Pause), weil ich halt … (Pause) … weil ich halt abgelehnt bin.«

Irgendwann startete der Lehrer eine andere Strategie: Ignorieren. Daniel war Luft, wie ein Nichts, war einfach nicht vorhanden. Weder wurde er aufgerufen, noch kam er an die Tafel.

Es dauerte nicht lange, und Daniel war gänzlich unmotiviert, wollte keine Hausaufgaben mehr machen, saß bockig vor seinen Heften und Büchern. »Weil er mich immer gepiesackt hat, er hat mich immer zusammengeschrien. Ich hab keine Lust mehr gehabt.«

Ansonsten will Daniel von dieser Zeit nichts mehr wissen, die unerfreulichen Erinnerungen sind wie aus dem kleinen, runden Kopf getilgt. Wohl weiß er noch, dass er sich damals immer übergeben musste. Die Mutter hat ihn stets mit einem Putzeimer in der Hand geweckt. »Der hat mir jeden Morgen von oben bis unten alles vollgekotzt, soviel Angst hatte er vor der Schule.« Aber es war nicht nur die Schule, die ihn so häufig erbrechen ließ. Auf dem täglichen Schulweg verfolgte ihn auch eine schwere Hypothek, die er sich selbst in der Kindergartenzeit auferlegt hatte. Denn damals bereits, im Alter von drei, vier Jahren, war Daniel aufgefallen und hatte sich als unbeliebter Einzelgänger abgekapselt oder, wenn ihm alles zuviel wurde, seine Unsicherheit und Wut durch Prügeleien kompensiert. Nun wurde weiter geschlagen und beleidigt: »Fette Sau«, »Hurensohn« waren die begleitenden Worte auf dem Schulweg, nur stand er jetzt nicht mehr unter mütterlichem Schutz oder der Obhut von Kindergärtnerinnen. Als Freiwild für seine Klassenkameraden schlich er sich auf Umwegen zur Schule, in der die Qual in anderer Form ihren Lauf nahm.

Seiner Mutter wollte er nichts erzählen, denn auch zu Hause spürte er Druck. Sie saß völlig entnervt stundenlang mit ihm an den Hausaufgaben. Zeit, um über blöde Lehrer und aggressive Kinder zu reden, blieb da nicht wirklich. Dennoch erkannte sie die morgendliche Brechprozedur als Alarmsignal und begann sich ernsthaft Sorgen zu machen, zumal Daniel anfing, von Selbstmordabsichten zu sprechen. »Einmal stand er oben auf dem Fensterbrett und wollte sich runterstürzen«, erzählt sie. »Und als ich ihn dann eines Tages in seinem Zimmer gesehen hab, wie er sich ein großes Messer in den Bauch rammen wollte, da bin ich dann zum Psychologen gegangen.«

Dieser attestierte Daniel ausreichende, jedoch von übersteigerten Prüfungsängsten überlagerte Intelligenz. Daniel hatte kein Selbstvertrauen mehr, glaubte nicht mehr an sich und auch nicht an die Hilfe seiner Mutter. »Der hab ich nie was erzählt, weil ich Angst vor ihr hatte.« Angst, zu enttäuschen, Angst, Liebe zu verlieren. Immer wieder ging die verzweifelte Mutter zum Lehrer und bat vergebens um Verständnis. Sie berichtete ihm über die ungute familiäre Situation, über die Oma, die plötzlich gestorben war, den Vater, der sich klammheimlich davongeschlichen hatte, sie selbst nervlich am Ende und ratlos. Umsonst.

In den folgenden zwei Schuljahren ging es nach einem Lehrerwechsel steil bergauf. Daniel mochte seine neue Lehrerin und fühlte sich akzeptiert. Die Noten wurden besser, er bekam Selbstvertrauen und gewann einige Freunde. Nun saß er nicht mehr allein in der hintersten Reihe, sondern war in der Mitte integriert.

In der vierten Klasse erfolgte wieder ein Lehrerwechsel. Daniel meinte, er sei dann so richtig gut in der Schule geworden, hätte den Unterricht kaum mehr gestört, »weil es schwieriger geworden ist, da hab ich mehr aufpassen müssen«.

Dann, in der fünften Klasse, öffneten sich die Pforten der Hölle immer mehr. »Als die Lehrerin am ersten Tag die Tür vom Klassenzimmer aufgemacht hat, hab ich schon gewusst, das wird was geben«, erinnert sich Daniel mit Grauen. Gegenseitige Abneigung auf den ersten Blick. Erinnerungen an die allerersten Schuljahre wurden wach. Jene Kinder, die sich als zeitaufwendig und schwierig herausstellten, wurden ins Aus katapultiert, was bedeutete: letzte Reihe, Nichtbeachtung, Diskriminierung, Verspottung. Zu diesen Kindern zählte auch Daniel.

Nicht selten dienen Schüler Lehrern als Handlanger für pädagogische Maßnahmen. In jeder Klasse gibt es Schwache, die leicht Opfer von Hänseleien werden. Schwach ist, wer ein Außenseiter ist und sich nicht zu wehren weiß. Daniel sei als Freund für andere Kinder nicht geeignet, mahnte die Lehrerin die Mitschüler, die anfangs noch zu Daniel gehalten hatten. Irgendwann blieb gerade mal noch ein Freund übrig, der mit ihm das Schicksal des »Bankumdrehens« teilte. Was kann man sich darunter vorstellen? Eine pseudopädagogische Maßnahme, die darin besteht, die Schulbank um 45 Grad von Lehrer und Tafel wegzudrehen – an schlimmen Tagen gar um 90 Grad, so dass Daniel das Schulgeschehen im wahrsten Sinn des Wortes im Nacken saß. Ich kann es immer noch nicht fassen, bitte Daniel, eine Skizze der Sitzordnung zu zeichnen. Akribisch kritzelt er auf einem Stück Papier zwölf Schülerbänke, die Tafel, die Nische mit dem Waschbecken: »Da musste ich mich zur Strafe öfters reinquetschen und die gelben Kacheln anschauen. Die beiden hintersten Tische mussten mein Freund und ich so umdrehen. Der Robert hat wenigstens dann noch zum Fenster rausschauen können, aber ich hab immer Wände und Bücher angeschaut.«

Wurden Texte an die Tafel geschrieben, durfte sich

Daniel kurz umdrehen, ohne den Stuhl zu verrücken. Ein halbes Jahr lang klagte er über Kopfschmerzen, die das ständige Umdrehen verursachte. »Das wirst du wohl noch aushalten können«, ignorierte die Lehrerin sein Leiden. Sie brauche diese Sitzordnung zum eigenen Schutz, meinte sie. Ausschlaggebend war Daniels vermeintlich »böser Blick«. Den könne sie nicht ertragen. Als sie dem Elfjährigen dies erklärte, brodelte es in seinem Herzen, aber nur dort: »Da bin ich dann richtig ausgerastet«, erzählt er. »Wie sah das denn aus?« frage ich ihn. »Ich hab geschwiegen und mir gedacht, es nützt ja eh nichts, wenn ich was sage.«

Die Mutter beschwerte sich abermals vergebens, Lehrerin und Schuldirektor schalteten auf stur, meinten, man könne den etwas schwierigen Schüler nicht anders zur Raison bringen.

Zur Weihnachtszeit eskalierte alles. Die fünften Klassen feierten im großen Schulsaal ein sogenanntes Wichtelfest. Jeder Schüler brachte ein kleines Geschenk mit, das in einem großen Sack verschwand. Dann kramten Kinderhände in den Gaben, jeder zog das Mitbringsel eines anderen und ließ sich überraschen. Daniel fand sein Päckchen bei Dieter wieder und erklärte diesem stolz, das Portemonnaie sei ein Geschenk von ihm. Die Folge seiner Freude: Er musste zur Strafe nach Abschluss allein den Schulraum kehren, denn das Geschenk war zu billig, kostete nicht die vereinbarten fünf Euro, nach den Ferien habe er etwas Ordentliches mitzubringen.

Die Kränkung führte Daniel zu Hause auf direktem Weg zur Küchenschublade. Dort kramte er nach dem längsten Messer und verstaute es in seinem Ranzen. Da ruhte es während der Weihnachtsferien, ruhte, während »Ihr Kindlein, kommet« gesungen wurde, ruhte, während mit Raketen das Neue Jahr eingeleitet wurde, ruhte, bis der erste Schultag nach den Ferien begann. In den ersten Wochen lag es glitzernd auf dem Taschenboden, wie ein heimlicher Alliierter, der auf seinen Einsatz wartete. Das scharfe Metall verlieh Daniel Genugtuung und Sicherheit.

Nach ein paar Wochen konnte er sein Geheimnis nicht mehr für sich behalten und erzählte einem anderen Kind, was er zu tun gedenke: »Erfurt fand ich klasse, das kann ich auch.«

Wie ein Lauffeuer verbreitete sich die Nachricht. Eltern, Lehrer und Schüler waren in Alarmbereitschaft, Reporter kamen und schrieben:

Elfjähriger mit Küchenmesser in Schule ertappt!

Alle suchten nach Erklärungen. Die der Mutter besteht rückblickend aus der Vermutung, es gebe Kinder, auf die man mit Liebe zugehen könne. »Bei denen sagt man, ach, ist der süß, der ist zum Knuddeln. Aber so ein Kind ist Daniel nicht, den will man halt nicht knuddeln. Aber was haben die Menschen gegen ihn? Er ist doch nur ein Kind.« Daniel atmet tief durch und korrigiert sie schnell und bestimmt: »Nein, ich bin ein Mensch.«

Harte Worte zweier Menschen, die sich alleingelassen und unverstanden fühlen, einer überforderten Mutter, die ihr Kind, aus was für Gründen auch immer, für liebensunwürdig erklärt – und eines Kindes, das seinen Anspruch auf Menschlichkeit vom Kindesdasein abkoppelt.

Von nun an hatte Daniel einen weiteren Spottnamen: Messerstecher. Aber damit konnte er besser leben als mit Hurensohn, fette Sau und Wichser. Denn jetzt, so schien ihm, wurde er gefürchtet. Endlich.

»Wenn ich wirklich zugestochen hätte, hätte ich zwar meine Ruhe gehabt, aber ich wäre dann ins Irrenhaus gekommen und meine Mama ins Gefängnis. Deswegen habe ich es nicht gemacht.«

Wer sollte zum Opfer werden? Ein unliebsamer Mitschüler oder die verhasste Lehrerin? Daniel schweigt, und das ist vielleicht auch besser so.

Was wissen die anderen Kinder?

In meinem Wohnzimmer berichten sechs Kinder der 5b. Sie alle kennen Daniel seit der ersten Klasse. Ich hatte sie eingeladen, sozusagen als Zeugen der Vorfälle. Sie erzählen:

»Daniel wurde in der ersten Klasse immer so Fettklops genannt«, erinnert sich Lissy.

»Die Kinder haben ihn immer so gehänselt, haben ihn immer ausgelacht, wenn er schlechte Noten gehabt hat, und er hat oft schlechte Noten gehabt. Dann haben sie auch noch gesagt, dass er so ein kleines Gehirn hat, in das nichts reingeht. Er hat dann immer so getan, als ob er die Kinder schlagen würde, aber er hat das dann doch nicht getan. Er ist immer zu denen gegangen und hat ihnen gesagt, dass er sie schlagen will«, erzählt Wolfi.

»Er hat mir irgendwie leid getan, einmal beim Turnen, da hat er in die Hosen gemacht. Da haben dann die anderen Kinder gelacht. Und im Unterricht hat er immer mit so komischen Papierkugeln rumgeschossen und viel gestört«, berichtet Bill, »aber es haben auch andere Kinder den Unterricht gestört. Eigentlich war er genauso wie die anderen Kinder, nicht aggressiver oder unruhiger. Aber er musste immer Strafarbeiten machen, weil er im Unterricht immer gemalt oder gelesen hat.«

»Der Daniel und der Felix haben uns immer geärgert,

die sind immer hinter uns hergerannt, und wir hatten bisschen Angst vor dem, aber getan hat er uns nie etwas«, erzählt Gela, und Katja weiß von den Schlägereien auf dem Schulweg: »Daniel hat uns erzählt, dass da immer geschlagen wird und dass er immer Angst hat.«

Jacob bestätigt, dass Daniel seine Schulzeit mit Freude begonnen hatte: »Am Anfang hat er im Unterricht immer mitgemacht, da war er noch begeistert, aber dann in der zweiten Klasse hat die Begeisterung nachgelassen. Er hat dann auch immer sein Federmäppchen vergessen. Der hat auch nie gelernt und seine Hausaufgaben nicht gemacht. Der lief dauernd in der Stadt rum und hat sich was gekauft. Von den Lehrern ist er irgendwie schlechter behandelt worden, aber dabei ist er auch selber schuld, weil er die Lehrer immer provoziert hat. Er hat die Lehrer oft angeschrien.« In der Pause, so die sechs Mitschüler übereinstimmend, habe Daniel immer im Abseits gestanden, hatte keinen Kontakt zu den anderen Kindern: »Er hat immer versucht, sich mit größeren Kindern anzufreunden, weil er dann dachte, dass die ihm helfen.«

»Ja, genau, damit hat er immer angegeben. Er war zum Beispiel der erste, der einen Eastpack gehabt hat, und da hat er immer angegeben«, sagt Katja.

»Aber seine Sachen sind auch immer schnell kaputtgegangen«, wirft Lissy ein.

Dann erzählen die Kinder, wie Daniel die Bank umdrehen musste. An manchen Tagen sogar um 90 Grad. Dann durfte er am Unterricht überhaupt nicht mehr teilnehmen. Ein halbes Schuljahr saß er so.

Die Lehrerin habe Daniel an den Kopf geworfen: »Schau mich nicht mit deinem bösen Blick an.«

»Das fand ich eigentlich ungerecht, weil, ich hab auch oft geschwätzt und ich wurde nur umgesetzt und nicht gedreht«, erbost sich Gela, und Wolfi hält die Lehrerin für nicht ganz normal: »Die spinnt irgendwie, da haben es auch andere Kinder schwer, die stehen dann eine ganze Stunde und dürfen die Lehrerin nicht anschauen.«

Wie war das mit dem Wichtelsack?

»Da hatte der Daniel ein Portemonnaie eingepackt, und da hat ihn die Lehrerin angebrüllt, er muss ein anderes Geschenk kaufen und das Klassenzimmer fegen«, erbost sich Jacob.

»Was wisst ihr über die Messergeschichte?« frage ich die Kinder.

»Ja, das war so, der Olly hat seiner Mutter erzählt, dass der Daniel ihn mit dem Messer bedroht hat. Aber das hat nicht gestimmt, der hatte das immer im Schulranzen. Er hat nur gesagt, dass er Erfurt gut fand und dass er das auch machen könnte«, meint Bill.

Die kleine Kinderrunde ist sich einig, dass vor allem die Lehrer Schuld an Daniels katastrophaler Schulkarriere hätten. Dennoch betonen sie auch Daniels provokatives Verhalten, mit dem die Lehrer nur schwer umzugehen wussten. Als Grund für sein unangepasstes Verhalten vermuten sie das ungünstige Elternhaus, die arbeitende Mutter, die sich zu wenig um Daniel kümmere und zudem ständig überreizt und überfordert sei.

Ähnliche Vermutungen stellen übrigens auch die Pädagogen an, die Daniel bislang schulisch betreuten. Fast alle Lehrkräfte, von der ersten bis zur vierten Klasse, erklärten sich bereit, mit mir über Daniel zu sprechen. Sie alle sind sich einig, dass Daniel ein schwieriger Schüler sei, mit den Hauptproblemen geringes Selbstwertgefühl, aber auch mangelndes Rechtsbewusstsein. Die Mutter verteidige ihren Sohn stets und habe versäumt, ihm klare Umgangsregeln zu vermitteln, nach dem Motto: Schuld an allen Desastern haben immer die anderen, die bösen Kinder, die unfähigen Lehrer.

Wenn Lehrer keinen Rückhalt in den Familien finden, stehen sie Problemkindern fast ohnmächtig gegenüber. Die Lehrerin der vierten Klasse, in der Daniel eigenen Aussagen zufolge gut aufgepasst hatte, sah einen Ausweg aus der Misere nur noch im Wegschauen. Das hatte auch die Schulpsychologin geraten. Konfrontationen weitgehend meiden und darauf hoffen, dass Daniel eines Tages die Motivation verspürt, zu lernen, anstatt sich abzukapseln oder zu stören, um doch noch ein wenig Anerkennung bei Mitschülern zu erhalten.

Nur die Lehrerin der fünften Klasse wollte keine Aussagen machen. Sie drohte mir mit dem Rechtsanwalt, wenn ich über sie schreiben würde.

Als Daniels Geschichte in der *Süddeutschen Zeitung* veröffentlicht wurde, stellte sich diese Frau mit dem Artikel vor die Klasse und forderte von den Kindern (Originalzitat): »Ich hoffe, ihr habt diesen Scheiß nicht gelesen. Den sollt ihr auch nicht lesen, sondern euch damit den Arsch abwischen!«

Sie blieb noch bis zum Ende des Jahres Lehrerin an dieser Schule. Danach kehrte sie ihrem jämmerlichen Lebenskapitel den Rücken und verließ nicht nur die Schule, in der kein Schüler sie mehr wollte, sie verließ auch die Stadt, um in einer anderen einen neuen Anfang zu finden, hoffentlich geläutert. Mögen die Erinnerungen an Daniel als Mahnung mitgezogen sein!

Eine wahrlich düstere Begebenheit an einer deutschen Schule, die jedoch glimpflich ausgegangen ist, anders als in Erfurt oder Waiblingen, harmloser als in Bad Reichenhall oder Brannenburg, wo Lehrbeauftragte, Mitschüler oder Passanten zum Opfer wurden. Opfer von Jugendlichen, die in der Regel vorher Warnschreie ausstießen, die entweder verhallten oder mit denen umzugehen niemand Kraft, Zeit, Lust oder die Fähigkeit hatte. Von Jugendlichen, deren Leben dann weitgehend vertan ist, die in Erziehungsanstalten, in der Psychiatrie, im Gefängnis landen. Die meisten dieser Biographien sind sich erstaunlich ähnlich und lassen sich oft auf einen Nenner bringen: Sehnsucht nach Akzeptanz.

Die Schule ist ein Ort, an dem Akzeptanz und Toleranz auf einem harten Prüfstand stehen. Lehrer spielen dabei eine ungemein wichtige Rolle. Sie prägen nach der Kindergartenzeit als die ersten Erwachsenen im Leben der Kinder außerhalb der Familie deren Selbstwertgefühl. Als Autoritätspersonen vermitteln sie Regeln und Lebensaufgaben: Stillsitzen, Hausaufgaben machen, lernen, Misserfolge akzeptieren und bewältigen. Wirklich individuelles Eingehen auf kindliche Bedürfnisse bleibt aufgrund der großen Klassen oft auf der Strecke. In jeder Klasse gibt es mindestens zwei Schüler, die besondere Aufmerksamkeit benötigen. Dafür fehlt den Lehrern jedoch oft die Zeit, die Motivation oder ganz einfach die Fähigkeit.

Lehrer üben in meinen Augen einen äußerst schwierigen Beruf aus, der in Anbetracht der immensen psychischen Anforderung nicht angemessen gewürdigt wird. Lehrer sind unterbezahlt und werden zu wenig von außen betreut. Die pädagogische Ausbildung lässt die psychischen und sozialen Kompetenzen der zukünftigen Pädagogen außer acht. Später dann, wenn sie in schwierigen Klassen überfordert werden, bleiben sie mit ihrer seelischen Krise meistens allein. So drehen vor allem an den besonders kritischen Hauptschulen überforderte Lehrer und bockige Kinder an einer Spirale gegenseitiger Ablehnung, die aggressive Merkmale trägt.

In Daniels Fall wirkten mehrere Komponenten ungünstig zusammen. Eine überbesorgte Mutter, Daniels geringes Selbstwertgefühl, Daniels Mitschüler, die seine Schwäche ausnutzten – vor allem aber Daniels Lehrerin, die ihn demütigte.

Gute Lehrer, schlechte Lehrer

Daniels Geschichte ist die Ausnahme. Alle Kinder, die ich für dieses Buch befragte, bewegten sich emotional in einem Mittelfeld, wenn sie über die Schule sprachen. Denk mal an den besten und den schlechtesten Lehrer, die du jemals hattest, war meine Frage. Den Beschwerden standen Lobeshymnen gegenüber. Jeder klagte über schlechte Lehrer und äußerte sich im gleichen Atemzug über hervorragende Pädagogen. Die Kinder gaben dabei ein einheitliches Bild wieder.

Die beliebtesten Lehrer sind die humorvollen, die gerne Späße machen und nicht alles zu ernst nehmen, auch mal ein Auge zudrücken, wenn die Hausaufgaben nicht gemacht sind. Beliebt sind auch solche, die den Unterrichtsstoff besonders anschaulich machen, die Rücksicht nehmen auf die langsameren Schüler, indem sie ihnen ausreichend Zeit lassen und nicht den Eindruck vermitteln, es sei alles zu schwer. Schüler mögen auch gute Geschichtenerzähler und aufmerksame Zuhörer. Besonders wichtig sind Einfühlsamkeit und wirkliches Interesse an den Kindern. »Wir haben ein paar Lehrer«, erzählt Timo, »die genau erkennen, wenn einer von uns ein Problem hat. Die gehen dann auf uns zu und fragen, was los ist. Da haben wir das Gefühl, dass die nicht nur unsere Lehrer sind, sondern auch unsere Freunde.«

»Mutmachen ist auch wichtig. Unsere besten Lehrer können die Schüler bei schlechten Leistungen durch verständnisvolles Zuhören unterstützen, die stärken das Selbstbewusstsein und sagen: Du schaffst das schon. Solche Lehrer sind klasse«, meint Tommy.

Für Dino ist wichtig, dass Fehler verziehen werden:

»Wenn der Lehrer dann einem was in Ruhe erklärt, wenn man was falsch gemacht hat, das ist wichtig und zeichnet einen besten Lehrer aus.«

»Ja, unser bester Lehrer kann alles immer so ausreichend erklären, da versteht jeder, was gemeint ist«, erklärt mir Carola.

Manuel erinnert sich sehr gern an seinen Grundschullehrer, den er gar als Freund beschreibt. Am liebsten hätte er wieder bei ihm Unterricht. Für ihn war dieser Lehrer fast selbst ein Kind, da er viele ungewöhnliche Dinge mit seinen Schülern unternommen hat, die ein Lehrer normalerweise nicht macht, zum Beispiel Ausflüge zum Volksfest oder so. Aus gemeinsamen Aktivitäten ziehen viele Kinder den Schluss, die Lehrer seien an ihnen wirklich interessiert. Linus schwärmt von seinem Klassenlehrer, weil dieser in der Pause mit seinen Schülern (»freiwillig!«) Schach spielt. Er findet, ein guter Lehrer sollte ansprechend, cool, flott gekleidet sein. Er sollte einfach jung geblieben sein, sich mit seinen Schülern sozusagen auf eine Ebene stellen.

Die Ansprüche der Kinder an ihre Lehrer erscheinen so einfach: Sie wollen von ihnen akzeptiert werden und sehnen sich nach ehrlichem Interesse und Verständnis.

Lehrer, die mit ihren Schülern emotional mitschwingen, einen verständnisvollen, humorvollen und akzeptierenden Umgang mit ihnen haben, gelten fast schon als Freunde und können die Entwicklung der Kinder günstig beeinflussen.

Die unbeliebtesten Lehrer sind solche, von denen sich die Kinder nicht akzeptiert fühlen. Der Faktor Aufmerksamkeit spielt dabei eine wesentliche Rolle. »Der Lehrer mag mich nicht, er ruft mich nie auf, wenn ich mich melde. Ich hab das Gefühl, dass solche Lehrer mich am

Unterricht nicht richtig teilnehmen lassen.« Ähnliche Klagen hörte ich von vielen Kindern und Jugendlichen. Sie sehen darin Desinteresse und Unbeliebtheit seitens der Lehrer. Als schlecht gelten auch jene Lehrer, die den Stoff rigide durchziehen, ohne Rücksicht darauf, ob alle Schüler folgen können.

Ältere Schüler interpretieren schlechte Noten gar als Angriff auf die Persönlichkeit oder das Aussehen, womit sie nicht ganz falschliegen. Aus zahlreichen Studien ist bekannt, dass attraktive Schüler häufiger gelobt werden und bei Lehrern insgesamt beliebter sind als solche mit weniger anziehendem Äußeren. Kinder spüren diese heimliche, von Lehrern sicher oft unbewusste Bevorzugung. Frederik, der sich als Satanist meist schwarz kleidet, ist sicher, dass ihn die Lehrer aufgrund seiner dunklen Kleidung ablehnen und entsprechend schlecht benoten.

Kinder und Jugendliche reagieren ausgesprochen empfindlich auf Ungerechtigkeiten, etwa dann, wenn mehrere in einen Konflikt involviert waren, die Bestrafung jedoch nur gezielt gegen den »Schwarzen Peter« verhängt wird.

Viele erzählten zudem von Bloßstellungen bei schlechten Noten: »Aha, der Dino hat mal wieder eine Sechs, sagt unser Mathelehrer immer vor der ganzen Klasse. Ich werd dann wieder ausgelacht. Das ist doch irgendwie eine Schweinerei, wenn Lehrer sich freuen, wenn ein Schüler schlecht ist, und das allen mitteilen.«

Kerstin kritisiert die Arroganz. »Meine Fachlehrerin hält sich immer für was Besseres, für was ganz Besonderes. Die schaut immer so spöttisch auf einen runter, wenn man mal was sagt, und dann grinst sie so merkwürdig.«

Die Kinder berichteten aber auch über Vorkommnisse

in der Schule, die, wären sie dem Direktorat bekannt, nach entsprechenden Konsequenzen verlangen würden:

Jeremy beispielsweise wurde von seinem Lehrer immer wieder geschlagen und öfter an den Ohren gezogen. Seine Eltern glaubten ihm nie, meinten, er sei selber schuld, wenn er mit dem Lehrer nicht auskäme. Irgendwann nahm er die Schläge als gegebenes Schicksal hin.

»Unser Englischlehrer wirft immer mit dem Schlüsselbund, und wir werfen dann wieder zurück. Ihm ist da egal, ob er mal einen am Kopf trifft. Wir hassen den alle so, dass wir ihm mal das Auto zerkratzt und die Luft aus den Reifen gelassen haben. Da war dann die Polizei bei uns in der Klasse, aber die haben nicht rauskriegen können, wer das war«, berichtet Lucas.

Jana mag ihren Geschichtslehrer nicht, weil der sich ab und an mal an den Mädchen vergreift, die Schulleiterin das aber nicht glauben mag. »Er macht immer so merkwürdige Bemerkungen wie: Nutten, die rauchen morgens und trinken Kaffee, wenn er uns in der Pause beim Rauchen erwischt. Dann starrt er uns immer auf die Oberweite und sagt, dass wir mal wieder was besonders Tolles anhaben, wenn wir ein enges Oberteil tragen.«

Der schlechteste Lehrer, den Linus hatte, tobte immer wie Rumpelstilzchen, wenn man nicht alles auf Anhieb kapierte. Bei jeder Kleinigkeit warf er der Klasse lautstark an den Kopf, keiner verfüge über eine ausreichende Allgemeinbildung. Einmal beschimpfte er einen schlechten Schüler mit: »Du bist dermaßen dämlich, dass du irgendwann mal die Scheiße von der Straße kratzen wirst.«

Von unangemessener Lautstärke und unkontrollierten Wutausbrüchen überforderter Lehrer berichteten die meisten Kinder. »Wir haben einen hyperaktiven Jungen in der Klasse«, erzählt Anna, »bei dem schreit unsere Lehrerin immer am meisten, und dann schickt sie ihn immer raus auf den Pausenhof. Die kennt nur noch Schreien als Lösung.«

Wenngleich die Kinder wissen, dass letztlich Hilflosigkeit hinter lauten Worten steckt, sind sie der Ansicht, Lehrer müssten sich besser im Griff haben, »denn das bringt doch eh nichts, wir müssen dann immer heimlich lachen. Achten tun wir solche Lehrer nicht, nur hassen«, kommentiert Frederik die pädagogischen Ohnmachtsanfälle.

Wenn Schüler ihren Lehrern den Kampf erklären, wird der Unterricht fast schon zum Schlachtfeld. Verweise und Strafaufgaben als Strafmittel sind da oft nur Tropfen auf den heißen Stein. Geläutert werden die Hartgesottenen durch derartige Maßnahmen kaum. »Ich schreib dann halt die paar Seiten und denk mir meinen Teil, aber trotzdem störe ich den Unterricht weiter, weil es mir Spaß macht, wenn ich sehe, wie meine Lehrerin am Ende ist, das ist mir die paar Seiten Strafe wert«, freut sich Lucas und führt die Reibereien mit seiner Klassenleiterin auf deren privaten Frust zurück, den sie an den Schülern auslebt. »Die hat selbst einen Sohn, der nichts taugt«, weiß er. »Deswegen ist die jeden Tag schlecht drauf und meckert wegen jeder Kleinigkeit. Ich glaub, ich hab die noch nie lachen sehen.«

»Lehrer, bei denen man merkt, dass sie gegen die Schüler arbeiten, werden von uns fertiggemacht«, triumphiert Frederik. »Da bauen wir Mist, sind unruhig und passen nicht auf. Irgendwie können wir uns schon rächen. Das wissen wir alle. Die Lehrer sind dann mit den Nerven unten, und das gefällt uns.«

Was hätten die Kinder am Schulsystem gerne anders? »Dass sie uns die Aussichtslosigkeit nehmen und mehr Mut machen«, meint Jana. »In der Schule bekommen wir nämlich nur vermittelt, dass nur die Guten im Leben weiterkommen. Wir lernen immer nur, dass Fleiß und Ordnung wichtig sind. Dabei ist das eigenständige Handeln und Denken doch wohl viel wichtiger, aber das wird einem in der Schule sogar ausgetrieben«, klagt Till. Es sind vor allem die Kinder, die ich im Osten Deutschlands befragt habe, die in diesen Tenor einstimmen. Die stringente Konzentration auf Leistung, bei der die Individualität auf der Strecke bleibt, ist für die Schüler das dortige Hauptärgernis. Vor allem Hauptschüler mit schlechtem Notendurchschnitt haben trübe Zukunftsaussich- ten. »Ab 3,0 hast du keine Chance mehr auf eine Lehrstelle bei uns«, klagt Lucas, »wenn du das nicht schaffst, kannst du gleich aufgeben. Da mache ich mir lieber eine schöne Schulzeit, verbringe die Stunden so angenehm wie möglich, weil hart wird es danach sowieso, wenn ich mein eigenes Geld verdienen muss. Aber das erkennen die Lehrer nicht, dass wir sowieso keine Zukunft haben.« Anstatt immer auf den Noten herumzureiten, sollte man den Schülern eher eigenständiges Handeln und Denken beibringen, als den Schwerpunkt auf Fleiß und Ordnung zu legen, so die Meinung der Kinder.

Andere, auf die Schule bezogene Wünsche konzentrieren sich auf Äußerlichkeiten wie die Umgestaltung des Pausenhofs. Man könnte das Schulhaus mal modernisieren (»Bei uns sieht es aus wie zu Hitlers Zeiten«), die Toiletten erneuern. Anna hätte gerne eine Pausenhalle, um nicht bei jedem Wetter draußen sein zu müssen. Die

Einrichtung von Raucherecken zählt ebenfalls zu den geäußerten Wünschen, vor allem der älteren Kinder. »Damit wir rauskommen aus der Illegalität«, meint Manuel.

Einige ärgern sich aber auch über zu strenge Regeln. Pina etwa würde gerne auf die Toilette gehen können, wenn sie muss. In ihrer Schule ist es nämlich verboten, den Raum während des Unterrichts zu verlassen. Weniger Hausaufgaben und längere Ferien werden ebenso häufig gewünscht wie späteres Aufstehen. Besonders verabscheut werden Strafarbeiten, deren Sinn nur selten wirklich einsehbar ist. Clemens musste fünfzigmal schreiben: »Ich muss während des Morgengebets die Hände falten und auf das Kruzifix schauen.« Der Elfjährige schimpft, das sehe er nicht ganz ein, schließlich würde er nicht an Gott glauben. Könnte Lucas etwas an der Schule verändern, würde er dafür sorgen, dass den Schülern der psychische Druck genommen wird. »Anstatt immer über Rausschmiss zu reden, wenn was nicht klappt, sollten sich alle mal in einem Kreis zusammensetzen und vielleicht auch mal über außerschulische Dinge reden. Man sollte mehr voneinander erfahren, vielleicht kapieren dann die Lehrer auch, dass viele Schüler in der Schule Probleme haben, weil sie privat Ärger haben.«

Andere wiederum vermissen Strenge. »Es gibt Lehrer«, sagt Franzi, »bei denen ist es immer unruhig, weil die zu wenig durchgreifen. Wären die strenger, wären wir auch ruhiger. Bei unserem Deutschlehrer passt niemand auf, weil wir ihn nicht ernst nehmen. Der Arme hat noch dazu eine Glatze, über die er die wenigen Haare, die er noch hat, seitlich rüberkämmt. Da machen wir uns auch noch alle lustig über ihn. Aber er ist auch selber schuld, weil er da nie richtig reagieren kann, weil er dann immer nur beleidigt dreinschaut. Sein Hauptfehler ist aber, dass er den Lernstoff so langweilig rüberbringt und nie für Ruhe sorgt.« Jetzt sei es sowieso zu spät, weil jeder die Achtung vor ihm verloren habe, da könne er machen, was er wolle.

Akzeptanz beruht also notwendig auf Gegenseitigkeit. Lehrer wie Schüler sind darauf angewiesen. Nur sind die Wege dorthin unterschiedlich. Lehrer, so scheint es, sitzen am längeren Hebel, weil sie auf Strafen, Verweise, Drohungen mit Rauswurf zurückgreifen können. Kinder verfügen jedoch ebenfalls über gewisse Druckmittel: Trotz, Protest, Unruhe und Verweigerung.

Fühlen sich Kinder jedoch akzeptiert, mehr noch, fühlen sie sich gemocht, dann wirkt die Anerkennung durch den Lehrer wie Balsam für die Seele.

Wie sagte Michi, als er an seinen Lateinlehrer dachte: »Der ist mir wie ein Freund, manchmal weiß ich nicht, was ich ohne ihn gemacht hätte, weil er der einzige war, der mich gefragt hat, ob ich irgendwo Probleme habe, wo es mir mal nicht gutgegangen ist. Da hab ich mich so gefreut. Ja, ich glaube, der ist mein Freund.«

Kinder, die erzählen

Lucas ist vierzehn und fühlt sich in der Schule stets ungerecht behandelt. An all jene Lehrer, deren Autoreifen nach der Schule schon mal einen Platten hatten: Es könnte Lucas gewesen sein.

Manuel ist sechzehn und, wie er meint, zu klein geraten. In der Schule spielt er den Klassenclown. Gut dass seine Lehrerin nie rauskriegt, wer sie mit einem Wurfgeschoss ständig bombardiert.

Marie, siebzehn, erzählt von der Vergewaltigung ihrer Freundin. Sie meint, es gebe auf der Welt zu viele schlechte Menschen und man müsse sorgfältig auswählen, mit wem man zwischenmenschliche Beziehungen pflegt.

Melanie ist vierzehn, betrachtet nachts verzweifelt ihren Körper im Halbdunkel und kämpft gegen ihre Mutter um schlanke Schönheit.

Michi ist elf und lebt mit den Eltern und sieben Geschwistern auf einem Weilerhof irgendwo in Niederbayern. Er spielt nachmittags in der Tenne auf seiner Geige Vivaldi und will später mal nicht Bauer, sondern Tierarzt werden – aber das darf der Vater nicht erfahren!

Nicola ist sechzehn und berichtet, dass sie auf krankhafte Weise stiehlt. Wenn sie ihren Eltern Geld aus dem Portemonnaie entwendet, plagt sie kein schlechtes Gewissen. Unter ihrer Kleptomanie leidet sie erst, seit sie ihre beste Freundin beklaut hat.

Nina ist fünfzehn und würde gerne den Reichstag mit Kritikpunkten gegen Ungerechtigkeiten besprühen.

4 VERBORGENE WELT EXTREMER EMOTIONEN

Der Begriff Emotion ist gleichbedeutend mit Gefühl, Gefühlsregungen, die sich in unterschiedlicher Intensität für die Außenwelt sichtbar, aber auch unsichtbar im Inneren einer Person vollziehen können.

Wer in der Schule Latein lernen musste oder konnte, dem dürfte das Wort »movere« durchaus noch in Erinnerung sein. »Bewegen« ist dessen deutsche Bedeutung, und setzt man vor »movere« ein »e«, dann weist diese Kombination auf eine Weg- oder vielmehr Herausbewegung hin. Emotionen, Gefühle, sind also Bewegungen, die von irgend etwas wegführen sollen. Sie werden als Reaktion auf Reize verstanden, die stets von bestimmten physiologischen Veränderungen begleitet sind, so dass der Organismus schnellstmöglich reagieren kann. Im Lauf der Evolution haben sich Emotionen als überlebensnotwendig herausgestellt, vor allem die Angst, denn in der Urzeit galt als wesentliche Überlebensstrategie: je eindringlicher sich Menschen an Angst erinnern, desto effektiver und schneller verlaufen die Reaktionen in kritischen Momenten.

Durch Gefühle erfährt der Organismus mannigfaltige Veränderungen. Die Pulsfrequenz beschleunigt oder verlangsamt sich, Hormone treiben zu Höchstleistungen. Adrenalinausschüttungen etwa bereiten Kampf oder schnelle Flucht vor und verringern die Schmerzempfindlichkeit. Endorphine (körpereigene Opiate) nehmen die Wahrnehmungsschärfe, setzen den Menschen eine rosa Brille auf, wenn sie sich verlieben, und verleihen ihnen das Gefühl, auf Wolken zu schweben, wenn der Körper extreme Strapazen erlebt, wie es etwa bei intensivem Jogging der Fall ist. Beispiele, wie sehr sich der Körper verändert, sobald Gefühle im Spiel sind, gibt es zahlreiche. Sie alle hier aufzuführen, würde zu weit führen, dennoch sollten Sie sich vor Augen halten, wie sehr bei unseren Kindern die Herzen klopfen, der Schweiß in den Handflächen klebt, die Muskeln gespannt sind, die Augen einen verklärten Blick bekommen, und die Schamröte in die Wangen steigt, wenn sie Emotionen verspüren.

In der Wissenschaft spricht man von Grundemotionen, die sich als Universalien bei allen Menschen finden. Dazu zählen unter anderem Liebe, Angst, Freude, Wut und Neid. Ihnen allen ist gemein, dass sie zum Großteil unbewusst und rational meist schwer beherrschbar sind. Emotionen hinterlassen im affektiven Gehirn Spuren, auch wenn sie bereits abgeklungen sind. Man geht davon aus, dass vor allem frühe, intensive Gefühle auf einer stark affektiven Ebene abgespeichert werden – die konkreten Ursachen selbst sind indessen nur marginal.

Menschen bringen ihre Emotionen unterschiedlich intensiv und für ihre Mitmenschen unterschiedlich verständlich zum Ausdruck. Zu Missverständnissen kommt es bei jenen Menschen, die ihre Empfindungen nicht adäquat kommunizieren können. Rückzug und Stille, Selbstzerstörungstendenzen, Aggressionen, übersteigerte, fast schon manische Glücksattacken, all dies sind Verhaltensweisen, die wie Transformatoren innere seelische, bisweilen quälende Zustände überlagern oder umwandeln. Mit viel Einfühlungsvermögen, vor allem aber auch mit starker Motivation, den anderen verstehen zu wollen, ist die Chance gegeben, dass das Gegenüber die so wichtige Gewissheit bekommt: Ich werde verstanden. Das ist eine grundlegende Voraussetzung für soziale Beziehungen, für Kontakt- und Bindungsbereitschaft.

Das Zulassen und Erleben eigener Emotionen verleiht uns Menschen ein Gefühl der Lebendigkeit, in der wir die schönen Gefühle genießen können und die unguten auszuhalten lernen. Jegliche Vermeidung und Verdrängung eigener Emotionen lässt unsere innere Lebendigkeit versiegen. Innerlich tragen wir im schlimmsten Fall dann eine diffuse Leere im Herzen und wirken auf unsere Mitmenschen unzufrieden, abgestumpft, unnahbar kalt oder arrogant.

Wenn wir unsere Gefühle nicht mehr wahrnehmen, verstehen wir uns selbst nicht mehr und leben in uns fast schon wie ein Fremdling. Über Emotionen zu sprechen, fällt vielen Menschen schwer. Doch es ist gefährlich, ihnen keine oder zu wenig Beachtung beizumessen, denn sobald wir unsere Emotionen artikulieren können und dabei auf Verständnis stoßen, entlasten wir die Seele.

Alle Kinder, mit denen ich sprach, konnten und wollten von ihren unterschiedlichen Emotionen erzählen. Fast alle fanden Worte, mit denen sie ihre Glücksmomente beschrieben, aber auch wenn sie sich an Gegebenheiten erinnerten, die sie wütend, ängstlich, traurig oder aggressiv stimmten. Und in ihren Mienen spiegelten sich dabei facettenreiche Emotionen.

Ich bin glücklich, traurig, stolz, wenn …

»Ich nenne dir jetzt ein paar Gefühle, die du sicher schon oft erlebt hast«, sagte ich den Kindern und Jugendlichen. »Welche Gedanken kommen dir dabei in den Sinn? Wann hast du sie besonders intensiv erlebt?«

Freude und Glücksgefühle von Kindern und Jugendlichen beziehen sich auf grundsätzliche menschliche Bedürfnisse wie Nähe, Liebe und Akzeptanz. »Wenn ich mit Freunden zusammen bin«, »Wenn ich auf einer Party tanze«, »Wenn ich mich nach einem Streit wieder versöhnen kann«, »Als ich mit meinem Vater beim Formel-1-Rennen war« … kurzum: es sind gelungene zwischenmenschliche Beziehungen, die mit dem Gefühl von Freude verbunden sind. Glücklich sind sie auch, wenn sie sich stolz fühlen. Zwischen elf und vierzehn Jahren folgen die Momente, die zur inneren Erhabenheit führen, recht einfachen Regeln. Viele Kinder erwähnten hier explizit die eigene Familie, die Eltern, weil sie so ein tolles Haus gekauft haben und für einen immer da sind, oder Oma und Opa, weil die so eindrucksvoll von ihrem Leben erzählen können. Stolz sind viele auch auf die Geschwister, trotz aller Streitereien. »Meine Schwester kann so gut singen, die wird mal später Sängerin, und dann kann ich allen sagen, dass sie meine Schwester ist«, schwärmt zum Beispiel Josy.

Jenseits des Familienstolzes ist man aber auch gern mit sich selbst zufrieden. »Ich bin stolz, wenn ich was geschafft habe, wenn ich eine gute Note geschrieben habe«, gesteht Michi, Anna ist stolz, wenn ihr eine Zeichnung gut gelungen ist, und Torsten, wenn er jemandem geholfen hat. Einige Jugendliche erwähnten in dem Zusammenhang auch ihren gelungenen Loslösungsprozess vom Elternhaus, wie etwa Klaus: »Ich bin richtig stolz darauf, dass ich das gut hinter mich gebracht habe, dass ich den Kampf so gewonnen habe, dass die mich jetzt in Ruhe lassen und ich auch keine Probleme mehr mit ihnen habe. Ich habe denen halt endlich mal im Leben zeigen können, dass ich auch wer bin, so ohne sie.«

Stolz fühlen sich auch viele, wenn sie über einen großen Freundeskreis verfügen, wenn sie oft angerufen und zum Übernachten oder auf Feste eingeladen werden. »Da weiß ich immer, dass man mich mag, und da weiß ich dann, dass ich vielleicht doch ganz nett bin«, lächelt Sofie.

Andere Kinder – vor allem jene, die ich im Osten Deutschlands befragte –, bezogen Stolz aus einer guten Leistung in der Schule oder einem Lob des Lehrers. Ausgesprochen häufig erwähnten Jugendliche auch das erste selbstverdiente Geld. »Man hat dann das Gefühl, man ist wer und dass einem die Welt gehört.«

Die emotionalen Gegenpole zu Glück, Stolz und Zufriedenheit, nämlich Sorge, Unsicherheit und fehlende Geborgenheit, bezogen sich in unseren Gesprächen vor allem auf den möglichen Verlust einer geliebten Person: »Ich habe Angst, dass meine Oma sterben wird«, »dass jemandem was Schlimmes passieren könnte«, »dass ich einen guten Freund verlieren könnte«, »dass mein Vater sich von meiner Mutter trennt«, »dass meine Freundin untreu ist«, »dass ich mich mit Mutter/Vater nicht mehr verstehe«. Viele hadern aber auch mit einer unsicheren Zukunft, sprechen über ihre Sorgen, dass »das Geld ausgeht«, »der Vater die Arbeit verlieren könnte«, »ich in der Schule so schlecht bin und keinen Ausbildungsplatz bekomme«.

Die meisten sehnten sich nach Geborgenheit, Ruhe, Ordnung, aber auch nach Menschen, die weggezogen waren. Ganz besonders aber sehnten sie sich nach einem verstorbenen Großelternteil. Selbst wenn der Tod schon mehrere Jahre zurücklag, waren die Erinnerungen noch sehr wach. »Der Opa, die Oma fehlen mir schon sehr!« Ein Satz, den ich in annähernd allen Gesprächen hörte.

Trauergefühle bezogen sich, ähnlich wie Sehnsüchte, fast ausschließlich auf Mitmenschen, sei es, dass diese gestorben waren, sei es, dass wegen eines heftigen Streits Kontaktabbruch droht. Besonders traurig sind die Kinder und Jugendlichen, wenn sie das Gefühl haben, in kein festes soziales Netzwerk eingebunden, auf der Welt allein gelassen zu sein. »Ich bin immer dann traurig, wenn ich mich alleine fühle, wenn ich das Gefühl habe, dass mich niemand verstehen will oder kann.« – »Ich kenn das mit Trauer gut, das ist immer so, wenn ich allein im Zimmer bin und das Gefühl habe, dass ich eigentlich niemanden anrufen kann, weil niemand das will. Ich glaube, ich würd keinem fehlen, wenn ich nicht da bin.«

Große Trauer erlebten Scheidungskinder bei der Trennung der Eltern: Sie klagten darüber, »dass die Eltern nicht mehr zusammen sind«, »dass sie nicht mehr miteinander reden und was mit der ganzen Familie unternehmen, aber eine ganze Familie gibt es ja nicht mehr«.

Traurig werden Kinder und Jugendliche aber auch nach Konflikten und Streit mit geliebten Menschen: »Wenn ich dann das Gefühl habe, dass ich alles kaputtgemacht habe und es nicht mehr ändern kann.« – »Wenn ich glaube, ich habe jemanden verloren, weil ich so stur war.« – »Wenn ich merke, dass ich irgendwie zu weit gegangen bin und es keinen Weg mehr zurück gibt.«

Zorn, eine durchaus gesunde Form, sich zu wehren, empfanden die Elf- bis Fünfzehnjährigen vor allem in Momenten, in denen sie Ungerechtigkeiten erfuhren: »Wenn ich meine Meinung nicht sagen darf.« – »Wenn einer einen Spitznamen zu mir sagt.« – »Wenn ich gehänselt werde.« – »Wenn mir unterstellt wird, was nicht stimmt.« – »Wenn mir meine Eltern immer sagen, was ich tun soll.«

Mit wachsendem Alter beziehen sich Zorngefühle zunehmend auch auf gesellschaftliche und soziale Ungerechtigkeiten: »Wenn unschuldige Kinder/Menschen angegriffen werden.« – »Wenn ich sehe, wie mit Asylanten umgegangen wird.« – »Wenn ich an die Faschos denke.« – »Wenn ich sehe, wie mit den Menschen auf der Erde oft umgegangen wird, dass man sie verhungern lässt und foltert und nicht darüber nachdenkt, wie die dann fühlen, da kann ich so richtig zornig werden!«

Achterbahn der Gefühle

Die Nerven liegen noch offen, ihre Bahnen sind noch nicht ausgereift. Wenn die Gefühle Achterbahn fahren, hat das auch physische Ursachen, so die neuesten Erkenntnisse aus der Hirnforschung. Extreme Emotionen, Stimmungsschwankungen und Gefühlsausbrüche seien unter anderem auf Umstrukturierungen im Gehirn rückführbar. Das Gehirn der Jugendlichen, nehmen Wissenschaftler an, sei eine unfreiwillige Baustelle, auf der vieles noch nicht richtig funktioniere.

Die Tatsache, dass die Nerven Heranwachsender noch keine ausreichende Myelinummantelung haben und dass das sogenannte Gonadotropin-Releasing-Hormon, von der Hirnanhangdrüse ausgehend, endokrine Kettenreaktionen hervorruft, bei der Botenstoffe und Hormone wie Östrogen und Testosteron für ihre körperlichen und seelischen Wandlungsprozesse sorgen, mag für manche tröstlich sein, auch wenn es kompliziert klingt. Und dass das Gehirnvolumen das absolute Maximum im elften, zwölften Lebensjahr erreicht, um dann im Dienst der Persönlichkeitsreifung wieder zu schrumpfen, lässt einiges in neuem Licht erscheinen, denn das würde so manche extreme Unausgeglichenheit erklären. Wenn Klara ihre »Igeltage« erlebt, an denen sie den Tod herbeisehnt, könnte sie also ihr noch unfertiges Stammhirn für all die wirren und destruktiven Gedanken verantwortlich machen.

Doch wer will sich noch über Östrogene, Testosterone und Botenstoffe oder ein unfertiges Stammhirn den Kopf zerbrechen, wenn zu Beginn der Pubertät der Busen wächst, die Haare an ungewohnten Stellen zu sprießen und die Libido zu wallen beginnen?

Dass Jugendliche mit ihren Eltern im Clinch liegen, diese und sich selbst nicht mehr verstehen können und wollen, alles auf die Waagschale legen und als ungerecht verurteilen, ist ohnehin alles irgendwie schon vorprogrammiert, zumindest wenn man den neuesten wissenschaftlichen Erkenntnissen Glauben schenkt: »Die emotionale Labilität von Teenagern geht wahrscheinlich darauf zurück, dass das Stirnhirn noch nicht in der Lage ist, diejenigen Teile des Zwischenhirns zu beaufsichtigen, in denen die Gefühle entstehen«, zitiert der *Stern* den Neurowissenschaftler Charles Nelson von der University of Minnesota. Aber auch das hilft als Erklärung nicht wirklich weiter. Denn für einen Heranwachsenden wird in dem Moment, da er versucht, objektiv nachzudenken, seine Baustelle nicht gerade mal zu einem fertigen Palast, von dem aus weise und umsichtig regiert werden kann.

Worüber die Kinder und Jugendlichen sprachen, hätte im übrigen auch fertigen Gehirnstrukturen einiges abverlangt. Um den Trauergefühlen zu begegnen, rückten sich die meisten die fehlende Erwiderung von Liebesgefühlen und subjektiv empfundene mangelnde Akzeptanz als Erklärungen zurecht. Als besonders schmerzlich empfanden sie die Streitereien zwischen den Eltern. Sie sprachen angstvoll von Situationen, in denen der Verlust eines geliebten Menschen drohte, und in höchster Freude, wenn sie harmonische, zwischenmenschliche Gemeinsamkeiten erlebten.

Beginnen wir mit der Geschichte von Susan, die sich fragt, warum aus Liebe Hass werden kann. Es folgt ein kleiner Einblick in das Guinnessbuch der Kinderrekorde und einige Gedanken zum Tod. Zum Schluss beschreibe ich die Emotionen von Carola, deren Leben bislang fast ausschließlich aus Wechselbädern extremer Gefühlswelten bestand. Und wenn Sie diesen Teil des Buches gelesen haben, dann halten Sie sich bitte vor Augen, dass Ihre Nerven von dem so wichtigen Myelin bereits ummantelt sind und dass Sie die Umwelt längst realistischer verarbeiten als Ihre Kinder. Seien Sie also gelassen, wenn mal wieder die Türen knallen und patzige Antworten durch den Raum fliegen.

Warum hasst man, was man einst liebte?

»Ich erzähle in diesem Buch meine Geschichte, damit alle Eltern erfahren, was es für ihre Kinder bedeutet, wenn sie sich streiten und scheiden lassen.« (Susan, 13 Jahre)

Ich hatte Angst vor dem »Geh doch und komm nie wieder«, dass mein Papa stirbt und nicht mehr zu uns zurückkommt.

Davor hatte ich Angst, vergleichbar mit einem Streit, in dem man sagt, geh doch und komm nicht wieder, geh nach Hause und lass dich hier nicht mehr blicken oder geh einfach in den Tod, und wir sehen dich nicht wieder.

Ich war vier, als mein Vater ging.

Ich weiß noch, dass meine Eltern sich öfter gestritten haben und mein Vater einfach gegangen ist, und dass meine Mutter gesagt hat, geh doch und komm nicht mehr. Daran kann ich mich noch erinnern. Das weiß ich noch, auch dass mein Bruder dann immer gesagt hat, komm, Susan, geh mit in den Keller, damit ich nicht so viel mitkrieg. Ich kann mich nur noch an einige Sätze erinnern, die damals öfter vorkamen: »Ich gehe jetzt, ich habe keine Lust mehr auf deine Lügen, ich gehe und komm nie wieder.«

Ja, das habe ich noch in Erinnerung. Das weiß ich noch.

Mit meinem Bruder habe ich nicht darüber geredet. Er wollte immer, dass ich das nicht so mitkriege, dass ich das erst später erfahre. Aber irgendwie habe ich das dann doch mitgekriegt. Einmal ist mein Vater abends nach Hause gekommen. Ich habe ihn gehört, und dann bin ich aufgestanden und auf die Toilette gegangen. Durch den

Türspalt habe ich gesehen, wie er im Schlafzimmer auf dem Boden gelegen und geweint hat. Das habe ich alles mitgekriegt, nur weiß das niemand.

Ich wollte alles für mich behalten. Irgendwie war ich in dieser Zeit stolz auf mein Geheimnis. Aber ich habe ja nicht gewusst, dass meine Eltern sich wirklich trennen, ich habe nur gewusst, da ist irgend etwas, was nicht stimmt.

Als ich den Satz gehört habe, geh und komm nicht wieder, da war mir klar, dass was Schlimmes passieren wird. Vielleicht stirbt jemand, und ich sehe ihn nie wieder, meine Mama oder mein Papa, und davor hatte ich Angst.

Mein Vater hat jetzt eine neue Freundin, Sybille, die hat ein Haus in L., und da wohnt er. Ich glaube, dass er von der ganzen Umwelt weg ist, er hat sich abgesetzt, ist völlig allein. Mein Vater, der macht sein eigenes Ding, und das findet er auch toll so.

Ich wohne selber mit meiner Mutter und meinem Bruder in G. Früher war mein Vater auch da, aber es kamen immer viele Leute. Die haben überhaupt nicht in sein Leben gepasst, die kamen immer zu uns zu Besuch, wenn sie was gebraucht haben. Deswegen hat er sich dann mit meiner Mutter immer gestritten. Dann hat er die Sybille kennengelernt, und dann ist er da hingezogen und ist auch relativ froh, dass er da wohnt.

In der Zeit der Scheidung ging es meiner Mutter sehr schlecht. Da habe ich ihr mit der Hilfe von meinem Opa eine Kommode gemacht mit fünf Schubladen, da stand überall was dran, hier privat oder so etwas. Die habe ich ihr geschenkt, und da hat sie sich sehr gefreut. Damals, mit meinen vier Jahren, habe ich gedacht, dass es ihr ein bisschen hilft. Ich wollte ihr einfach zeigen, dass jemand für sie da ist.

Meine Mutter ist eigentlich ein relativ fröhlicher Mensch, der viel lacht und sein Leben lebt und einfach Spaß haben will. Dann ist sie auf einmal ernster geworden. Irgendwann habe ich gemerkt, dass mein Vater nicht mehr nach Hause gekommen ist. Und wenn er nach Hause gekommen ist, dann hat er auf der Couch geschlafen, und sie sind sich aus dem Weg gegangen. Ich muss ihn oft gefragt haben, hast du Ärger mit der Mama oder so, dann hat er einfach nur gesagt, ja, deine Mama und ich bleiben einfach nur Freunde, weil wir uns von der Beziehung her nicht mehr so gut verstehen.

Ich musste mit auf die Gerichtsverhandlung. Mein Bruder war da schon zwölf oder dreizehn, der musste da mit rein, um auch seinen Teil zu meiner Mutter, zu meinem Vater sagen, dass sich der Richter vor Gericht ein Bild machen konnte. Ich blieb draußen mit meiner Oma.

Ich weiß noch genau, ich war so traurig, weil ich wusste, dass jetzt jemand geht, den ich lieb habe und der einfach nicht mehr da ist. Ich habe ihn dann zwar noch jedes Wochenende gesehen, ich bin jedes Wochenende mit meinem Bruder zu meinem Vater gegangen, aber das war immer weniger. Die Nähe zu meinem Vater hat mir schon gefehlt.

Lange Zeit, da war ich noch einfach aufgeschlossen für meine Welt, da habe ich an jeden gedacht, außer an meinen Vater. Später, als ich acht oder neun Jahre alt war, haben wir dann auf einmal immer Anrufe gekriegt, und es wurde wieder aufgelegt. Es war mein Vater, der nicht mit meiner Mutter reden wollte, das wusste ich damals aber nicht. Wenn meine Mutter drangegangen ist, hat er sofort wieder aufgelegt Meine Mutter hat dann immer das Telefon ausgestellt und mich gefragt, welcher Idiot ist das, der da immer anruft. Ich hatte schon Angst, dass das irgend jemand ist, der meiner Mama drohen will. Dann hat mir mein Vater aber gesagt, dass er immer anruft und nur mit mir und meinem Bruder reden will.

Dann kam noch mehr Ärger zwischen meinem Vater und meiner Mutter, wo mein Vater das Kindergeld nicht mehr gezahlt hat. Meine Mutter hat Anzeige gegen ihn erstattet. Jetzt streiten die sich immer noch, wegen dem Kindergeld und dem Sorgerecht für meinen Bruder. Ich stand dann zwischen meinen Eltern. Jeder hat gesagt, wie bös der andere ist. Das hat mich zuerst wahnsinnig gemacht, weil sie irgendwie beide meine Eltern sind.

Mit zwölf ist mir dadurch alles so richtig bewusst geworden.

Davor war die Trennung fast wie eine normale Welt für mich. Ja gut, das ist natürlich ungewöhnlich, dass man fünf Tage die Woche bei seiner Mutter und dann zwei Tage bei seinem Vater ist. Das kann man nicht ändern, denn wenn man seinen Vater sehen will, macht man das auch und geht da hin. Manchmal ist mir das zwar schwergefallen, wenn ich gesehen habe, dass andere Familien noch zusammen sind. Da denkt man, dass ein Mensch jetzt weg ist, der eigentlich bei einem sein sollte, den man eigentlich noch gern hätte, dass ich ihn nicht mehr so oft sehe.

Irgendwie habe ich mir damals selbst die Schuld gegeben. Ich weiß auch nicht genau, warum.

Später habe ich auf meinen Vater eine richtige Wut bekommen und mit ihm gestritten, weil er, seitdem er seine neue Freundin hat, ein völlig anderer Mensch geworden ist. Ich kann die Sybille nicht leiden, aber mein Vater hat gesagt, wenn du zu mir kommst, dann musst du auch akzeptieren, dass ich bei jemandem wohne, den ich liebe und den ich wegen meiner Tochter sicher nicht verlassen werde.

Dann war zwischen uns ein halbes Jahr Funkstille, und dann habe ich wieder mit ihm gesprochen, dann ist alles wieder ins Reine gekommen. Aber so wie früher war es nicht mehr. Wir sehen uns schon noch, aber es nicht mehr dieser Zusammenhalt zwischen uns da, ich kann ihm nicht mehr vertrauen, wenn ich ehrlich bin.

Mein Vater fehlt mir schon, aber seit einem großen Streit wegen meiner Schminkerei eigentlich nicht mehr so sehr, aber ich weiß, dass er mir immer noch fehlt. Aber nicht mehr so sehr, mir fehlt ein Teil von ihm auf jeden Fall. Ich weiß, dass ich ihn noch habe, aber nicht mehr ganz so, wie ich ihn früher hatte.

Jetzt wünsche ich mir nur noch, dass meine Eltern mal zusammen reden, auch wenn sie sich auf der Straße treffen. Wenn mein Vater mal kommt, dass sie vielleicht zusammen Kaffee trinken und einfach zusammen normal miteinander reden.

Ich frage mich oft, warum bei meinen Eltern aus Liebe Hass geworden ist.

Vielleicht haben sie sich auseinandergelebt. Vielleicht haben sie sich irgendwie verändert und passen nicht mehr zusammen. Vielleicht haben sie andere Interessen gehabt. Vielleicht kam aber alles auch nur, weil mein Vater meine Mutter mit anderen Frauen hintergangen hat, weil er meine Mutter angelogen hat. Vielleicht war das ein Grund.

Jetzt steckt in mir keine Wut mehr. Ich habe nur noch Sehnsucht, also Sehnsucht nach meinem Vater, nach einem Teil von ihm. Ich hätte ihn gerne wieder so, wie er früher war. Ich habe ihm das mal gesagt, dass ich ihn vermisse, einfach so wie er früher war. Da hat er gesagt, ich bin aber nicht mehr so wie früher, weil ich jetzt mit mir zufrieden bin, wie ich jetzt bin.

Das hat mich eigentlich gewundert, weil er so, wie er jetzt ist, soviel falsch gemacht hat: Er hat zu vielen Menschen weh getan.

Das Guinnessbuch der Kinder

Bill Gates gilt als der reichste Mann der Erde. Hussain Bisad hat die größten Hände. Die meisten Uhren verspeiste Kim Seung Do, und Matthieu Bommier ist der schnellste Unterhosenspringer der Welt: In einer Minute schafft er es siebenundzwanzigmal rein und wieder raus aus der Hose. Charles de Gaulle überlebte die meisten Attentate, nämlich einunddreißig. Und mit ihren vier Jahren gilt Dorothy Straight weltweit als jüngste Buchautorin.

Superlative haben etwas Faszinierendes. Sie verweisen auf Unglaubliches, erzählen von Gegebenheiten, Menschen, Tieren, die das Vorstellbare übertreffen. Das macht den Reiz aus. Man bewundert, bedauert, es bereitet Schaudern und Verblüffung.

Unsere persönlichen Superlative sind dagegen recht überschaubar. Der schönste Urlaub war vielleicht in Griechenland, das beste Essen jemals gab es in einem toskanischen Dorf zu Ostern 1978. Der aufregendste Tag? Vielleicht als das eigene Kind das Licht der Welt erblickte. Für mich war das der Tag.

Bekanntlich leben Superlative von Extremen. Da steht dem Schönsten das Hässlichste, dem Ärmsten der Reichste gegenüber, und ebenso konträr sind auch die Empfindungen, die wir angesichts dieser bipolaren Superlative erleben.

Haben Sie schon mal über die Superlative von Kindern nachgedacht?

Was wissen Sie von deren schönsten und schlimmsten Momenten? Sie meinen, das weiß man ja oft nicht mal von sich selbst?

Sie haben recht. Doch Kinder lieben Superlative, und sie hatten in den Gesprächen keinerlei Schwierigkeiten, den höchsten und tiefsten Punkt ihres bisherigen Lebens zu benennen, und zwar ohne lange nachzudenken. Als hätten sie sie alle in ihrem inneren Guinnessbuch der Rekorde auf Seite 1 zusammengefasst.

Schlagen Sie mit mir das verborgene Guinnessbuch der Kinder und Jugendlichen auf. Achten Sie die zaghafte Bescheidenheit dieses Buches, in dem von Baumhäusern, heimlichen Festen, ersten Küssen die Rede ist. Lassen Sie aber auch die Kehrseite auf sich wirken, wenn Sie von traurigen Rekorden lesen.

An Birgits Vater:
Sie müssen mit ansehen, wie Ihre Tochter wahllos Süßigkeiten und Chips in sich hineinstopft, und sind beunruhigt, weil Sie zu jenen stolzen Eltern zählen, die mit Argusaugen über die Tochter wachen. Birgit ist in der Tat etwas rundlich, wenn nicht sogar dick. Sie mögen hinter ihren Essattacken Zügellosigkeit vermuten, die Sie einzugrenzen versuchen. Vielleicht sind Sie auch zornig über Birgits Disziplinlosigkeit. Möglicherweise haben Sie Ihre Tochter schon mehrfach wegen ihres Gewichts mahnend angesprochen, jedoch vergebens, denn sie isst weiter, die Jeans werden enger, die Backen dicker, die Hüften rundlicher. Das Aussehen sei ihr egal, wie oft hat sie das schon gesagt? Erinnern Sie sich? Jedoch: Ahnen Sie, wie sehr Ihre Tochter in Wirklichkeit unter ihrem Übergewicht leidet? Dass sie sich bereits mit elf Jahren eine erste Diät verordnete und mit allen Tricks versuchte, den Teller nicht leer essen zu müssen. Der Diätversuch scheiterte wie all die folgenden kläglich, bereits nach einem Tag hat sie sie jeweils schon wieder abge-

brochen. Birgit fraß in Wahrheit den schulischen Ärger in sich hinein sowie auch den mit ihrer Mutter und mit Ihnen. Im Kampf gegen den erbarmungslosen Zeiger der Waage im Badezimmer tröstete sie sich mit Chips und Schokolade. Irgendwann ist Ihnen dann der Geduldsfaden gerissen. »Na, du Speckimülltonne, du kleines Schweini, isst du schon wieder was?« haben Sie Birgit eines Tages provoziert, vielleicht sogar im naiven Glauben an Ihre pädagogische Kompetenz. Vielleicht waren Sie an dem Tag auch einfach nur extrem ungehalten und dachten, Ihre Tochter würde das schon irgendwie wegstecken. Wer weiß? Jetzt aber sollen Sie erfahren, dass dieser Moment für Ihre Tochter der schlimmste in ihrem Leben war.

An Birgits Freunde:
Könnt ihr euch daran erinnern, wie es war, als ihr zusammen zu dem romantischen Friedhof gegangen seid und dort in einer stillen Ecke gefrühstückt habt? Das war letzten Sommer. Ihr seid dort gesessen, habt Croissants gegessen und Kaffee getrunken und euch unterhalten. Birgit hatte an diesem Tag so stark wie nie zuvor oder danach ein Gefühl der Verbundenheit mit euch. Das verschworene Zusammensein an diesem stillen, verwunschenen Ort machte sie glücklich. Es war der schönste, der seligste Moment in ihrem Leben. Nun wisst ihr es.

An Dinos Eltern:
Dino erzählt von einem eher bescheidenen Höhepunkt im Leben. Vielleicht haben Sie keine Ahnung davon. Dino hatte sich ein Fahrrad gewünscht. Sie haben sich gedacht, jedes Kind brauche ein Fahrrad, also soll Dino auch eines haben, schließlich kann er dann mit Freun-

den die weitere Umgebung erforschen, kann zur Schule fahren, ist an der frischen Luft, bewegt sich. So gingen Sie in ein Geschäft, haben sich Preise, Qualität und Aussehen der verschiedenen Räder angesehen und sich für ein blaues entschieden. Das Geschenk sollte feierlich übergeben werden, an Dinos Geburtstag nämlich. Sie trugen es nachts, als Dino schlief, aus dem Versteck in der Garage in sein Zimmer. Am nächsten Morgen traute Dino seinen Augen nicht.

Da glänzte neben seinem Bett das Zweirad aus Aluminium und Blech. Sie erinnern sich bestimmt, wie Dino die Treppen heruntergerannt kam und ganz einfach nur »cool« und »danke« sagte. Sie gratulierten ihm zum zwölften Geburtstag. Möglicherweise war dieser Tag für Sie ein Kindergeburtstag von vielen, mit Kuchenbacken, Kerzen und Extra-Geburtstagsfrühstück.

Für Dino aber war dieser Tag kein gewöhnlicher Geburtstag, es war der schönste Tag in seinem Leben.

Ein paar Jahre später wurde die schlimmste Begebenheit in Dinos Guinnessbuch eingetragen: Der Vater seines besten Freundes hatte sich auf dem Dachspeicher erhängt, ein Ereignis, das Dino am liebsten ins Reich des Vergessens verbannen würde. Wenn das nur ginge!

An Dinos Freundin:
Die Zeit, die Dino mit dir verbringt, ist für ihn etwas Besonderes. Dich, seine erste Liebe, will er nicht und wird er nicht – das ist gewiss – vergessen, »auch wenn es mal zu Ende ist«.

Und schließlich noch eine Nachricht an Dinos Oma:
Wenn Dino jedes zweite Wochenende bei Ihnen vorbeischaut, bei Ihnen Limo trinkt, über dies und jenes

plaudert, aber gleichzeitig unruhig auf dem Kissen herumrutscht, weil draußen die Freunde warten, dann denken Sie daran: »Meine Oma werde ich nie im Leben vergessen, auch wenn sie mal stirbt.«

An Andrés Stiefvater:
André erzählte, dass er Sie bewundert und liebt, obwohl Sie ihm einmal mit dem Ellbogen das Nasenbein gebrochen haben, als Sie wütend auf ihn waren. An diesem Abend brach für André eine Welt zusammen. Er wünscht sich so sehr, dass er nicht immer einem Wechselbad der Gefühle ausgesetzt ist, in dem sich Liebe und Angst gegenseitig aufheben.

An Andrés Freunde:
Wenn André nie zu euren Geburtstagen kommt, liegt das nicht daran, dass er keine Lust hat, sondern an den elterlichen Verboten. Ihr habt André in den wenigen Stunden, in denen er außerhalb der Schule mit euch zusammensein durfte, immer die schönsten Momente beschert. »Die schönsten Tage sind die, an denen ich mal mit meinen Freunden was machen darf.«

An Frederiks Eltern:
Wussten Sie, dass Sie Ihrem Sohn letzte Weihnachten den schönsten Tag seines Lebens beschert haben? Auch wenn Sie dafür den Keller räumen mussten und Ihr Haus seitdem unter Dauerbeschallung steht, so war der Heilige Abend dennoch die Erfüllung eines Traums. Durch Ihr Geschenk, eine komplette Schlagzeuganlage, gewann er eine ausfüllende Aufgabe, viele Freunde, Fans, die ihn auf der Bühne bewundern – und letztlich auch viel Selbstwertgefühl.

An Frederiks Freundin:
Immer wieder wirfst du Frederik vor, er zeige zu wenig Gefühle. Eine typisch männliche Eigenschaft, die nur wenige erfolgreich überwinden können. Bevor den Männern ein »Ich liebe dich« über die Lippen kommt, müssen oft Tage, Wochen oder sogar Monate vergehen. Der Zurückhaltung von Gefühlen liegt meist eine große Unsicherheit zugrunde, die Angst davor, Schwäche zu zeigen und sich bloßzustellen. Viele haben einfach auch nie gelernt, über ihre Empfindungen zu reden. Vielleicht hattest du dir damals bewusst vorgenommen, bis zum äußersten zu gehen und Frederik auf eine Weise zu provozieren, die zur Folge haben sollte, dass er endlich Gefühle zeigt. Du hast damals den Wunsch geäußert, dass du gerne mal mit Frederiks Freund schlafen würdest. Er quittierte deine Äußerung mit Schweigen und Rückzug, tat so, als berühre sie ihn nicht. In Wirklichkeit aber war das der schlimmste Moment in seinem Leben. Er war schwer verletzt, fühlte sich in seiner Liebe verraten. Hätte er dir jemals gesagt, dass er niemals den Tag vergessen möchte, an dem er dich das erste Mal gesehen hat, wären dir diese harten Worte wohl nie über die Lippen gekommen.

Susan:
Susan dachte im schönsten Moment ihres Lebens ans Fliegen: »Das war, als ich mit meinem letzten Pflegepferd durch den Wald geritten bin. Das war der schönste Moment in meinem Leben, weil das irre war, das Pferd ist total schnell gegangen, und ich dachte, jetzt fliege ich gleich.«

An Susans Eltern:
Die schlimmsten Momente im Leben Ihrer Tochter waren Ihre lautstarken Streitereien. Susan lag abends oft unter ihrer Decke und weinte. Wissen Sie, dass Susan seit Ihrer Trennung kein glückliches Familiengefühl mehr empfunden hat und den Vater seit sieben Jahren schmerzlich vermisst und unglücklich ist?

An Tills Freunde:
Erinnert ihr euch an die Tage im Jahr, als die Kirschen endlich reif waren, wie ihr zusammen in die Bäume geklettert seid und euch die süßen Früchte in den Mund geschoben habt? Das waren die schönsten Tage für Till. Nicht, weil die Kirschen so gut schmeckten, sondern weil es so verboten war. Die Angst vor dem Bauern, der euch einmal mit einer Schaufel vom Baum gejagt hat, war für Till aufregend kribbelnd. Damals war er sicher, ihr seid Freunde fürs Leben. Inzwischen seid ihr alle unterschiedliche Wege gegangen. Ludwig ist fortgezogen, Felix hat sich verliebt, und Patrick hat die Schule gewechselt. Für Till seid ihr aber immer noch nicht vergessen.

An Tills Großmutter im Irgendwo:
Den schrecklichsten Moment in seinem Leben würde Till am liebsten rückgängig machen: Ihren Tod. Obwohl Sie, bettlägerig, kaum mehr Luft bekamen und nur noch litten, hat er Ihr Fortgehen kaum verkraftet. »Sie fehlt in meinem Leben.«

An Richys Mutter:
Es war an einem schönen Tag im August vor drei Jahren. Sie klappten mit Ihrem Mann die Campingstühle auf und

deckten den Tisch mit Kaffee und Kuchen. Das Ehepaar des benachbarten Wohnwagens kam zu Besuch. Das geschah fast jeden zweiten Tag nach ungeschriebenen Gesetzen der Campingkolonie am Gardasee. Sie unterhielten sich bei bestem Seeblick, während in Ihrem Campingwagen unbemerkt zwei Herzen und Körper in Wallung gerieten. Ganz heimlich und möglichst lautlos. Die Tür war verriegelt, Ihr Sohn wollte angeblich schlafen; dass er heimlich das Mädchen der Nachbarn eingelassen hatte, wussten Sie nicht. Während Sie Kuchen aßen und Kaffee tranken, gerieten zwei Körper allmählich ganz außer sich. Für Richy war es der schönste Moment in seinem Leben.

Wissen Sie aber auch, dass das schlimmste Erlebnis für Ihren Sohn der Moment war, in dem Sie aus dem Fenster zu springen drohten, um sich das Leben zu nehmen? Es war an dem Abend, an dem Ihr Mann wie so oft betrunken nach Hause kam und durchdrehte. Er ärgerte sich über die neue Hose, die Sie gekauft hatten, warf Ihnen Verschwendungssucht und zudem Nachlässigkeit vor, weil der Mittagstisch noch nicht abgeräumt war. Können Sie sich daran erinnern, wie Sie auf dem Fenstersims standen und in die Tiefe blickten, während Richy wie ein kleines Bündel an Ihren Beinen hing? So wenig Kraft er mit seinen zwölf Jahren hatte, so groß war seine Angst um Sie. Nächtelang hatte er das Bild vor Augen, wie Sie in diesem Schreckensmoment auf dem Fenstersims in keiner Weise an ihn gedacht haben. Mit seiner verzweifelten Bemühung, Sie am Springen zu hindern, versuchte er auch, Ihre Liebe einzufangen. Die hatte er nämlich immer vermisst. Was er jedoch rettete, war nur die mütterliche Fassade, nicht aber Ihre Liebe.

Und heute? Heute würde Richy Sie springen lassen.

Nichts mehr würde er unternehmen, gar nichts mehr, sagte er mir, denn: »Im Endeffekt hat sie sich danach genauso wenig gekümmert wie vorher.«

An Maras Onkel:
Ahnen Sie, dass Sie Ihrer Nichte den schlimmsten Moment des Lebens bescherten, als Sie sich mit Gewalt nahmen, was Ihnen nie und nimmer zustand? Das grauenhafte Ereignis trug sich vor zwei Jahren zu, als Mara ihren vierzehnten Geburtstag feierte. Sie waren zu dem Fest eingeladen und brachten eine Schachtel Pralinen mit. Am Abend fuhren Maras Eltern die Freunde nach Hause, genug Zeit für Sie, sich an dem wehrlosen Mädchen zu vergehen. An diesem Nachmittag verletzten Sie sie innerlich wie äußerlich und hinterließen in ihrer Seele tiefes, dunkles Leid.

An Maras Freunde:
Damals in L. habt ihr euch an einem schönen Wochenende einen großen Werkzeugkasten unter den Arm geklemmt und seid in den nahegelegenen Wald gegangen. Jens hatte einen Picknickkorb gepackt, Bobby einen Kassettenrekorder dabei. Mara erlebte einen Traumtag, während sie mit euch in stundenlanger Arbeit ein stattliches Baumhaus baute. Als sie mit euch Freunden dann oben mit Sandwiches und Cola stolz in der Baumkrone thronte, genoss sie den schönsten Moment in ihrem Leben.

An Franzis Freunde:
Franzis schönste Erlebnisse waren die heimlichen mit euch: nachts aus dem Fenster klettern, auf leisen Sohlen durch das Dunkel zum Treffpunkt schleichen, Lippenstift auftragen, Haare kämmen und dann zum Dorfklub

schlendern, wo ihr bis in die Morgenstunden getanzt habt. Wenn die Vögel zu singen begannen, seid ihr mit kleinen Augen zurückgeschlichen, wieder durchs Fenster geklettert, habt Nachthemd oder Pyjama angezogen und seid am Frühstückstisch erschienen. Sicher habt ihr alle mit Unschuldsmiene euren Eltern einen guten Morgen gewünscht und den Schultag mit großem Gähnen begonnen – und die schönsten Momente einen Tag lang unterbrochen.

In einer dieser Nächte erlebte Franzi ihren ersten Kuss. Diese erste zaghafte Berührung mit einem Jungen blieb bislang der absolute Höhepunkt in ihrem Leben.

An Franzis Vater:
Ihnen rutscht öfter mal die Hand aus, die blauen Flecken im Gesicht Ihrer Frau sind unübersehbar. Wenn Sie Ihre Frau schlagen, treffen Sie auch Ihre Tochter, die als ihren fürchterlichsten Tag jenen beschreibt, an dem ihre Mutter unter Ihren Schlägen bewusstlos zu Boden sank und dort wie leblos liegenblieb.

An Sofies Freunde:
Es war an Sofies dreizehntem Geburtstag. In eurer Freundesrunde hattet ihr einen besonderen Plan ausgeheckt, Sofie sollte nichts davon erfahren. So fuhr sie am Nachmittag zu dir, Sabine, um mit dir in aller Bescheidenheit zu feiern. Die anderen hatten angeblich alle keine Zeit, das hatte Sofie zumindest geglaubt. Doch wart ihr alle heimlich gekommen, hattet das Zimmer festlich geschmückt und einen Kuchen gebacken. Sofie fühlte sich wie eine Märchenprinzessin. Als Sabine die Tür öffnete und ihr alle da wart, ihr um den Hals gefallen seid und »Happy Birthday« gesungen habt, da war euch die

Überraschung voll gelungen, denn es wurde der schönste Tag in Sofies Leben.

An Tinas Freundin Heike:
»Was täte ich ohne dich?« hast du einmal zu Tina gesagt. Es war kurz nach dem schrecklichen Vorfall, als du sexuelles Opfer eines Mannes geworden warst. Er hat dich im Keller eures Mietshauses zwischen den Mülltonnen missbraucht. Deiner Mutter hast du den Vorfall damals verschwiegen, weil du Angst davor hattest, sie würde dich ohnehin nicht verstehen. Du hast befürchtet, sie würde sagen, es sei doch komisch, dass er sich ausgerechnet dich ausgesucht habe.

So hast du nur bei Tina Halt gefunden, die als deine beste Freundin alles mitgelitten hat. Denn bis heute ist der Tag, an dem du ihr von deinem grauenvollen Erlebnis erzählt hast, der schlimmste Tag auch in Tinas Leben.

Ihren schönste Moment verdankt Tina dem ersten Platz bei einem Voltigierturnier, als sie eine goldene Schleife in den Händen hielt und von allen beglückwünscht wurde.

An Kerstins Freundin:
Übermütig seid ihr beide mal zusammen in eine Drogerie gegangen und habt euch mit den Schminktestern auffallend hergerichtet, Kajal dick um die Augen, Lippen und Wangen so grell wie möglich. Dann habt ihr euch die Haare im Hexenlook hochtoupiert und seid gackernd auf der Straße herumgelaufen. Die Leute haben gelacht oder den Kopf geschüttelt. Keiner wusste, dass sich zumindest Kerstin ihren schönsten Tag ins Gesicht gemalt hatte.

An Kerstins Oma im Irgendwo:
Es war an Ihrem letzten Geburtstag, der zugleich Ihr Todestag werden sollte. Ihre Tochter und Ihre Enkelin waren auch geladen, es gab Kaffee und Kuchen. Kerstin hat sich bei Ihnen immer sehr wohl gefühlt, Sie spielten in ihrem Leben eine größere Rolle, als Sie dachten. Wenn Kerstin einmal in der Woche nach der Schule bei Ihnen vorbeischaute, tat sie dies nicht aus Pflichtgefühl, sondern aufgrund tiefer Verbundenheit. Sie hatten immer ein Ohr für Kerstin, halfen ihr bei den Hausaufgaben und gaben ihr gute Ratschläge, wenn sie mal verzweifelt war. Sie waren eine Bilderbuchoma.

An Ihrem letzten Geburtstag bekam Kerstin plötzlich hohes Fieber, als habe eine höhere, mächtige Hand eingegriffen und Kerstin fortziehen wollen von dem düsteren Abend, an dem Sie tot zusammenbrachen, kurz nachdem sich die Gäste verabschiedet hatten.

Kerstin leidet bis heute darunter, dass sie nicht Abschied nehmen konnte. Abends, so erzählte sie mir, spräche sie manchmal mit Ihnen. Den Blick zu den Sternen, erhofft sie sich ein klitzekleines Zeichen. Einmal habe sie eine Sternschnuppe gesehen und gewusst, Sie sind da oben und wachen ganz leise über sie.

An die Eltern von Felix:
Für Sie mag es nur eine Frage der Ästhetik gewesen sein, in Wirklichkeit war es aber wohl eher eine Frage der Macht, als Sie die Schere packten, zu zweit den Kopf Ihres damals vierzehnjährigen Sohnes festhielten und ihm mit der höhnischen Bemerkung, Indianer kennen keinen Schmerz, die sorgsam gestylte, bunte Irokesenbürste abmähten. Anschließend drückten Sie Ihrem nun wieder gesellschaftsfähigen Sohn Schaufel und Besen in

die Hand. Der kehrte mit hängendem, nun fast kahlem Haupt die Reste seiner Identität zusammen und trug sie hinaus zur Tonne. Der Irokesenschnitt war entsorgt, aber das dumpfe Gefühl der Ohnmacht blieb fortan seit diesem schlimmsten Tag im Leben Ihres Sohnes.

Übrigens: Sie bescherten Felix auch einen besonders schönen Moment, als Sie beide für ein verlängertes Wochenende in den Schwarzwald fuhren, Felix Freunde einlud und in Ihrem Haus ein rauschendes Fest feierte, wie Sie es nur vom Fernsehen kennen, wo Eltern überraschend vorzeitig zurückkehren und im Chaos einer Teenagerparty zu versinken drohen.

An Olivers mutige Freunde, die Punks von Jena:
Oliver erlebte seinen schönsten Moment in angsterfüllter Panik. Es war schon dunkel, ihr hattet euch alle am Parkplatz des Stadtzentrums verabredet. Oliver war dorthin allein unterwegs und fast schon angekommen, nahe genug, dass ihr ihn schreien hören konntet. Ihr seid ihm zu Hilfe geeilt, saht ihn am Boden liegen, blutend und röchelnd. Glatzen traten wie besessen auf ihn ein. Als er eure rettende Nähe wie im Traum vernahm, sei er der glücklichste Mensch auf Erden gewesen, erzählte mir Oliver.

An Olivers kleinen Bruder:
Du kannst dich nicht daran erinnern, denn du warst zu klein. Oliver stand an deinem Bettchen, voller Stolz über seinen kleinen Bruder. Als du zum ersten Mal in Olivers Gegenwart deine Augen geöffnet hast, klopfte sein Herz bis zum Himmel.

An Timmys Freunde:
Timmy verbrachte seine unvergesslich schönsten Tage mit euch im Wald, wo ihr zusammen Holzhütten gebaut habt. An eurem geheimen Ort habt ihr heimlich geraucht, mit roten Ohren in geklauten Sexzeitschriften geblättert und euch über die bevorstehende Liebe unterhalten. Der Älteste, Sebastian, hatte schon mal mit einem Mädchen geschlafen und konnte irre Dinge darüber erzählen. Abends, vor dem Heimweg, habt ihr Laubäste über die Hütte gelegt, damit sie niemand finden konnte.

An Timmys Freundin Regina im Irgendwo:
Bevor du nach der Schule nach Hause fuhrst, hattest du dich mit Timmy zum Kino verabredet. Dort wartete er abends vergeblich auf dich. Zwei Jahre nach deinem Unfall ist jener Moment, in dem Timmy von deinem Tod erfuhr, für ihn immer noch der schlimmste seines Lebens.

Schließen wir an dieser Stelle das Guinnessbuch der Kinderwelten. Es ist ein bescheidenes Buch, wenn es um die schönen Superlative geht. Die eher traurigen Rekorde stimmen nachdenklich und erwecken die Frage nach der Vermeidbarkeit. Zu häufig steht dort geschrieben, dass Streit, Demütigungen und Ohnmachtsgefühle tragende Rollen spielen, deren Verkörperung meist Vater und Mutter sind. Haben sich schlimme Erinnerungen erst mal ins Gehirn gegraben, werden sie verschüttet, wollen vergessen werden, tauchen dann vermeintlich nicht mehr auf. Aber sie treiben heimlich ihr Werk, und der Schmerz wird eher tiefer.

Die schönen Rekorde ranken sich um Anerkennung und Liebe. Dankbar sind alle Kinder und Jugendlichen, wenn sie merken, dass sie gebraucht und akzeptiert werden, wenn sie gemeinsam erleben und genießen können. Es sind Kleinigkeiten, ein Baumhaus, ein Fahrrad, das Zusammensein mit Freunden, Dinge, die nicht viel kosten. Es sind aber vor allem menschliche Elemente, wie Zuneigung, Liebe, Zärtlichkeit und Verständnis, die im jungen Gedächtnis tiefe Spuren hinterlassen. Das Guinnessbuch der schönen Erlebnisse besteht im Grunde aus nichts anderem als bescheidenen Selbstverständlichkeiten. Viele von uns Erwachsenen könnten aus diesem Buch lernen. Vielleicht sollten wir es auch als Geschichtenbuch verstehen, um aus unserer Tages-Rationalität wieder einen Weg zur kindlichen Empfindsamkeit und Genügsamkeit zu finden, wie auch wir sie einst erlebt, aber möglicherweise vergessen haben.

Und die negativen, traurigen und tragischen Rekorde? Sieht man von den Todesfällen ab, wären sie allesamt vermeidbar gewesen!

Igeltage – Gedanken über den Tod

Es gibt Igeltage, die haben eine besondere Bedeutung. Das Wetter ist trüb und regnerisch. Laub fällt von den Bäumen. Die Fenster bleiben geschlossen, um den Sturm draußen zu halten. Das Zimmer ist in dämmriges Licht getaucht und sorgfältig abgeschlossen. Kein Gespräch stört die feine, melancholische Stimmung in c-Moll, Mozarts Requiem als musikalische Untermalung. »Bitte nicht stören« steht auf dem Schild, draußen an der Tür. Niemand soll teilhaben an den Igeltagen in herbstlich-melancholischer Stimmung. Die Seele steigt empor aus den Tiefen der feuchtdunklen Erde, verlässt die Gefilde des Zerfalls und schwebt über dem Rand des Grabes. Triumph!

So soll es irgendwann mal sein, noch aber ist es nicht soweit, denn Klara spürt ihren Körper, die Tränen in ihren Augen. Sie liegt, wie ihr Igel Fritzi, eingerollt auf dem Bett, fühlt sich hinter ihren aufgerichteten Stacheln wie eine mit sich Verschworene. Körper und Seele schließen an diesen Tagen einen stillen Pakt, in dem sie ihre Trennung beschließen.

An ihren Igeltagen träumt Klara davon, ihren Köper zum Aufgeben zu zwingen, ihn von der Höhe in die Tiefe fallen zu lassen, ihn bis zum Stillstand zu betäuben oder den Schmerz ausbluten zu lassen. Für Klara ist es wie ein Tumult der Empfindungen, wenn sie die Trennung gedanklich erreicht hat und ihren Körper verlassen kann. Dann nämlich schwebt sie hoch über allem und übt endlich Rache.

Alle stehen am Grab: Die Eltern in Schwarz und tränenüberströmt, die Freunde still und schuldbewusst, die

Lehrer nachdenklich. Wenn sie die Handvoll Erde auf den Sarg werfen, wissen sie nicht, dass nur Klaras Körper begraben wird, nicht aber ihre Seele, denn die weidet sich am Anblick der Trauergemeinde. »Das habt ihr davon«, flüstert es stumm über den Köpfen. Klara lässt sich auf Peters Schultern nieder, würde ihn am liebsten zu Boden drücken, weil er nie gemerkt hat, wenn es ihr nicht gutging. Aus seinen regungslosen Augen drückt sie mit Freuden eine Träne.

Dann schwebt sie weiter und weiter, der Trauerzug will nicht enden. Der Schulchor singt aus Mozarts Requiem, und alles fügt sich in den Takt der Musik, die das Zimmer füllt, in dem Fritzis Fell Klaras Tränen sammelt.

»Meine Igeltage heißen so, weil ich mich einigle, wenn ich traurig bin«, erklärt sie mir. »Ich liege dann da und bin wie in einer anderen Welt.« Oft weiß sie die genauen Gründe für die Wellen der Trauer nicht zu erklären. Plötzlich, vor allem an den dunklen und regnerischen Tagen, schleiche sich der Wunsch herbei, nicht mehr leben zu wollen. »Ich denk dann dran, wie es ist, tot zu sein, ich stell mir dann die Menschen um mein Grab vor, wie es ihnen schlechtgeht und wie sie weinen.« In solchen Momenten ist Klara sicher, dass sie sich eines Tages umbringen wird. Ebenso sicher ist sie sich aber auch wenige Stunden später, dass das Leben wundervoll und sie für den Freitod ohnehin viel zu feige ist. Was von dem Igeltag übrigbleibt, ist ein feuchtgeheulter Igel Fritzi und eine befreit wirkende Klara.

In Todessehnsüchten sind die widersprüchlichsten Gedanken am Werk. Abbruch und Rückzug stehen dem starken Bedürfnis nach Gemeinschaft und Nähe entgegen. Die wenigsten Selbstmordversuche entspringen einer wirklichen Todessehnsucht, sondern eher einer

Verzweiflung am Leben, was vor dem Hintergrund der vielfältigen Veränderungsprozesse zu sehen ist, die im Jugendalter durchlebt werden. Im Mittelpunkt steht die intensive Beschäftigung mit sich selbst. Dieser narzisstische Rückzug ist bei Jugendlichen normal und notwendig, schließlich verhilft eine ausgeprägte Egozentrik, die von umtriebigen Emotionen destabilisierte Innenwelt zu stützen und den Weg zur neuen Identität zu bereiten. Während ihres Ablöseprozesses bewerten die meisten Jugendlichen die alten und durch die Eltern repräsentierten Werte negativ, fühlen sich unverstanden und allein. Depressionen und Gedanken, der unverständlichen Welt den Rücken zu kehren, münden dabei nicht selten in Todessehnsüchte.

In der Regel erfahren nur Gleichaltrige von diesen destruktiven Tagträumen, die in manchen Fällen zur bösen Realität werden. Neuerdings gerät die jugendliche Todessehnsucht in die Fänge der Medien. Im Internet tauschen Jugendliche ihre speziellen Todessehnsüchte aus. In verschworenen Chatrooms planen sie unter Pseudonym ihren Tod und ermutigen sich gegenseitig zum ersten Schritt. Oft landen sie mehr oder weniger zufällig in diesen Foren, ohne vorher konkrete Selbstmordabsichten gehegt zu haben. Mit steigender Chatdauer formen sich zunächst nur vage Gedanken aus, denn alle Chatteilnehmer scheinen ähnliche Probleme zu haben. Wie eine große, eingeschworene Gemeinde bestärken sie sich gegenseitig im tristen Hier und Jetzt und sehen als Ausweg nur den Tod. Dirigenten in diesem traurigen Konzert der Lebensmüden sind oft skrupellose und zynische »Forenmaster«, die sich mit tödlichen Tips zu Herren über Leben und Tod erheben wollen. Zu solchen Expertenmeinungen gibt es aber auch Gegenargumente, denen zufolge in diesen Foren durchaus auch Ermutigungen ausgesprochen oder hoffnungsvolle Lösungskonzepte angeboten werden, einfach nur, indem man zuhört und schreibt.

Fast alle Jugendlichen ab dreizehn Jahren, vor allem die Mädchen, mit denen ich gesprochen habe, tragen den Gedanken an den Tod mit sich herum und kennen Stimmungsbilder wie die von Klaras Igeltagen. Offen und nachdenklich zugleich sprachen sie über diese Sehnsüchte, wirkten in sich gekehrt und düster. Unverstanden und bedrängt von verständnislosen Eltern, lieb- und treulosen Freunden und schulischen Problemen, spekulieren sie im endgültigen Fortgehen auf Erlösung und Genugtuung. Und durch die Aussicht auf eine hochdramatische Trauerfeier versöhnt sich die geschundene Seele und nährt sich fürs erste vom festen Wissen: Eigentlich mögen mich alle.

»Das war für mich nicht einfach, über den Tod nachdenken oder so. Ich glaube nicht, dass ich wirklich gewünscht habe, tot zu sein, aber ich habe oft gedacht, wie es wäre, im Sarg zu liegen.«

»Hast du dir deinen eigenen Tod vorgestellt?« frage ich Jana.

»Ja, ich habe drüber nachgedacht, wie das ist.«

»Was hast du da konkret gedacht?«

»Über vieles, über die Trauer von meinen Eltern und Freunden. Ich hab auch über meine Beerdigung nachgedacht.«

»Welche Gefühle haben dich da begleitet?«

»Ich war in dieser Zeit so richtig depressiv«, antwortet Jana, »aber ich habe mich nicht total zurückgezogen, ich habe schon noch ein Umfeld gehabt oder, sage ich mal,

Tina gehabt und Hannes, die kennen das Gefühl auch, mit denen hab ich dann reden können.«

Nicola dachte zum ersten Mal über den Tod nach, nachdem eine Bekannte gestorben war. »Ach, du meine Güte, ja, über den Tod hab ich schon oft nachgedacht«, sagt sie. »Ich meine, wenn man damit konfrontiert wird, dann denkt man natürlich darüber nach. Die Freundin von meiner Schwester, die hatte Mukoviszidose, das ist so eine Lungenkrankheit, und die ist jetzt vor zwei oder drei Jahren gestorben. Das war ganz schlimm für meine Schwester, weil das die beste Freundin war. Wenn man mit so etwas konfrontiert wird, dann denkt man darüber nach. Man weiß dann halt, dass es passieren muss, und dass man aber nichts dagegen tun kann, und dass man damit zurecht kommen muss, und dass es auch natürlich ist. Es ist schon schrecklich, wenn man den Menschen dann vermisst, aber ich meine, es muss einfach sein, und ich würde mich auch nicht an so eine Maschine anschließen lassen wollen oder so etwas, weil künstlich am Leben erhalten, das ist schrecklich. Es muss einfach sein, es gehört mit zum Leben dazu, das Sterben gehört einfach dazu. Ich hab dann, so mit fünfzehn, sechzehn auch immer mal wieder darüber nachgedacht, wie es wäre, wenn man tot wäre. Wenn man manchmal so total verzweifelt ist und irgendwie alles gerade total scheiße ist, dann denkt man schon darüber nach, oder auch wenn man halt weiß, dass es anderen Leuten jetzt schlechtgeht, dann lässt man sich manchmal so mit runterziehen, dieses ›Es gibt keinen Weg mehr raus‹. Das mit diesem Aussichtlosen, das dauert dann kurz, und dann denkt man, ach, was ist denn nur los? Eigentlich gibt es schon einen Weg raus. Aber manchmal ist man halt ganz doll verzweifelt, wenn man so etwas ganz kurz mal andenkt.«

»Was für Momente waren das, als du so verzweifelt warst?« will ich wissen.

»Ich weiß jetzt gar nicht, ich glaube, das war einfach, wenn so viel aufeinander kommt, wenn man gerade Stress mit einem Freund hat und dann vielleicht auch noch mit den Eltern, das ist halt bei mir, da war alles aufeinander gekommen. Es war in der Schule nicht so toll, und dann sitzt man halt da und denkt, es ist alles doof, alles Scheiße, und da könnte der Tod helfen.«

Susan erzählt, sie sei schon mal kurz vor dem festen Entschluss gestanden, ihrem Leben ein Ende zu setzen. Das war, als ihr Vater sie als Nutte bezeichnete, nachdem sie sich zum ersten Mal ihre Augen geschminkt hatte. »Ich habe mal fest mit dem Gedanken gespielt. Es war, als ich von meinem Vater zu meiner Mutter zurückgekommen bin und ich mich mit meinem Vater gestritten habe. Da habe ich mit dem Gedanken gespielt, ob es nicht einfach besser wäre, wenn ich einfach nicht mehr leben würde. Da habe ich mich gefragt, warum lebe ich eigentlich, und ob es besser wäre, wenn ich tot bin. Der Streit mit meinem Vater ist mir echt an die Nieren gegangen, weil ich einfach gedacht habe, warum hat er das zu mir gesagt, ich meine, ich bin seine Tochter, er hat mich in die Welt gesetzt, dann soll er mich auch so akzeptieren. Es ist schon hart für jemanden, wenn einem an den Kopf geworfen wird, du bist wie eine Nutte und nicht mehr meine Tochter. Ich wechsele die Straßenseite, wenn ich dich sehe. Warum hat er mich nicht einfach gefragt, ob es nicht besser gewesen wäre, wenn er mich nicht auf die Welt gebracht hätte, wenn ich nicht leben würde, dann hätte er den ganzen Stress jetzt nicht. Aber, mein Gott, der hat mich in die Welt gesetzt. Ich habe mit dem Gedanken gespielt, weil ich mich einfach gefragt habe, warum er das gemacht hat, und ob es für ihn besser wäre, wenn ich nicht leben würde, und ob es nicht für mich besser wäre, wenn ich nicht leben würde.«

»Wie lange dauerten diese Gedanken, Susan?«

»Das hat schon länger gedauert, bestimmt ein, zwei Wochen.«

»Haben das andere Leute irgendwie mitbekommen, was glaubst du?«

»Nein, dass ich mit dem Gedanken gespielt habe, auf gar keinen Fall«, erwidert sie entschlossen. »Die wussten zwar, dass ich nachdenklich gewesen bin in der Zeit, auch alleine sein wollte, aber ich glaube, das hat niemand mitgekriegt, weil ich es einfach niemandem gesagt habe, dass ich mit diesem Gedanken gespielt habe. Nein, ich wollte einfach selber damit fertig werden. Ich wollte es selber schaffen. Das war das einzige Mal, dass ich mit dem Gedanken gespielt habe, dass ich mich umbringe, das war einmal, und ich hoffe auch, dass das nicht mehr wiederkommt, es ist blöd, darüber nachzudenken.«

»Susan, wie alt warst du, als das alles passiert ist?«

»Zwölf.«

Mara ist die einzige von allen, mit denen ich gesprochen habe, die tatsächlich versucht hat, sich umzubringen. Kurz nachdem ihr Onkel sie an ihrem vierzehnten Geburtstag vergewaltigt hatte, versuchte sie mehrfach, sich mit einer Überdosis das Leben zu nehmen. »Ich habe ein paarmal versucht, Selbstmord zu machen, weil ich das gar nicht mehr ausgehalten habe, das war in der Zeit, wo ich nicht klargekommen bin wegen der Vergewaltigung.

Aber seitdem denke ich noch nicht mal im Alptraum darüber nach, an den Tod«, erzählt sie. »Ich habe haufenweise Tabletten geschluckt, und einmal war ich auch knapp dran. Ich hatte dann Glück, dass meine Nachbarin gekommen ist und mir eine links und eine rechts gescheuert hat und eben mit mir an die frische Luft gegangen ist, weil ich so richtig blass im Gesicht war. Ich habe eine Tablette nach der anderen geschluckt. Ich habe immer Tabletten geschluckt, wenn ich Schluss machen wollte. Dann war ich auch eine Zeitlang tablettensüchtig, aber seitdem packe ich die, auch wenn ich krank bin und beim Arzt war, wenn ich Tabletten verschrieben bekommen habe, packe ich die nie mehr an. Ich habe alles mögliche genommen, zum Beispiel Paracetamol, die hatte Papa immer im Schrank, weil er Tinnitus hat und wegen seiner Kopfschmerzen. Und Mamas Tabletten, die hatte damals auch alles mögliche von Tabletten, die übriggeblieben sind oder die die gar nicht mehr benutzt haben. Mama hatte da immer eine ganze Schublade voll, und da habe ich mich dann immer bedient. Nach einiger Zeit habe ich mir dann gedacht, bist du bescheuert, oder warum machst du dein Leben kaputt. Das Leben kann schön sein, auch ohne Tabletten. Irgendwie hab ich es nie geschafft, genug zu nehmen, ich bin ja auch nicht gestorben. Eigentlich haben die keine wirkliche Wirkung gehabt. Ich war immer nur am Boden und am Weinen.«

Ob denn die Eltern nie davon erfahren hätten, wollte ich wissen. Nein, bis heute nicht. Zwar hatte der Vater den Tablettenschwund in seiner Schublade bemerkt, glaubte aber den Ausreden seiner Tochter: »Ich kann Sachen total gut verbergen, ich hab immer gesagt, dass ich so Kopfschmerzen habe«, sagt sie stolz. Mit ihren

Eltern wollte sie über die Tablettensucht niemals reden, auch die Selbstmordversuche blieben unerwähnt.

»Warum hast du dich deinen Eltern nicht anvertraut?«

»Weiß ich nicht«, antwortet Mara. »Ich hatte damals nicht so eine gute Beziehung zu denen, weil die mich damals nicht so gut verstanden haben, von wegen Weggehen und alles mögliche.«

Richy führt seine Todessehnsüchte vor allem auf die Streitereien mit seiner Freundin zurück. »Fast immer, wenn ich Krach mit meiner Freundin habe, denke ich an meinen Tod. Ein paarmal hab ich es auch versucht, mit dem Auto. Vorher hab ich eine Flasche Schnaps genommen, ausgetrunken, Auto gesetzt, losgefahren. Wieder hingestellt und nachgedacht, meistens war es dann so, dass ein Kumpel hinterhergefahren ist oder so, weil sie es mir alle zutrauen. Die kennen mich da schon extrem, die wissen, dass ich da vor nichts zurückschrecke. Wenn ich was sage, dann mache ich das auch. Da hat meine Freundin dann meist auch gute Einwirkungen gehabt, dass die dann gesagt hat, ach komm, lass das, ich bleib bei dir.«

»Seit wann hast du diese Selbstmordgedanken, Richy?«

»Öfters mal, wenn ich mal irgend etwas nicht gepackt habe. Zum Beispiel bin ich jetzt durch meine Gesellenprüfung durchgefallen, na ja, da war ich schon ziemlich enttäuscht, sagen wir mal. Da dachte ich, Mensch, setz dich ins Auto und fahr einfach gegen einen Baum.«

»Passiert das immer in Situationen, wo es nicht so läuft, wie du es gerne hättest?«

»Ja, meistens, wenn ich irgend etwas falsch gemacht habe, wenn das Konsequenzen hatte oder so.«

Welche Lösung er sich vom Tod verspricht, frage ich Richy.

»Ich stelle mir vor, was ich für Scheiße gebaut habe und wie es weitergehen kann«, antwortet er. »Da habe ich mir schon öfters meine Beerdigung vorgestellt. Ich möchte mal gerne eine Beerdigung machen, also ich möchte gern mal wissen, wer da überhaupt alles kommt. Dann kann ich vielleicht mal sehen, wer meine wahren Freunde sind. Ich kenne es durch meinen Kumpel, der ist gestorben, wo ich dreizehn war. Der hatte Asthma, der musste sich übergeben, und da hat er das Zeug in die Lunge gekriegt, daran ist er dann erstickt in der Schule. Nein, vierzehn war ich da. Der war sechzehn, hatte gerade seinen Führerschein geschafft, war am Sonntag noch im Bad, Montag in der Schule und Dienstag ist das passiert. Da hatten wir schon ausgemacht, nächstes Wochenende treffen wir uns wieder und fahren wieder ins Bad, das war im Sommer. Das war immer lustig. Das war schon ein ganz schöner Schock für mich. Naja, und dann war ich auf seiner Beerdigung, da kamen alle Kumpels und auch die Lehrer. Seitdem hab ich dann gedacht, wie das bei meiner Beerdigung wäre, wer da alles kommt, meine Oma, mein Opa, meine Freundin, die ganzen Kumpels, alle, die ich kenne, meine ganzen Freunde.«

»Wie ist das für dich, wenn du an deine Beerdigung denkst? Steigert es dann die Trauer noch mehr?« frage ich Richy.

»Es ist eine Art Erlösung. Danach ist sowieso alles vorbei, da brauche ich mich um nichts mehr zu kümmern, da ist einfach alles vorbei. Das ist gut so.«

Er sei in jeder Hinsicht ein kläglicher Nichtskönner, gesteht er. Konflikte mit der Freundin, Versagen in der

Lehre, Probleme mit den Eltern, immer trüge er die Schuld, dessen sei er sich sicher.

»Was willst du mit dem Tod in Gedanken erreichen? Möchtest du dich damit bestrafen?«

»Einfach alles beenden«, erwidert Richy tonlos. »Vielleicht zeigen, dass ich den Mut habe, so etwas überhaupt zu machen, weil viele denken, dass ich es halt nicht mache. Aber das stimmt nicht. Ein paar Freunde wissen, dass ich es schaffen könnte. Meistens bin ich mit dem Auto gefahren, war total betrunken. Und mit dem Moped habe ich es auch schon gemacht. Da bin ich einfach in den dunklen Wald hineingefahren, Licht aus und einfach rein, gerade durch den Wald.«

Ich deute auf eine auffällige Narbe in seinem Gesicht, die sich quer über die Stirn zieht. »Hast du die Narbe von einer deiner Fahrten?«

»Ja, die war von einem Autounfall, aber ansonsten ist es meistens gut ausgegangen.« Hinterher war er stets erleichtert gewesen, dass der Fuß noch rechtzeitig auf der Bremse war oder ihn vorher der Mut verlassen hat: »Ja, ich bin dann immer erleichtert, wenn nichts passiert ist. Meistens bin ich ja ziemlich betrunken. Nüchtern würde ich das wohl nicht machen.«

Wie Richy hatte auch Dominik keine Lust mehr am Leben, vor allem wenn es mit seiner Freundin Esther Schwierigkeiten gab. Er hatte wahnsinnige Angst, sie zu verlieren, wenn sie die Tür hinter sich zuknallte, ihn nicht mehr in ihre Wohnung ließ, vor allem aber dann, wenn sie mal einem anderen Jungen länger in die Augen blickte. Als Esther die Beziehung beendete, wollte Dominik seinen Tod durch einen Mega-Rausch selbst herbeiführen.

»Das war, als meine erste Alte Schluss gemacht hat. Ich habe gesagt, ich habe keinen Bock mehr, habe mich fast tot gesoffen, die mussten mir den Magen auspumpen. Auch später, als ich aus dem Krankenhaus raus war, war es ziemlich heftig. Das war mit vierzehn. Auch schon ziemlich lange her. Da habe ich mitgekriegt, dass mich auch einige vermisst haben, als ich im Krankenhaus gelegen bin und so. Die haben dann zur Esther gesagt, du Schlampe, wie konntest du nur. Das hat mir dann wieder Kraft gegeben, dass sich so viele Gedanken machen, wenn mir was passiert.«

Der Tod ist ein wichtiges Thema unter jugendlichen Freunden. Sie fragen sich gegenseitig, was wohl folgen wird, Himmel oder Hölle, falls es das überhaupt gibt. Bleibt die Seele im Körper und wird mit ihm begraben – oder steigt sie nach oben und lebt irgendwie weiter, so wie in Klaras Igeltagträumen?

Für Frederik, der sich selbst als Satanist bezeichnet, ist der Tod nichts anderes als die pure Langeweile, sofern es sich um den eigenen Tod handelt. Dennoch denkt er gerne daran, vor allem, wenn er mal wieder mit seinen Freunden ein Schaf schlachtet. Ein Schaf töten, um das Blut zu trinken, sei die ultimative Form, dem Dunkel nahe zu sein, zu sehen, wie es zuckend verblutet und sein Leben aushaucht, das sei schon eine faszinierende Sache, meint Frederik. Dennoch will er die Todesgedanken für sich nicht ernsthaft in Erwägung ziehen: »Ich denke immer über den Tod nach, ich habe einfach irgendwie so das Gefühl, dass der Tod langweilig ist, dass man einfach nur daliegt«, sagt er.

Isabel würde gerne wissen, wie das Leben danach aussieht: »Ich würde gerne sehen, wie es ist, tot zu sein. Ob es eine leere Welt ist oder einfach ein leerer Raum, oder ob es so ist, wie man es beschreibt, der Himmel und die Hölle oder das Fegefeuer oder was auch immer. Es ist immer komisch, wenn ich so an den Tod denke, das kommt ab und zu einfach so über mich«, grübelt sie versonnen. »Außerdem sehe ich dann vielleicht meine Mutter wieder, das wäre schon was.«

Dino träumt manchmal davon, ganz leise und schmerzlos einzuschlafen, ohne sich wirklich nach dem Tod zu sehnen. »Ich habe mir so Gedanken gemacht, wenn ich sterbe, wie ich gerne sterben würde«, verrät er mir.

»Wie würdest du denn gerne sterben?«

»Einschlafen und nie wieder aufwachen, schmerzlos, und wie ich beerdigt werden sollte, aber sonst nichts. Ich will verbrannt werden.«

»Dino, gab es schon mal Situationen, wo du das Gefühl hattest, du wärst ganz gern tot?« frage ich ihn.

Nie, zum Glück sei er nicht so veranlagt, aber eine Klassenkameradin habe immer wieder davon gesprochen, die wolle einfach nur wissen, wie sich der Tod anfühlt: »Die wollte mal wissen, wie es ist, tot zu sein, die wollte sich mal selbst umbringen, nur um zu wissen, wie Totsein ist, aber getan hat sie es Gott sei Dank nicht.«

Johanna macht sich seit ihrem neunten Lebensjahr, seit ihr geliebter Großvater gestorben ist, Gedanken über den Tod. Die Reflexionen über das endgültige Fortgehen vollziehen sich mit großer Wahrscheinlichkeit bei vielen Kindern und Jugendlichen auf ähnliche Weise wie bei

Johanna: »Oft frage ich mich, was würde mein eigener Tod auslösen? Da denke ich eine Menge drüber nach. Und dann sage ich mir, das darf ich nicht.«

»Warum war der Tod deines Großvaters so bedeutsam für dich?«

»Er hat ganz in unserer Nähe gewohnt, und wenn er zu uns kam, so richtig mit einer Schwalbe, dann hat er so süße Pausbacken gehabt und eine nette Opabrille und war richtig lieb. Mit dem hatte ich so viel gemeinsam. Dann hat er mich immer zum Spargelstechen mitgenommen. Wir haben auch immer Gurken gelesen. Das war schon toll.«

»Denkst du sehr häufig über den Tod nach?«

»Ja, sehr häufig. Also nicht jeden Tag, aber ich denke bestimmt schon ein-, zweimal in der Woche über den Tod nach.«

»Wie denkst du dabei über den Tod?«

»Ich denke manchmal darüber nach, was meine Mutter machen würde, wie die Leute eben reagieren und wie viele Leute zu meiner Beerdigung kommen würden. Und wie es nach dem Tod ist«, antwortet sie.

»Stellst du dir dabei auch vor, wie du zu Tode kommst?«

»Dass ich umgebracht werde, keine Ahnung, ein Gehirnschlag oder Gehirnbluten.«

Welche Gefühle sie in diesen Momenten denn empfinde, frage ich Johanna.

Es sei eine Mischung aus Befreiung und Angst meint sie, ein diffuses Gefühl.

»Wenn ich alleine bin, dann denke ich immer so, na komm! Dann weiß ich auch, dass ich mir das eigentlich nur einbilde, aber in dem Moment fühle ich das halt so, und dann weiß ich auch, dass es so ist. Aber das hängt nicht mit dem Tod zusammen, dann hätte ich ein anderes, ein ängstlicheres Gefühl.«

Die Frage, wie ernst Todessehnsüchte eigentlich zu nehmen sind, ist schwer zu beantworten in Anbetracht der grausamen Statistik, wonach bei Jugendlichen Selbstmord die zweithäufigste Todesursache nach Verkehrsunfällen ist. Gemessen an der Häufigkeit gedachter Phantasietode, geschieht die Umsetzung in die Tat jedoch vergleichsweise selten. »Über den Tod reden wir Jugendliche doch fast alle«, gesteht Tommy und spielt die Sache gleichzeitig runter. »Aber ich denke, das ist in den meisten Fällen nicht ernst zu nehmen.«

»Wie kommst du darauf?«

Seine entschiedene Antwort: »Wenn es wirklich ernst zu nehmen ist, dann redet man nicht darüber, weil dann will man es tun.«

Dennoch, die Zahlen sind alarmierend.

In dreißig bis sechzig Prozent der stationären jugendpsychiatrischen Aufnahmen ist Suizidalität mitbeteiligt. Aber das Wissen über zuverlässige Präventivmaßnahmen ist immer noch zu gering. Wenn kurzfristige, vor allem aber langfristige Extrembelastungen die Psyche irritieren, kommt es oft nicht nur aufgrund dieser »äußeren« Belastungen zu Selbstmordversuchen. Psychiater vermuten zudem eine individuelle Disposition, eine Verletzbarkeit, durch die es in einzelnen Fällen zu einer stark verminderten Belastbarkeit kommt. Eine zentrale Position nehmen dabei Störungen des Hirnstoffwechsels, insbesondere der Neurotransmitter (»Botenstoffe«) ein. Als wichtigster Auslöser für depressive Stimmungen gilt der Mangel an Serotonin in bestimmten Hirnregionen. Geht die Serotonin-Konzentration zurück, wie das unter anderem in belastenden Situationen der Fall ist, steigt die Anfälligkeit für depressive Symptome. Depressionen treten nur selten in Reinform auf. Häufiger sind sie in Kombination mit anderen Störungen anzutreffen, so zum Beispiel mit Suchterkrankungen, Persönlichkeitsstörungen, Psychosen, Zwangsstörungen oder Essstörungen, die meist erst bei Jugendlichen oder Erwachsenen auftreten.

Wenn Jugendliche das Gefühl haben, ihren Lebensanforderungen nicht mehr gewachsen zu sein, handelt es sich in der Regel um Fehleinschätzungen. Dabei werden die belastenden Situationen meist über- und die eigenen Fähigkeiten, damit klarzukommen, unterbewertet. Aus der unglücklichen Kombination von verzerrter Relation und vermeintlicher Aussichtslosigkeit erwachsen Angst, Unsicherheit und Hilflosigkeit.

Leben Jugendliche ihre Todessehnsüchte in Tagträumen aus, handelt es sich noch um die mildeste Manifestation der Suizidalität. Wirklich gefährlich werden Selbstmordgedanken dann, wenn sie wiederholt und über einen längeren Zeitraum hinweg auftreten. Meistens sind sie dann abgekoppelt von belastenden Ereignissen, machen sich selbständig und drängen sich immer wieder auf.

Verlorenes Vertrauen

Ich denke, Kinder verkraften viel. Kinder lieben ihre Eltern, egal wie beschissen sie sind. Deswegen sind viele, viele Fehler wiedergutzumachen, denn Kinder verzeihen auch eine ganze Menge, und die verkraften viel. Sie sind eigentlich unheimlich stark, weil, was manche Kinder hinnehmen und akzeptieren und wie sie trotzdem noch halbwegs richtig ticken, das ist unglaublich. Mancher meiner Schüler, der hat Erfahrungen hinter sich, von denen ich Alpträume habe, geschweige denn, ich hätte sie hinter mir, und ich bin siebenundvierzig, und die sind dreizehn oder vierzehn. Ich weiß gar nicht, ob du das heute verkraften würdest, was die in dem Alter aushalten. Die sind eigentlich richtig fürs Überleben gemacht, und da muss schon ganz furchtbar viel passieren, bis die wirklich richtig kaputtgehen. Man kann viel wiedergutmachen. Nur, es dauert lange. Denn ist Vertrauen erst mal kaputt, dann dauert es lange, bis es geheilt ist …

Irgendwo in einer kleinen Stadt in Mecklenburg-Vorpommern erzählt Carola ihr Leben. Sie ist ein sechzehnjähriges, zierliches, hübsches Mädchen, die ihren eigenen Angaben zufolge erstmals Einblick in ihr Leben gewährt. Ihre frühesten Erinnerungen zieht sie aus alten Fotos, auf denen Elfriede zu sehen ist, ein Riesenlöwe, den sie immer mit zu sich ins Bett genommen hat. Mittlerweile erfüllen ihr Herz die »No Angels« und der Traum, sich für ihr Zimmer eine Lichterkette kaufen zu können sowie das Leben der Ballermänner auf Mallorca (»das wär was für mich«) mal zu erleben.

Ihr Tagesablauf ist gewöhnlich. Morgens um sechs aufstehen, Frühstück machen, Mutter und Geschwister wecken. Schule (»acht Stunden Qual«), dann mit dem Bus nach Hause. Dort gibt es zwei Möglichkeiten, nachdem »die Schultasche so weit wie möglich in die Ecke« geworfen worden ist: Abschalten vor dem Fernseher oder mit dem Hund spazierengehen. Hin und wieder geht sie in den Jugendklub, in jenen kühlen Keller, in dem sie ihre Lebensgeschichte erzählt:

»Bei meiner Kindheit kann ich mich nur an Einzelheiten erinnern. Dass da so ein Sturm war und ich als kleines Kind im Sturm weggeflogen bin, weil ich zu leicht war. Da hat mich ein fremder Mann festgehalten und hat mich heimgebracht. Meine Schwester konnte natürlich schön laufen, ich musste halt fliegen. Ich war irgendwie ein menschlicher Flugdrachen.
Erst vor kurzem habe ich erfahren, dass die am Anfang glaubten, ich sei ein Junge. Als Baby hatte ich nämlich ein angeschwollenes Schamlippchen. Alle haben mich als Jungen abgestempelt im Krankenhaus. Meine Mutter hat dann richtig nachgeschaut und hat gesehen, dass ich doch ein Mädchen bin. Und da hat meine Mutter schon gesagt, Carol, und zur Zeit werde ich aus Spaß so genannt. Es ist eigentlich lustig.
Als ich sechs Jahre alt war, ist einer meiner Brüder ertrunken, der war damals neun. Ich wusste erst mal nicht, was überhaupt los ist. Ich habe nur mitgekriegt, dass meine Mutter einen Nervenzusammenbruch gekriegt hat, weil er nicht wieder aufgetaucht ist. Am nächsten Tag ist dann die Polizei gekommen und hat uns gemeldet, dass mein Bruder dort in dem Becken lag. Ich weiß noch, dass damals Freunde von ihm ihn abholen woll-

ten, und ich habe immer gesagt, er soll dableiben, weil er erst die Mutter fragen sollte, die war an dem Tag arbeiten. Aber er ist halt mitgefahren. Als er nicht wiederkam, habe ich Angst gekriegt. Ich wusste gar nicht mehr, wo mein Kopf steht. Und als ich erfahren habe, dass er halt ertrunken ist, habe ich einen Nervenzusammenbruch gehabt.

Als ich neun war, sind wir umgezogen, und da habe ich wirklich Rotz und Wasser geheult, weil ich meine beste Freundin verlassen musste. Als wir umgezogen sind, da hatte ich erst mal ein großes Problem, weil die Leute erst mal gegen mich waren.

Einmal haben wir unsere Mutter fast verloren. Mein Opa und meine Oma waren zu Besuch, und wir haben halt alle in einem Zimmer geschlafen. Meine Mutter hat wahrscheinlich falsche Tabletten geschluckt, das wissen wir jetzt noch nicht so genau, oder hat eine Allergie gegen diese Tabletten gehabt, und da ist sie ins Schlafzimmer rein, das habe ich noch ganz genau mitgekriegt, da hat sie zu meinem Stiefvater gesagt, sie würde sterben. Sie fühlt sich nicht wohl, ihr geht es nicht gut und so, da hat er sie nur angebleekt, jetzt gib Ruhe, ich will schlafen, bis sie sich dann bei uns ins Bett gelegt hat. Am nächsten Morgen ist sie nicht mehr aufgewacht, hat am ganzen Körper geschlottert und gezittert, und mein Bruder wollte einen Krankenwagen rufen, und da hat er gebrüllt, lass es sein. Bis dann mein Bruder in Strümpfen und Unterwäsche aus dem Haus zu einer Telefonzelle gerannt ist und einen Krankenwagen gerufen hat. Da haben sie gleich ein EKG angeschlossen, oder wie man das nennt, und da hat man halt gehört, dass das Herz nicht mehr sehr regelmäßig schlägt. Da haben sie gesagt, eine halbe Stunde später wäre sie von uns gegangen. Ich habe eine Höllenangst in mir gehabt, bin nur heulend in mein Zimmer gerannt, habe mich eingeschlossen und habe keinen mehr an mich rangelassen. Da hat sie zwei Tage nichts gegessen. Ich habe auch erst vor kurzem erfahren, dass meine Mutter damals im Koma lag, und wir durften unsere Mutter nicht sehen, im Krankenhaus nicht besuchen. Nachdem sie wiedergekommen ist, war ich halt sehr glücklich, sie wieder zu haben. Da war ich gerade mal zwölf Jahre alt oder so.

Mit dreizehn Jahren hatte ich ein sehr schlimmes Erlebnis, ich weiß nicht, ob ich es sagen kann. Das ist eine Vergewaltigung gewesen. Der Schänder, oder wie man das nennt, der ist ja dann auch nicht mehr dagewesen. Ich hatte ja so ein Stück vom Rücken entfernt ein Messer. Ein Kumpel von mir hat ihn zum Glück ja noch weggestoßen, und seitdem ist er nicht mehr aufgetaucht. Ich kannte nur den Vornamen, den Nachnamen kannte ich nicht. Ich habe ihn durch meine Freunde kennengelernt. Es kam dazu, weil eine Freundin von uns im Krankenhaus lag mit Zysten, und sie brauchte halt noch Klamotten, und die waren halt noch bei diesem Typ. Da habe ich die Klamotten geholt, und da ist es dann passiert. Danach war ich halt sehr verschlossen, habe niemanden an mich rangelassen, noch nicht mal mit sechzehn, dadurch hatte ich auch immer meine Freunde verloren, die waren halt alle gegen mich, die kamen nicht mit meinem Problem klar. Manchmal habe ich auch Alpträume, aber das vergeht auch langsam. Ganz verdrängen kann man das halt nicht.

Ich habe dann eine Hypnosetherapie gemacht, und da hat man mir eingeredet, ich soll alles, was mich festbindet, fallenlassen. Dadurch hat es eigentlich auch geklappt.

Vorher war es halt so, wenn ich mit jemandem zusammen war und er mir näher kam, bin ich automatisch in Tränen ausgebrochen, ich konnte es aber auch nicht abhalten. Aber seit letztem Jahr geht es eigentlich.
Ich habe jetzt noch zwei ältere Geschwister, einen Bruder und eine Schwester, mit der verstehe ich mich nicht besonders. Zur Zeit ist sie schwanger, und dann fragt sie sich, warum sie so einen schlechten Ruf hat. Kein Wunder, wenn sie dauernd rumerzählt, sie sei von meinem Bruder vergewaltigt worden. Es stimmt, dass wir von unserem Bruder sexuell missbraucht wurden. So wie von meinem Opa, der fasst uns ab und zu mal an, aber wir weichen ihm jetzt halt aus. Sie erzählt es halt überall herum, um Mitleid zu erregen und im Mittelpunkt zu stehen. Sie hat immer erzählt, das und das ist passiert, und am Ende wurde sie gehänselt, weil sie mit jedem ins Bett gestiegen ist.
Der Vater von ihrem Kind war schon achtundzwanzig oder dreißig, und meine Schwester ist halt noch siebzehn. Wenn er nicht mit ihr schlafen wollte, dann hat er sich neben sie gesetzt und hat sich einen runtergeholt. Das hat sie nicht mehr ausgehalten und hat sich deswegen getrennt. Jetzt hat sie so viele Kerle am Leibe, aber sie rennt immer noch dem gleichen nach, sie hat sich in einen verliebt, der nichts von ihr wissen will, was sie aber nicht versteht. Im allgemeinen erzählt sie jetzt, sie wäre psychisch und nervlich krank, weil sie siebzehn Wochen in der Psychotherapie war. Da hieß es auch gleich wieder, sie ist in der Klatsche. Dadurch wurde ich dann auch mit gehänselt, weil ich doch so eine verrückte und bekloppte Schwester habe.
Mit meinem Bruder verstehe ich mich jetzt besser, weil

er danach freiwillig ins Kinderheim gegangen ist, weil er eingesehen hat, dass das ein Fehler war.
Seit einem halben Jahr habe ich Asthma, Schockasthma. Wenn ich viel trinke und dann erschreckt werde, kriege ich erst mal Asthma.
Zur Zeit lebe ich bei meiner Mutter und deren Freund. Nur, der ist halt Alkoholiker, trinkt am Tag bis zu einer Flasche Schnaps, der ganze Keller war belagert mit den Flaschen, der versteckte sie im Schrank. Sobald ich mal eine Tür aufmachte, kamen mir die Flaschen entgegen, ich konnte da nur noch ausweichen. Er hat meine Mutter ständig geprügelt, die lag schon oft im Krankenhaus. Einmal hat er meiner Mutter das Nasenbein und den Kiefer gebrochen. Wo ich mal aus der Schule heimkam, da stand meine Mutter am Fenster und hat gerufen, ich soll die Polizei rufen. Da bin ich zu einem guten Freund gegangen, habe angerufen, und die haben mir das einfach nicht geglaubt, obwohl ich geheult habe, die haben mir das nicht geglaubt. Bis dann die Mutter von meinem Freund drangegangen ist. Dann haben sie meinen Vater abgeholt, meinen Stiefvater sozusagen. Wir waren schon dreimal im Frauenhaus, haben da Unterschlupf gesucht. Jetzt lebt der Typ in unserem Gartenhaus, ich muss ehrlich sagen, mir tut das nicht leid. Der hat immer alles auf uns geschoben, also auf mich und meine Schwester, für die Kleine tut er gar nichts, weil es offiziell nicht seine Tochter ist, weil meine Mutter zu der Zeit noch verheiratet war. Er hat den ganzen Tag auf dem Sofa herumgelungert, hat mich auch geschlagen, aber bisher zum Glück nur einmal, weil er so eine gewaltige Kraft hat, ich bin da die Treppen hochgeflogen. Im Ganzen ist er stressig. Mit dem Mann zusammenzuleben, das war nicht gerade einfach.

Zu meinem leiblichen Vater hatte ich sechseinhalb Jahre keinen Kontakt, der ist, als ich klein war, einfach weggezogen, und ich habe nie die Adresse rausgefunden. Er hat uns nie geschrieben, weil er gedacht hat, wir wollten keinen Kontakt mehr, weil meine Mutter mal aus Hass einen Brief aufgesetzt hat, den meine Schwester mit ihrer Schrift abschreiben sollte, dass mein Vater glaubt, dass wir halt keinen Kontakt mehr wünschen. Dann haben wir uns wiedergesehen. Da habe ich ihn mir angeguckt, weil ich ja nicht mehr wusste, wie er aussieht. Ich bin ihm erst mal um den Hals gesprungen, habe mich erst mal gefreut. Das ist immer das Schönste, wenn man sich freut. Obwohl ich da schon sechzehn war, habe ich mich so wohl gefühlt, weil man es nicht mehr gewohnt ist, umarmt zu werden. Und dann, auf einmal, umarmt einen jemand, der der Vater ist, das ist so schön. Zur Zeit hab ich einen Freund, den Peter. Ich wüsste nicht, was ich ohne ihn tun würde. Wenn ich Probleme habe, kann ich mit ihm reden. Er geht in meine Klasse, und es hat alles lange gedauert, weil er vorher noch mit der Birgit zusammen war. Ich glaub, ich war noch nie so verliebt …

Tja, wie wird es dann weitergehen? Ich will später mal ganz gerne einen sozialen Beruf ausüben, am liebsten im Altersheim arbeiten. Eine Familie will ich auch mal haben, aber erst mit fünfundzwanzig Jahren, da will ich dann drei Kinder haben.

Aber im großen und ganzen mach ich mir Sorgen um meine Zukunft, wie es weitergehen wird. Wo ich mir aber am meisten Sorgen mache, ist um meinen Freund. Man hat ja immer wieder Angst, wenn man sich verliebt, dass man wieder verlassen wird, das bereitet übelste Sorgen, na ja …«

… Wenn man es überhaupt heilen kann. Ich möchte nicht wissen, welch schwere Hypotheken so manch ein Kind ins Erwachsenenleben schleppt und ahnt, dass es sie nie abtragen wird, dass das Vertrauen ein für allemal im Eimer ist. (Frau Scholder, Hauptschulleiterin)

Kinder, die erzählen

Oliver ist sechzehn, hyperkinetisch und hat sein Ritalin an Kumpels als Droge verkauft. Olli lebt seit einem Jahr auf der Straße, da er von den Eltern rausgeschmissen worden ist.

Pascal ist achtzehn und meint rückblickend, dass ihn seine Eltern zu lasch erzogen hätten. Er wüsste nicht, wo vorn und hinten ist. Disziplin will er nun bei der Bundeswehr erlernen.

Patty ist sechzehn und denkt viel über elterliche und sexuelle Liebe nach. Beide Formen sind voller Konflikte.

Petra ist zwölf und bezeichnet sich als ein sehr glückliches Kind, das mit sich, den Eltern und der Welt klarkommt. Nur träumt sie davon, beliebt zu sein und einmal Klassensprecherin zu werden.

Pina ist vierzehn und leidet unter ihrer Akne. Sie meint, ihr Gesicht würde später mal durch viele Narben entstellt. Manchmal verliebt sich ein Junge in sie, »aber nur aus Versehen, denn wer küsst denn schon gerne Pickel?«

Richy ist achtzehn, bei den Skinheads und beschreibt sich selbst als aggressiv, schüchtern und traurig. Er versuchte, sich das Leben zu nehmen, indem er mit einem Auto gegen einen Baum raste.

5 DIE VERBORGENE WELT DER LIEBE

Manche Gefühle sind so heftig, so intim, so neu, so schwankend, dass man nicht gerne darüber spricht. Denn durch die Artikulation von Empfindungen werden sie plötzlich realitätsnah und greifbar. Gefühle der Liebe wollen geheimnisvoll bleiben, zu schnell zerstören Worte die inneren Träume und Sehnsüchte, decken Verletzungen und Ängste auf, enthüllen das sensibelste Innenleben. Die Welt der Liebe blieb in den Gesprächen eine mystische und weitgehend verborgene.

Die Geständnisse sind zaghaft und vorsichtig –
belassen wir es dabei.

In-wen-bist-du?

»Mama, bist-du-in-den?«

»Wie? Was soll ich sein, und in wen?«

»In den von gestern, bist-du-in-den?«

»Meint ihr Klaus?« frage ich.

»Ja, mit dem du gestern essen gegangen bist. Du-bist-doch-in-den!«

Inquisition am Frühstückstisch, am Tag danach. Klaus, ein lieber, langjähriger Freund, hatte mich am Vorabend zum Abendessen eingeladen.

»Nein, bin ich nicht, der ist ein guter Freund.«

»Aber der-ist-in-dich, oder?«

In-jemanden-sein, so heißt das heute also. Aber was ist man? Klar, verliebt! Meine Kinder sprechen es nicht aus, das geschmähte Wort. Diese Vermeidungstendenz teilen sie mit all den Kindern, die ich gesprochen habe. Die Jungen sind zwar süß, die Mädchen hübsch, und man könnte sich vorstellen, mit ihm/ihr zu gehen; so oder ähnlich wird Liebe umschrieben. Bestenfalls gesteht man ein Kribbeln, das als Schmetterlinge im Bauch bezeichnet wird. Aber Verliebtsein, Liebe? Nein, diese Worte kommen nicht über die Lippen. Es scheint, als habe jenes unaussprechliche Wort im Leben der Kinder und Jugendlichen zunächst einen ähnlichen Stellenwert wie Voldemort bei Harry Potter. Dessen dunkle Mächte machen Angst, allein den Namen auszusprechen grenzt fast schon an Gesetzesbruch. So wird aus Voldemort: Du-weißt-schon-wer und aus Liebe: Du-weißt-schon-was. Parallelen, deren gemeinsame Basis Unsicherheit und Verwirrung sind. Auch das Zauberhafte, Undurchsichtige, Mystische teilen die Du-weißt-schon-was. Ihnen gemeinsam ist der ungeheure strategische Aufwand, der im Umgang mit den fesselnden Emotionen betrieben wird. Unterschiedlich sind jedoch die Ziele. Potter will Voldemort vernichten, Liebe will man erwecken und erleben. Voldemort ist eine negative Bedrohung, Liebe eine positive Irritation. Sie ist deswegen verwirrend und manchmal auch bedrohlich, weil sie in der nun entstehenden Form für die Heranwachsenden neuartig ist, denn sie hat einen neuen Weggefährten, der für Verwirrung sorgt: die geschlechtliche Reife, die Sexualität. Dieser Wegbegleiter ist eher ein Wegbereiter, ist stets einen Schritt voraus, vor allem bei Jungen. Der erste Samenerguss und die Menstruation setzen immer früher ein. Bessere Ernährung, eine vorteilhaftere Rundumversorgung lassen den Körper schneller reifen als früher. In dem Zusammenhang werden auch Umweltgifte diskutiert, die das Wachstum vorantreiben. Die sexuellen Empfindungen stehen meist in engem Zusammenhang mit diffusen Sehnsüchten. Viele Jugendliche sind auf diese intensiven emotionalen Empfindungen, die sie plötzlich erleben, nicht vorbereitet. Die Seele weiß in dem Alter noch nicht mit den körperlichen Veränderungen umzugehen, da sie hinter der körperlichen Entwicklung herhinkt. Erst langsam lernen die Heranwachsenden, dass Gefühle heftiger Zuneigung durchaus normal sind. In dem Zusammenhang besonders wichtig ist die Erfahrung, dass nun auch ungute Empfindungen geweckt werden, nämlich Unsicherheit, Selbstzweifel, Eifersucht und sogar Depressionen, wenn die Verliebtheit vom anderen nicht erwidert wird.

Die Vorstellungen, die Jugendliche von Liebe haben, sind romantisch, aber auch voller Zweifel. Liebe sei das größte Gefühl, das man haben kann, meint Johanna. Sex sei zwar wichtig, wichtiger seien jedoch die Gefühle der Geborgenheit, das Wissen, dass der andere für einen da ist. »Dass man sich einfach gegenseitig versteht«, betont Jana, »dass man miteinander reden kann, dass man einfach zusammensein kann, wenn man will, dass man einfach alles füreinander macht.« »Glaubst du, das ist möglich?« frage ich. »Ja«, so die entschiedene Antwort einer Vierzehnjährigen. »Wenn man es will, dann ist es möglich. Wenn man es will, dann ist alles möglich.« Mit zunehmendem Alter wächst allerdings die Skepsis. Patty argwöhnt: »Liebe ist im Endeffekt, ja, es ist zwar ein großes Thema, aber trotzdem geht es bloß darum, dass du jemanden hast, auf den du dich stützen kannst oder mit dem du zusammen kuscheln kannst oder solche Faxen eben halt. So groß romantisch, wie sie erzählen, ist es zwar nicht, aber … es ist schon groß.« Leise Zweifel auch bei Johanna: »Ich glaube, Liebe ist viel zu schön, ich glaube, die gibt es gar nicht. Wenn man total auf derselben Wellenlänge ist, immer was zusammen macht und trotzdem noch Freiheiten hat. Dass eigentlich immer so ein Kribbeln da ist, und dass das auch lange so bleibt, dass man sich zu dem Menschen hingezogen fühlt. Ich kenne irgendwie keine älteren Menschen, die immer noch so empfinden wie am Anfang. Das fände ich total toll, obwohl ich auch nichts gegen wechselnde Beziehungen habe, aber wenn es mit dem einen ausgelaufen ist, dann muss man sich ja nicht an die Beziehung anklammern.«

Liebe erscheint heutzutage komplizierter, wenn nicht auch hoffnungsloser als je zuvor. Das Kommen und Gehen wechselnder Partner füllt die Inhalte diverser Seifenopern, aber auch der eigenen Familie. Dass sich Mütter und Väter auch außerhalb der Ehe verlieben, ist für viele Kinder eine erlebte Erfahrung.

Und dann gestaltet sich diese Liebe auch noch überaus umständlich: »Bei uns passiert das Verlieben immer relativ schnell. Man hat jemanden gesehen, man versteht sich gut, dann liebt man sich, dann ist man zusammen. Aber bei den Erwachsenen dauert das immer so Ewigkeiten, das kommt immer so stufenweise, man sieht sich, dann sieht man sich durch Zufall mal wieder, dann tauscht man die Telefonnummern aus, dann geht man zusammen zum Essen, dann kommen Blumen mit ins Spiel und alles mögliche. Das ist einfach so langsam alles, und wenn es dann ist, dann hält es wieder so ewig lange, und es dauert immer so lange, bis wieder Schluss ist, dass man ihn wirklich vergessen kann, würde ich mal sagen«, sagt Susan.

Dennoch, tief im Inneren hoffen die meisten auf die große Liebe, die irgendwann mal kommen wird, und manche glauben, sie bereits gefunden zu haben. Die Gedanken, die sich um den ersehnten oder tatsächlichen Partner drehen, bestimmen fast die Hälfte aller Aktivitäten der Großhirnrinde, unter enger Einbeziehung des Mandelkerns, dem Zentrum der Emotionen. Annähernd die Hälfte ihrer Gedanken, so erzählten mir die Jugendlichen über dreizehn, kreisten um die Liebe, sei es die gesuchte, die enttäuschte, die geschmähte oder die körperlich vollzogene. »Man denkt immer an die, was man mit den Jungens erlebt hat oder so, man muss immer an die denken, das kann man nicht unterbinden«, berichtet Silvia.

Fast alle von mir interviewten Kinder wollen später mal heiraten und eine Familie gründen. Ganz so wie ihre Eltern es taten, manchmal jedoch mit besseren Vorsätzen, mit Vorsätzen, wie auch wir sie hatten, als wir alles besser machen wollten als unsere Eltern.

Am Frühstückstisch ist die Frage nun ausreichend geklärt. Die Zwillinge wissen Bescheid: Ihre Mutter ist-nicht-in-Klaus.

»Wie ist denn das bei euch?« Meine Gegenfrage ruft Entsetzen hervor.

»Mama, spinnst du?«

»Na ja, in eurer Klasse sind doch sicher auch nette Mädchen.«

»Die sind doch alle blöd, die sind doch zickig!«

Überhaupt in der Klasse sei noch keiner von den Mitschülern du-weißt-schon-was, und ich ahne, dass die ersten Geheimnisse beginnen. Meine Kinder haben verborgene Welten, die ich nur erahnen, aber nicht wirklich entdecken kann. Was ich von anderen Kindern erfahren habe, wird mir von meinen eigenen Kindern vorenthalten. Es wird wohl vielen Eltern so gehen. Aber darum schreibe ich dieses Buch, um anschaulich zu machen, mit welchen Emotionen jene Gefühle einhergehen, Sie-wissen-schon-welche.

Zunächst erscheinen die Voraussetzungen ungünstig. Die Ansichten über das andere Geschlecht sind im Alter zwischen zwölf und dreizehn Jahren recht ambivalent. Das aufkeimende Gefallen am anderen Geschlecht wird, vor allen bei Jungen, mit coolen und abwertenden Kommentaren unterdrückt, vor sich selbst und anderen gegenüber. Nur wenige geben zu, dass ihnen Mädchen in irgendeiner Form gefallen. Ansonsten heißt es bei den Jungen, Mädchen seien »zickig und so weiter«, um Michi zu zitieren. Sie seien außerdem eingebildet und nur an schönen Anziehsachen interessiert. Sie schleimen sich bei Lehrern ein und strebern. Der Sachverhalt scheint eindeutig: Mädchen sind noch nicht richtig »in« – nach außen zumindest.

Auch die Mädchen sind in ihren Urteilen über Jungen nicht zimperlich. Da ist Petras Meinung schon ein Lob, wenn sie sagt, die seien »bis jetzt ganz normal«. Anna zum Beispiel findet Jungen meistens doof, »nur manchmal ganz nett«. Mit neun Jahren war Anna mal in Julian verliebt, das ist jetzt, nach zwei Jahren, lange her. Gefallen hat ihr sein Charakter. »Was war denn das Gute an seinem Charakter? Was hat er denn gemacht, dass er dir gefallen hat?« frage ich sie.

»Weiß ich nicht mehr so.«

»Und hast du mit ihm auch viel geredet, oder hast du ihn nur von der Ferne angeschaut?«

»Geredet haben wir schon auch«, gesteht Anna zögerlich. Aber sie weiß noch, dass sie lange in Julian verliebt war, sehr lange: zwei Wochen nämlich.

Nicola findet Jungs zwar alles in allem »ganz süß und sehr nett«, kritisiert jedoch: »Die geilen sich immer so auf, ja, ich bin der Größte, ich kann das und das.«

»Er muss nett sein und nicht so cool, ja, ich bin der Größte und so, das finde ich nicht so gut«, meint auch Josy.

In diesem Alter sucht das aufkeimende Interesse am anderen Geschlecht Hilfe in verbalen Gerüsten, durch die man sich selbst und den anderen klarmacht, dass gegenseitiges Interesse besteht. »Man geht dann miteinander«, beschreibt mir Clemens die ersten Liebesgefühle zu seiner Klassenkameradin Lilli.

»Wie sieht es denn aus, wenn ihr miteinander geht?«

Das sähe man nicht, das sage man sich gegenseitig, sich und den Klassenkameraden. Äußerlich ist die aufblühende Hingebung nicht erkennbar, kein Händchenhalten, bestenfalls ein paar zaghafte Blicke, bestimmt aber unendlich viele wirre Gedanken. Um der ganzen

Verwirrung Herr zu werden, dreht man die Lage ganz einfach um, dann versteht es jeder: »Wenn man miteinander geht, dann ist das so, als ob man nicht miteinander geht. Man sagt nur, dass man miteinander geht«, beendet Clemens, fast schon genervt, meine lästigen Fragen.

Eine etwas eindeutigere Auskunft über ihre erste Liebe gab Nicola: »Wir haben uns auf der Gesamtschule kennengelernt, weil ich da die anderen ja kenne, und da hole ich die meistens ab, und so haben wir uns kennengelernt. Die Freunde, das ist die Freundin, mit der ich immer zusammenhänge, ich weiß nicht, was die über mich erzählt haben, aber die haben sehr viel über mich erzählt und so. Also, den Jungs haben die halt über mich irgendwas erzählt. Und dann hat er mir geschrieben, na ja, dass er mich sehr süß findet und ob ich mit ihm gehen will. Wie ich ihn finde, und alles so Fragen. Da hab ich mich schon sehr gefreut und hab dann auch Herzklopfen gehabt. Wir haben dann einmal sogar Händchen gehalten und sind zusammen in ein Jugendheim gegangen und haben da getanzt. Aber danach hat er mir gesagt, dass er doch nicht mit mir gehen will, sondern mit meiner Freundin, die war nämlich auch da. War richtig Scheiße für mich.«

Jetzt weiß ich, wie der kurze, erste gemeinsame Gang aussieht. Viele erinnerten sich aber auch an das Ohnmachtsgefühl, wenn der Mut fehlte, seine Zuneigung zu offenbaren. Manuels erste Liebe galt Britta, nur weiß sie das bis heute nicht: »In die war ich wahnsinnig verliebt, als ich zwölf war. Mitbekommen hat sie es bestimmt nicht. Ich habe mich ja kaum noch auf den Unterricht konzentriert. Ich saß ein Stück weiter hinten, mein Blick war fast nur bei ihr.«

Angesprochen wird auch die Geschlechterrolle. Marie beispielsweise findet kluge Männer interessant, vorausgesetzt, sie gehen mit Frauen fair um: »Männer müssen was im Köpfchen haben, und sie sollten eine Frau oder ein Mädel nicht so behandeln, wie man sie früher behandelt hat, die Frau ist eine Putze. Sie sollten einen schon wie einen ganz normalen Menschen behandeln.«

»Warum hast du so eine Meinung?« frage ich sie.

»Ich glaube, aus Filmen. Ja, früher in den alten Ritterfilmen hat man das sehr oft gesehen, dass es immer die Frauen waren, die gekocht haben und die Kinder versorgt haben, den Haushalt geschmissen haben.«

Extreme Meinungen werden geäußert, sobald wirkliches Interesse geweckt worden ist und Verliebtsein und Partnerschaft unter Freunden zum Thema werden. Jungen sind cooler denn je. Zum Thema »Weiber« sagt Tommy ganz lapidar: »Braucht man schon, würde ich sagen.« Besonders kritisch sind auch die Mädchen, die fast kein gutes Haar an Jungen lassen. »Die in meinem Alter sind schlimm, haben immer die gleiche Masche drauf, trinken, rauchen und kiffen. Ich stehe auf richtige Liebe, irgendwie sind das alles Machotypen«, schildert Sofie ihre Gefühle vor allem den gleichaltrigen Jungen gegenüber.

Franzi differenziert: »Kommt darauf an, es gibt Bekloppte, und es gibt auch welche, mit denen man sich wirklich gut unterhalten kann. Es gibt auch welche, mit denen man sich mehr vorstellen könnte.«

In der Pubertät sind Mädchen hinsichtlich sexueller und partnerschaftlicher Interessen den Jungen gegenüber in ihrer emotionalen Entwicklung etwas voraus, was zur Folge hat, dass sich viele in ihrer Gunst den etwas Älteren zuwenden, wie etwa Johanna, die damals in der sechsten Klasse einen Zwölftklässler toll fand: »Ach, ich weiß nicht, der hatte so eine faszinierende Gesichtsform.

Und so eine Ausstrahlung. Der hatte kurze braune Haare und irgendwie total strahlende Augen. Das finde ich faszinierend an Menschen, das drückt aus, wie der ganze Mensch ist, irgendwie. Wie er guckt, das fand ich total faszinierend an ihm. Er hatte eine total sanfte, weiche Gesichtsform, das haben nicht viele, so ein schmales Gesicht, mit dicken Wangenknochen. Ich weiß nur, ich fand es toll.« Und ältere Jungen bevorzugen jüngere Mädchen – so wie es statistisch auch für Erwachsene zutrifft, nur die Begründung ist anders. Richy etwa ist der Ansicht: »Ich mag die jüngeren Mädchen. Wenn du dir die mit zwanzig anguckst, die sind meistens eingebildet, oder du brauchst große Kohle, damit du die Alte kriegst. Das ist dann Scheiße. Ich meine, die müssen dich dann auch so nehmen, wie du bist, ohne große Kohle und so.«

Dass Männer mehr Wert auf das Aussehen der Partnerin legen als umgekehrt, wissen wir aus zahlreichen, weltweiten Studien. Was aber als gutaussehend gilt, variiert. Jeder hat seine eigenen Vorlieben, der eine achtet auf Körpergröße, der andere auf Hintern oder Busen, schöne Augen oder Mund. Oliver beispielsweise legt großen Wert auf die Haarfarbe. »Die Haarfarbe sollte auf jeden Fall nicht rot sein, und so eine Matte auf dem Schädel oder so. Glatte Haare oder schulterlanges Haar.« Und Dominik hält die Körpergröße um ein Meter siebzig für passend. Trotzdem ist auch der Charakter wichtig, selbst wenn er meistens nur in einem Nebensatz erwähnt wird, zumindest bei den Jungen: »Wichtig ist, wie groß die ist. Die Größe spielt aber eigentlich nicht die Hauptrolle, auch nicht das Alter. Es kommt darauf an, wie sie drauf ist. Sie sollte lustig sein, sollte jeden Scheiß mitmachen, was man halt macht«, meint Dominik. Hendrik mag ehrliche Frauen: »Ich mag, wenn sie offen und ehrlich sind, wenn sie nicht hinter dem Rücken sagen, ach nein, der hat das und das gemacht. Scheiße, sollen sie doch den Mund gleich aufmachen.«

»Jetzt auf meine Freundin bezogen: Ich finde an ihr gut, dass sie die gleiche Einstellung hat wie ich, sie ist hilfsbereit, und sie sieht gut aus«, erzählt mir Dino. »Der Charakter ist wichtiger als das Aussehen, aber da hat beides gestimmt.«

Klar, auch Mädchen legen Wert auf Äußeres: »Es geht zwar nicht nur um das Aussehen, es geht auch um das Charakterliche, aber vom Aussehen her, er soll nicht gerade ungepflegt sein, wie dauernd die gleiche Hose anziehen, und er sollte auch nicht stinken oder so. Aber wichtig sind auch die Augen. Ich schaue nicht nur auf den Hintern, ich schaue eher in die Augen, bei mir sind Augen ziemlich wichtig. Ich finde Augen voll cool«, erklärt mir Sofie.

Wissenschaftliche Erkenntnisse bestätigend, sprechen Mädchen die Charakterstärke als wichtigen Faktor an: »Ich mag Männer, die eine gute Ausstrahlung und einen guten Charakter haben. Solche Männer sind lieb.«

»Angeber kann ich nicht leiden«, sagt auch Birgit. »Ich finde Jungens Klasse, die sich wirklich für mich interessieren, mich mal fragen, wie es mir geht, die mal erkennen, wenn es mir schlechtgeht, und nicht immer nur über sich selbst reden.«

Johanna findet Männer gleichen Alters »ziemlich kindisch« und bastelt sich in Gedanken gerne einen Idealmann. »Ältere sind vielleicht ein bisschen politisch, viele sind materiell. Die Jungs, für die ich mich so interessiere, sind dann immer so, ich weiß auch nicht. Sie entsprechen nicht meinen Ansprüchen, und dann spinne ich mir immer etwas zusammen. Ich sehe irgendeinen

Mann und möchte den vielleicht auch gern kennenlernen. Und wenn ich ihn nicht kennenlernen kann, dann male ich mir das so aus, der könnte ja so sein, nach seinen kurzen Äußerungen könnte er so oder so sein, und ich weiß, dass das eigentlich Blödsinn ist, wenn ich ihn nicht kenne. Aber ich hab dann halt immer nur so Träume, weil ich es nicht schaffe, den dann auch anzusprechen. Ich glaube, ich bin zu ängstlich. Mein bester Freund, der hat früher mal einen Kumpel gehabt, der hatte sein Motorrad dort stehen, und der andere wollte etwas für den Computer von Peter haben, und dann habe ich das vom Computer besorgt und habe ihm das hingebracht. Dann stand er so vor mir mit einem Handtuch, so als ob ich was sagen sollte. Er hat mir so gut gefallen, aber dann bin ich wieder gegangen. Ich komme irgendwie nicht weiter, nicht so richtig ran. Ehrlich gesagt, hier in der Stadt gibt es kaum Jungs oder Männer, die mich interessieren. Es gibt schon interessante Leute, aber dann am Ende ist es nicht das, was ich will.«

Kaum etwas ist komplizierter und angstbesetzter als der Anbahnungsprozess zwischen Mann und Frau. Die richtigen Worte wollen sich nicht finden lassen, in Gedanken geht man mögliche Sprüche durch. Oft ist es der Freund oder die Freundin, der/die stellvertretend den ersten Schritt einleiten muss oder darf: »Du, meine Freundin findet dich eigentlich klasse.« Viele Kontakte werden auch per Handy eingeleitet, sie haben die kleinen, verstohlenen Zettel, die man sich (auch oft über einen Vertrauensboten) gegenseitig zustecken ließ, mittlerweile verdrängt.

Viele Annäherungsprozesse scheitern nicht selten an verhängnisvollen Missverständnissen – etwas, wovon auch Erwachsene ein Lied singen können. Zu den ausgesprochen schlechten Taktikern zählen diesbezüglich vor allem Männer oder Jungen, die ihre Unsicherheit unbeholfen und tollpatschig zu überbrücken versuchen – zudem verfügen sie über eine doch recht ungünstige Ausgangsposition. Dies ergibt sich zumindest aus einer umfangreichen Studie, bei der zweitausenddreihundertvierzig Schülerinnen zwischen acht und fünfzehn Jahren zu ihrem Männerbild befragt wurden. Deren Antworten auf die Frage, welche Assoziationen sie mit Männern verbinden, lauteten nämlich geradezu vernichtend: Glatze, Bierbauch, fremdgehen, saufen und herumbrüllen. Ein schreckliches Bild in den Köpfen der Mädchen, mit dem sich das männliche Geschlecht herumschlagen muss. Gleichwohl ist die männliche Vorstellung idealer Selbstpräsentation nicht wirklich »werbewirksam«, da bei vielen die Coolheit an oberster Stelle rangiert. Große Töne spucken, megacool sein und auf angeberische Weise Annäherungen starten, indem man die begehrten Mädchen schubst und ärgert, zählen zu den beliebtesten »Tricks« im Repertoire des beginnenden männlichen Flirtverhaltens. Die entsprechende Meinung zum Balzverhalten der Jungen wird durch Isabels Äußerung veranschaulicht: »Es gibt Jungen, die sind total bescheuert, die zum Beispiel ihre Machotour haben, von wegen, ich kriege jede und ich habe vier an jeder Hand und ich bin toll. Ich habe jetzt einen Freund, der einfach sein Leben lebt, der genauso ist wie ich. Der sich wegen einer Person nicht verstellt oder so, der aber auch jedem sagt, was los ist, einfach jedem die Meinung ins Gesicht sagt. Lieber sagt er es einem gleich ins Gesicht, bevor der andere es erfährt. Wenn Jungs ehrlich und offen sind und einfach leben, wie sie leben sollen, dann ist es gut. Aber wenn jemand sagt, hey, ich bin voll der krasse Typ und mich mag jeder, und im Hintergrund jemand sagt, ach, komm, das ist doch ein Arschloch, dann denke ich mir auch mein Teil dazu.«

»Für mich ist wichtig, was er anhat, was er gerne macht und so«, meint Steffi und fügt schnell hinzu: »Jungens meinen immer, dass sie was Besonderes sind, obwohl sie es gar nicht sind, das nervt total.«

In vielen Gesprächen hagelte es Kritik: »Ich kann die Angeberei nicht mehr aushalten von den Jungens in meiner Klasse.« – »Die reden ja immer nur von sich und können nicht zuhören.« – »Wenn sie irgendein neues Fahrrad haben oder neue Klamotten, kommen sie sich immer so toll vor und müssen es jedem zeigen, das ist so typisch.«

Im Glück schwelgten jedoch jene, die zum Zeitpunkt unseres Gesprächs »in jemanden waren« oder »mit jemandem gingen«. Freudvolle Superlative bestimmen dann das Leben. Man hat die schönste, beste, netteste Freundin, den attraktivsten, coolsten, sportlichsten Freund. T-Shirts, die beim ersten Petting getragen wurden, werden nicht mehr gewaschen: »Ich kann dann immer seinen Geruch riechen.« Liebesgeständnisse per SMS werden im Handyarchiv als Beweis und Trophäe gespeichert. Alle Gedanken werden wie magisch in eine romantische Richtung gezogen. Die Tagträume kreisen fast ausnahmslos um das geliebte Gegenüber. Man empfindet auf gleicher Ebene, fühlt sich verstanden, akzeptiert und geborgen. Erwiderte Liebesempfindungen stärken das Selbstwertgefühl, lassen Körper und Seele aufs intensivste aufblühen. In der Schule kann man sich kaum mehr konzentrieren, abends schläft man irgendwann mit Herzklopfen ein und erinnert sich morgens an aufregende Träume. Welch schöne Momente im Leben, die in diesem Lebensabschnitt meist von kurzer Dauer sind. Zwei oder drei Wochen lang miteinander gehen ist schon eine recht ordentliche Zeit. Zwei bis drei Monate kommen fast schon einem Heiratsversprechen gleich. Es sind sozusagen Experimentierjahre, Jahre, in denen der überaus sensible zwischengeschlechtliche Umgang geschult wird, in denen die Jugendlichen lernen, ihre Empfindungen zu spüren und zu artikulieren, in denen sie lernen, zwischen den Zeilen, in den Augen zu lesen, am Verhalten die Motive des anderen zu erkennen. Es sind Zeiten, in denen Kompromisse eingegangen werden müssen, in denen aber auch, sobald die Liebe nicht erwidert wird oder erlischt, schlimme Enttäuschungen ertragen und die Fähigkeit zur Eigenkritik erlernt werden müssen.

Mit Argusaugen wachen sie über ihre Beziehungen, ein zu langer Blick, der jemand anderem gilt, die zufällige Berührung eines anderen, eine Äußerung wie »den« oder »die find ich eigentlich auch ganz nett«, führen schnell zum Beziehungs-GAU. Entsprechend zügig wird in den jüngeren Jahren auch wieder Schluss gemacht, wobei die Art und Weise des Abschieds dann doch noch gewissen Regeln zu unterliegen scheint: »Es ist so schwer, eine Beziehung zu beenden. Vor allem, wenn man ihn nicht verletzen will. Weil es ja eine schöne Zeit mit ihm war. Aber man weiß, dass es nicht mehr geht. Da denkt man, soll ich anrufen, SMS, nicht anrufen, dass er es kapiert ... und wenn man dann noch ne Mutter hat, die immer reinlabert, ruf ihn doch an ... ja, das ist schrecklich«, meint Sofie. »Ich glaub, man will das auch so machen, dass man ihm am wenigsten weh tut. Ich glaub, SMS schreiben ist das schlimmste. Ich glaub, das sollte persönlicher sein und nicht mit Handy oder Telefon oder so.« Gleichwohl befürchtet sie, Jungens machten sich da nicht so viele Gedanken.

Von wegen! Schwere Enttäuschungen finden auf beiden Seiten statt. Richy bringt seinen Unmut über das weibliche Geschlecht auf einen klaren Nenner: »Das ist so. Wo so eine geile Torte (Frau) rumsteht, die ist nie alleine, die schnippt mit den Fingern, dann hat sie alle (uns Jungs).« In solche habe er sich schon häufiger verliebt, habe dabei sehr viel investiert, wie er sagt, meistens jedoch vergebens. »Na ja, es gab schon einige von denen, aber nicht die richtige im Endeffekt«, klagt er. »Ich habe Mädels hier in K. gehabt, denen habe ich einiges geschenkt, zuerst zu Weihnachten für fünfzig Mark, zum Geburtstag, alles in den Arsch gesteckt, was sie wollten. Die haben hinterher aber immer Schluss gemacht, die dummen Puten.« Frauen sind eben kompliziert. Aber auch Mädchen haben oft das Gefühl, hintergangen und betrogen zu werden. »Jungs machen den meisten Mädchen falsche Hoffnungen«, weiß Nina aufgrund eigener Erfahrung. »Ich hab mal einen Jungen kennengelernt, der hat mich gefragt, ob ich mit ihm mal in die Disco gehen will. Da haben wir uns toll unterhalten, und er hat mich auch immer so lang angeschaut, so als ob es ihn erwischt hätte, dann hat er auch noch gesagt, dass er mich wiedersehen will. Ich bin dann aufs Klo gegangen und hab gedacht, Mann, ey, der ist total verknallt, und als ich wieder zurückgekommen bin, hat der mit einer anderen getanzt. Ich hab gedacht, ich werd wahnsinnig, die hat er dann auch noch immer so angeschaut. Um zwei Uhr morgens hat er mir gesagt, dass er sich getäuscht hat, dass er mich doch nicht unbedingt wiedersehen will. Ich war total fertig, ich hab nicht kapiert, wie Männer ticken können. Jetzt trau ich irgendwie keinem mehr.«

Liebeskummer ist eine Sphäre der Verzweiflung und der Tränen, des vehementen und schmerzvollen Einbruchs des Selbstvertrauens: Ich werde verlassen, nicht geliebt, andere werden bevorzugt – Blicke in den Spiegel, der das Selbst in verzerrter Form wiedergibt: Ich bin hässlich, habe Pickel, einen dicken Hintern, trage eine Zahnspange, habe einen zu kleinen Busen und eine zu große Nase und so weiter und so fort.

Von nicht bewältigten Liebesbeziehungen erzählten mir die meisten Jugendlichen. Herzschmerz lässt sie nachts wach liegen, tagsüber verzweifeln. Auf nichts kann man sich dann mehr konzentrieren. Ein dunkler Schleier der Trostlosigkeit lässt keine Freude mehr zu, und die Zukunft scheint es nicht mehr wirklich zu geben. Besonders negativ bewertet Timmy seine zukünftigen Beziehungen, nachdem er seine erste große Liebe auf tragische Weise verloren hat. »Das war vor zwei oder drei Jahren«, sagt er mit leiser Stimme, »da hatte ich meine erste Freundin, und dann an einem Tag kam ein Anruf von dem Vater, dass sie auf dem Weg zur Disco … (lange Pause) da ist jemand in die Seite vom Auto reingefahren, und da hatte sie so innere Blutungen und ist dann daran gestorben, sie war erst sechzehn Jahre alt. Und da habe ich auch sehr lange dran geknackst. Das mit der neuen Freundin, die ich jetzt hab, da habe ich auch erst überlegt, weil ich immer noch an ihr gehangen habe, das war so ein richtiger Knackpunkt. Ich hab sie einfach nicht vergessen können, werde ich auch in Zukunft nie werden. Ich seh sie immer so tot im Auto vor mir liegen, nein, das kann ich nie wirklich verkraften.« Auch Melanie ist sicher, dass sie sich nach ihrer ersten großen Liebe, die sie kürzlich, an ihrem vierzehnten Geburtstag, an eine »Konkurrentin abgeben« musste, nie mehr im Leben wirklich wird verlieben können. Neue, schöne Gefühle sind erst einmal undenkbar: »Man kommt in den ersten paar Monaten einfach nicht drüber weg«, erzählt Pina. »Man denkt sich, Scheiße, ich will zurück in die alte Zeit, und was weiß ich. Ich war mit meinem Freund auch zwischendurch zwanzig Tage auseinander. Und ich hab nix gemacht in der Zeit, ich bin nicht mehr aus dem Haus gegangen, ich hab mit niemandem geredet und hab überhaupt keinen Bock auf gar nichts gehabt. Und dann bin ich wieder mit ihm zusammen gegangen. Ich war wochenlang noch total bescheuert. Ich weiß nicht, wenn man richtig verliebt ist, weiß man nicht, was man reden soll, erst wenn's dann besser ist, dann redet man schon drüber.«

»Als mit meinem Freund Schluß war, hab ich gar nix mehr gemacht«, beschreibt Patty ihren Liebeskummer. »Man denkt sich, ich will ihn, nur ihn. Das ist Blockade, einfach Blockade.« Aber Patty weiß auch, dass es den Jungen nicht anders geht: »Die kommen dann teilweise her und sagen, meine Freundin hat Schluss gemacht, ich hab überhaupt keinen Bock mehr. Auf gar nichts. Die weinen dann auch richtig vor einem. Der Markus zum Beispiel, als Schluss mit seiner Freundin war, hab ich ihm einen Brief gezeigt, den hat seine Exfreundin geschrieben, und dann hat er total zum Heulen angefangen. Und das fand ich so süß. Jungs zeigen in dem Fall schon auch ihre Gefühle. Mhm.«

Liebesgefühle sind auf zärtliche Art das schönste Geschenk, das das Leben uns Menschen bietet: Liebe zu den Eltern, den Geschwistern, den Großeltern, den Freunden, dem Partner.

Liebe zu den eigenen Kindern ist aber noch einmal eine besonders wertvolle Gabe, fast schon ein evolutiv bedingtes Muss. Wenn die Säuglinge nächtens unsere Nerven strapazieren, wenn sie im Stundenrhythmus aufwachen und gestillt werden wollen, über welch unermessliche Kräfte verfügen wir dann? Die Natur hat uns sorgsam ausgestattet: Der runde Kopf, die großen Augen, die hohe Stirn, alles zusammen bildet das Kindchenschema, das magische Kräfte ausübt und verleiht. Und kennen oder erinnern Sie sich an das Engelslächeln, das neuronale Vernetzungen in das Babygesicht zaubern? Welche Gefühle rufen die ersten Schritte, die ersten Worte in uns wach? Welche Kräfte wecken Kinder in uns, wenn sie mit Fieber im Bett liegen und gepflegt werden wollen? Wie sehr fordern sie unsere Geduld heraus, wenn sie ihren eigenen, trotzigen Willen durchsetzen, wenn sie zum Beispiel in der Schule nicht lernen wollen oder können?

Was aber ist, wenn sie langsam erwachsen werden, wenn die Gliedmaßen schlaksig werden und die Füße und Achseln zu riechen beginnen, wenn das Kindchenschema verschwunden ist, sie Pickel statt Engelslächeln im Gesicht tragen, wenn sie nicht mehr wehrlos und hilfsbedürftig sind, sich allmählich lösen von der engen Bindung und ihre eigenen Wege zu gehen beginnen? Was ist, wenn sie all die erhaltene Liebe scheinbar nicht erwidern, die elterliche Mühe und Aufopferung als allzu selbstverständlich nehmen und beim Streit verletzend harte Worte durch die Räume schleudern? Dann, so meine ich, sollten wir daran denken:

Trotzdem und irgendwie und weiterhin sind wir in unsere Kinder Sie-wissen-schon-was!

Rat bei Dr. Sommer – Gespräche über Sexualität

Wie wichtig sind Penislänge und Körbchengröße? Wann ist der geeignete Zeitpunkt für die erste Enthüllung vor dem anderen Geschlecht?

Wenngleich viele Kinder in den Gesprächen versuchten, ihre Erwartungen zu schildern, etliche Jugendliche sich über ihre diesbezüglich ersten Erfahrungen, Freuden und Ängste zu artikulieren versuchten, waren die Gespräche in und um den Bereich Sexualität dennoch mit Abstand die schwierigsten und sensibelsten. In steter Begleitung leichter Verschämtheit bewegten sich die Antworten in einem eher vagen Umfeld. Ich wollte die Kinder nicht zu sehr bedrängen, akzeptierte, wenn sie zu Boden blickten, sich innerlich verrenkten – oder gar schwiegen.

Nein, zu diesen Innenwelten fand ich keinen wirklichen Zugang.

Bis ich eines Tages mit einem Packen Zeitschriften wie *Bravo, Mädchen, Yam* und anderen unter dem Arm eine kleine »Expertenrunde« einberief. Dr. Sommer, der Inbegriff pubertärer Aufklärung, der schon zu meiner Zeit für viel Gesprächsstoff sorgte.

Dr. Sommer müsste grober Schätzung zufolge inzwischen einiges über siebzig Jahre alt sein. Ich stelle mir ihn gerade vor, wie er all die Fragen nach dem ersten Sex, dem G-Punkt, dem ersten Orgasmus, mittlerweile routiniert aus dem Altersheim beantwortet.

Mich würde interessieren, inwiefern sich die Fragen im Lauf der vergangenen zwanzig Jahre verändert haben. Stellten auch wir Fragen nach dem G-Punkt, nach der

Penislänge, dem gekonnten Petting? Ich kann mich nicht mehr erinnern.

Gibt es bei Dr. Sommer womöglich ein Archiv, in dem alle Fragen und Antworten in einer riesigen Kundendatenbank abrufbar sind? Ich glaube fast, es ist so.

Wie dem auch sei. Die kleine Expertenrunde bestand aus den vierzehnjährigen Mädchen Karen, Gabi und Luca, die bereit waren, über die Briefe an Dr. Sommer zu urteilen. Ob die Fragen dort sie tatsächlich bewegen, oder ob es sich dabei um Fiktionen handle, die aus redaktioneller Feder stammen, wollte ich von den drei Mädchen wissen.

Die Diskussion mit ihnen stellt im folgenden Kapitel einen Rahmen dar, in den ich die Enthüllungen einbette, die ich aus vorangegangenen Gesprächen mit den anderen Kindern und Jugendlichen erfahren habe. Das Kapitel über die Sexualität ist somit ein kleines Mosaikstück, das aus zurückhaltenden Innenansichten vieler Kinder und Jugendlicher sowie den Kommentaren von Karen, Gabi und Luca besteht.

»Also, hier stellt eine Sechzehnjährige folgende Frage«, las ich den drei Mädchen vor. »Ich weiß, dass mein Freund (16) mit mir schlafen möchte, aber ich lasse mich nicht drängen. Manchmal habe ich das Gefühl, ich bin auch bereit, und manchmal habe ich große Angst davor. Ich bin ziemlich klein, er ist ziemlich groß, jetzt habe ich Angst, dass sein Glied zu groß für mich sein könnte. Könnte was passieren?«

Gabi trinkt noch schnell einen Schluck Cola und empört sich: »Also solche Fragen, glaub ich, stellen wir uns schon mal überhaupt nicht, weil wir so weit aufgeklärt sind, dass sich das, hm, die weibliche, ähm, Vagina dem Penis anpasst. Ich glaube, da sind wir alle schon so weit aufgeklärt, dass wir das wissen. Das ist für uns kein Thema, aber die Jungs machen sich da viele Gedanken drüber – ist meiner zu groß, ist meiner zu klein? Das hören wir immer wieder. Wenn man mit ein paar Jungs unterwegs ist, und man ist das einzige Mädchen, dann sagen die Jungs halt mal zwischendurch so was. Das ist bei mir so, ich hab zu den Jungs ne total coole Beziehung, einfach so – die reden mit mir so wie mit ihren Freunden. Die erzählen das dann einfach ... keine Ahnung ... die und die hat gesagt, dass mein Schwanz zu klein ist und ... ähhh, was soll ich denn machen. Ich denk aber, dass es nicht auf die Größe drauf ankommt, und da denken wohl viele so, also die anderen Mädchen auch, sondern einfach auf die Technik. Es ist nicht so, dass wir Mädchen uns untereinander sagen, du, ich hab da jetzt nen Freund, der hat ne ziemliche Größe oder so. Gut, manchmal erzählen wir uns schon, du, der hat nen ganz schön großen oder so, aber das ist eigentlich nebensächlich.«

Und Luca fügt hinzu: »Bei uns spielt da der Busen eine Rolle, ich glaub, das ist bei uns das, was bei den Jungs der Penis ist. Wir vergleichen uns da und denken uns: Boah – die hat nen größeren, boah, die hat so nen kleinen ... Das ist dasselbe irgendwie.«

Im nächsten Brief sucht ein dreizehnjähriger Junge Rat, weil er befürchtet, sein Penis sei mit fünf, im steifen Zustand mit sieben Zentimetern zu klein geraten. »Ich denke, Jungens stellen sich schon solche Fragen, die wollen wissen, ob er in Ordnung ist und ob er auch gut funktioniert«, meint Luca.

»Das ist wie Kekswichsen«, kichert Gabi.

Kekswichsen? Nie gehört!

»Das ist ein bisschen ätzend. Da stellen sich ein paar

Jungs in die Reihe und müssen auf nen Keks wichsen. Und wer den nicht trifft, muss den Keks essen. Also der Verlierer muss den Keks aufessen.«

»Es gibt viele, die das machen«, bestätigt Karen. »Jeder hat das schon mal gemacht. Die Leute, die ich kenne ... das hat jeder mal gemacht.«

Gabi blickt mich leicht herausfordernd an: »Deine Kinder machen das bestimmt auch mal.«

Entsetzen und Erstaunen. Meine Kinder, die abends nach der Schule nach Hause kommen und mir konsequent erklären, Weiber seien alle doof und nur Skaten sei ihre Leidenschaft, die sollen eines Tages versuchen, auf Kekse zu treffen? Gabi grinst mich belustigt an. »Schwanzvergleich. In dem Alter ist das noch aktuell. Wenn man dann älter wird, nicht mehr. Aber in dem Alter ist das ... ich mein, so mit sechzehn aus Spaß, aber Zwölfjährige, die machen sich da, glaub ich, schon Gedanken drüber ... ich meine, ich hatte ja nie nen Penis ...«

»Aber Eier!« kichert Karen.

»Warum kriegen Jungs so schnell einen Steifen?« will ein dreizehnjähriges Mädchen von Dr. Sommer erfahren. Gabi und Karen lachen lauthals, weil sie es durchaus lustig finden, aber auch cool, wenn die Jungen mit einem steifen Glied in der Hose herumlaufen. »Ist irgendwie sexy.« Aber die Mädchen sind sich auch sicher, dass bei einem Jungen, der der Aufforderung des Lehrers, an die Tafel zu gehen, nicht nachkommen will, ersichtlich der erigierte Penis der Hinderungsgrund ist. »Der Lehrer weiß das auch und lässt den dann auch in Ruhe. Wir finden das nur noch cool!«

Ich lese die nächste Frage vor. »Da steht: Heiße Küsse. Bin ich lesbisch? Meine Freundin ist oft bei mir, und wenn sie dann bei mir übernachtet, kommt sie in mein Bett. Wir streicheln uns am ganzen Körper, auch Brust und Bauch. Bin ich jetzt lesbisch? Es bedrückt mich sehr. – Kennt ihr so was?«

»Küssen ja, den andern Schmarrn nicht.«

»Habt ihr das von andern gehört?«

»Jede von uns hat das schon gemacht, ist ja eigentlich auch nicht schlimm. Das ist, wenn man es nicht immer macht, auf ner Party oder so, mit der besten Freundin, ist kein Problem«, gesteht Karen.

»Was sagen die Jungs dazu?«

»Entweder die finden das geil, oder sie schrotten das«, meint Luca belustigt. Zungenküsse unter Mädchen, das sei ein Ausprobieren, das sei einfach eine verrückte Spaßaktion, mehr nicht.

Die nächste Frage hat das Thema Schwangerschaft zum Inhalt: »Kann man seine Tage kriegen und trotzdem schwanger sein?« fragt sich da ein vierzehnjähriges Mädchen.

»Also, über so was reden wir schon – denke ich – oft«, meint Karen. »Zum Beispiel letztens war ich mit ein paar Freunden unterwegs, und von dem einen die Freundin ist schwanger, hat aber trotzdem ihre Regel. Und dann fragen die mich auch, ist das so, kann das so gehen, und warum? Also über so was redet man dann schon.«

»Wenn man mit einem Jungen ohne schläft, hat man auch Angst, dass man schwanger wird. Auch wenn man nur so heavy petting macht. Da kann man ja auch schwanger werden. Also das ist immer so ein bissel im Hinterköpfchen. Die Jungens machen sich da weniger Gedanken, also, es gibt da echt wenige«, fügt Gabi hinzu. »Überhaupt, die Jungs mit fünfzehn, sechzehn sind eher so drauf aus – machen, tun, aber denken nicht an die

Folgen. Das ist zwar nicht bei allen so, also da gibt es manchmal schon welche, die fragen dann schon, nimmst du die Pille, oder so …«

Weiter bei Dr. Sommer, den ein zwölfjähriges Mädchen fragt, wo in aller Welt denn der G-Punkt läge.

Karen, Luca und Gabi lachen. »Also, das ist doch wohl klar!« Das wüssten doch alle, aus der *Bravo* und von Freundinnen: »Man kriegt es einfach überall mit.«

Wann denn Sperma an der frischen Luft absterbe, fragt sich eine Vierzehnjährige. Ratlosigkeit auch bei meinen Expertinnen: »Hmh. Macht man sich da Gedanken drüber? Kommt drauf an.«

»Also, ich hab mir da noch nie Gedanken drüber gemacht.«

»Warum eigentlich?« beendet Luca die fragenden Blicke.

Also weiter, zur nächsten Ratlosigkeit: Selbstbefriedigung.

»Ich wollte mich schon immer mal selbst befriedigen, habe aber keinen Schimmer, wie ich das machen soll«, lese ich den dreien vor, die sich über eine derart dämliche Frage ausgiebig empören: »Was ist das denn für eine blöde Frage?« lacht Karen. »Das macht man einfach und denkt nicht weiter drüber nach.«

Luca und Gabi sind der Überzeugung, das solle man gefälligst selber herausfinden, das könne man einem nicht erklären, außerdem mache man es nur dann, »wenn man Bock drauf hat, und wenn nicht, dann nicht«. Gedanken über Selbstbefriedigung begännen im übrigen mit zwölf oder dreizehn Jahren, »muss aber da noch nicht richtig in die Tat umgesetzt werden«.

»Ich bin jetzt zwei Monate mit meinem Freund zusammen, der ist dreizehn. Er fragte mich, wie weit ich gehen würde. Ich meinte, alles oberhalb der Gürtellinie. Was kann ich alles bei ihm machen? Ich möchte schon mehr als züngeln und ihn immer nur in den Arm nehmen«, schreibt ein dreizehnjähriges Mädchen.

»Also – solche Fragen stellen wir uns eigentlich auch nicht. Das kommt einfach so. Wenn du mit deinem Freund im Bett liegst, dann geht das irgendwann einfach mal weiter. Das kommt dann so. Da macht man sich auch keine Gedanken, wie man das machen soll, sondern du machst es einfach. Du merkst es dann irgendwann, ob es deinem Freund gefällt oder nicht, und du lässt es dann oder machst weiter. Ich dachte mir, soll's kommen, dann soll's«, erinnert sich Luca an ihr erstes Petting.

Die anderen beiden nicken. So ist es, man macht es einfach, legt einfach los, unsichere Gedanken tauchen da angeblich nicht auf.

Überhaupt, was geht eigentlich in den Köpfen vor, wenn das erste Mal ansteht? Der erste Kuss, das erste Mal nackt, der erste Sex? Aus den anderen Gesprächen weiß ich, dass zumindest der erste Kuss durchaus ambivalent erlebt wurde, zum Beispiel von Susan, die sich erinnert, wie sie mit dreizehn Jahren zum ersten Mal die Lippen eines Jungen empfand: »Der war schrecklich. Komisch, ich wusste nicht, was ich machen sollte, das war total unerwartet und irgendwie dann schon wieder vorbei, und da dachte ich, huch, das war es jetzt. Man macht sich immer so viele Gedanken um solche Sachen, irgendwie, dann denkt man immer, das soll es jetzt gewesen sein?«

Für Melanie war Küssen anfangs »ein bisschen komisch«, macht aber inzwischen Spaß, »weil man sich dran gewöhnt«.

Pina spürte damals ein wohliges Kribbeln. Der erste Kuss, das sei der bisherige Höhepunkt in ihrem Leben gewesen, sagte sie lächelnd. »Ja, den hatte ich mit zwölf, da hatte ich dann Schmetterlinge im Bauch. Eigentlich habe ich mich nicht getraut, aber der kam mit seinem Mund immer weiter an, und da habe ich das dann einfach mal gemacht, weil ich wissen wollte, wie es ist. Es war abends, als wir hier auf dem Berg spazierengegangen sind.«

Mara hingegen fand den ersten Kuss, wohl aufgrund der schlimmen Erlebnisse mit ihrem Onkel, schlicht und einfach grauenvoll. »Ja, der war nicht so prickelnd. Meine Freundinnen haben immer gesagt, ach Mara, jetzt sei kein Feigling, fang doch etwas mit dem an, und hast du nicht gesehen. Dann habe ich irgendwann einmal gesagt, okay, aber lasst mich bitte in Ruhe. Dann war ich mit dem zusammen, aber das waren dann nur vierundzwanzig Stunden, dann haben wir sofort wieder Schluss gemacht, weil ich noch nicht bereit dazu war. Ich hab da Ekel gespürt, richtig echten Ekel. Das alles mit Liebe, Küssen und Sex mag ich zur Zeit noch nicht. Wenn es ein Film ist, wo sie gerade miteinander Liebe machen, da gucke ich meistens weg, da will ich gar nicht hingucken. Nein, ich kann das einfach nicht sehen. Ab und zu denke ich mir, nein, Scheiße, wie können die das nur machen, und ab und zu denke ich mir einfach, guck nicht hin, das ist normal.«

Till wollte beim ersten Kuss vor allem cool aussehen: »Mann, das werde ich nie vergessen, das war ein komisches Gefühl, so nach dem Motto: nicht husten, nicht verkehrt spielen, gar nichts. Ich habe mir nur gedacht, o mein Gott, wie siehst du jetzt aus. Ich hatte nämlich so ein komisches Hawaiihemd an, und meine Haare, die waren noch ein bisschen länger, die schlabberten so runter.«

Und Frederik konnte sich an jedes Detail erinnern: »Da bin ich zu ihr hingefahren, und irgendwann war das dann so, da saßen wir da, haben gegessen in ihrem Zimmer, dunkel mit Kerzenlicht und so, da hat sie mich auf die Nase geküsst und meinte, du hast aber eine süße Nase. Dann habe ich sie auch auf die Nase geküsst und weiter gegessen, und irgendwann hat sie mich dann auf den Mund geküsst und ich sie dann zurück. Wir hatten so ein Lipgloss, das war lustig, und zwar fanden wir den Lipgloss beide total lecker und haben uns den auf die Lippen geschmiert, ich weiß nicht, dann haben wir uns immer geküsst und so und irgendwann dann Zungenkuss, dann sind wir spazierengegangen.«

Ob Sex mit vierzehn Jahren zu früh sei, so die nächste Frage an Dr. Sommer. »Ich glaube nicht, dass das zu früh ist.« Luca, die erfahrenste in der Runde, kaut heftig auf ihrem Kaugummi herum. »Das kommt nämlich auf den Jungen drauf an. Und die eigene Einstellung, glaub ich. Vor dem ersten Mal macht man sich keine wirklichen Gedanken über das Alter. Manche sagen zwar, hey, es wird langsam Zeit, aber viele sagen auch, man soll sich Zeit lassen.«

Und Karen weiß: »Bei Jungens ist da mehr Druck, die sagen sich schon gegenseitig, dass es allmählich Zeit wird.«

Dr. Sommer musste wohl unzählige Fragen ähnlichen Inhalts beantworten: »Ich habe echt Bammel vor dem ersten Mal. Ich bin echt total verliebt, mein Typ ist der Traumboy, ich weiß auch, dass ich irgendwann einmal mit ihm schlafen werde. Doch wenn er jetzt mit dem Thema anfängt, krieg ich richtig Bammel«, gesteht beispielsweise ein fünfzehnjähriges Mädchen.

»Hat man eigentlich vor dem ersten Mal Bammel?« Die

Frage lässt in meiner kleinen Runde eine lange Pause entstehen. Gabi wiegt den Kopf leicht gedankenverloren zur Musik von Bro'Sis, die unser Gespräch soft begleiten. »Hmh.« Fragend blickt sie Luca an. »Hmh.«

»Tja«, meint Karen etwas leise, »also es ist ja so, man weiß ja, dass das auch weh tun kann.«

Ein entschlossenes und felsenfestes, mit starker Stimme geäußertes »Nein. Ich hatte noch nie irgendwie Schiss«, fegt dann doch jeden Zweifel im Raum hinweg. Und als wollten sich Gabi und Karen gegenseitig stützen: »Ich auch nicht.«

Vor allem die Mädchen, die ich bislang gefragt hatte, berichteten von dieser Unsicherheit und leisen Ängsten. Alle wollen warten, bis das Vertrauen zu dem Freund ausreichend sein würde. »Ich will dann erst mit einem Jungen schlafen, wenn ich weiß, dem kann ich vertrauen, der liebt mich wirklich, der macht das nicht einfach so, der ist nicht nur mit mir zusammen, um mit mir Sex zu haben, um mit mir ins Bett zu gehen«, sagte beispielsweise Susan. Und auch Birgit war überzeugt: »So etwas brauche ich nicht. Ich gehe erst mit jemandem ins Bett, wenn ich es für richtig halte. Ich will erst dann mit jemandem schlafen, wenn ich weiß, hey, jetzt ist meine Zeit gekommen.« Für Mara ist Sex aus besonders nachvollziehbaren Gründen etwas, wofür sie eine lange Vertrauensbasis braucht: »Überhaupt so das Wort Sex«, erklärt sie fast schon angewidert, »da denke ich mir, nein, danke. Das ist auf jeden Fall ein Punkt, warum ich bis zur Ehe Jungfrau bleiben möchte. Aber die Männer machen da nicht mit. Wenn die erfahren, dass du bis zur Ehe Jungfrau bleiben möchtest, dann sagen die okay, tschüs. Das war bisher immer so.«

Auch Karen will warten: »Erstens habe ich nicht so die

Möglichkeiten, auch bei mir zu Hause, ich habe kein eigenes Zimmer oder so. Ich find es auch nicht so gut, wenn man dreizehn, vierzehn ist. Ich finde das einfach zu früh. Also nun nicht, um an Jungs zu denken, das ist ja ganz normal, aber sich Männern hinzugeben, das finde ich einfach zu früh, das ist so ein Wegwerfen, glaube ich.«

»Haben die Jungs vor dem ersten Mal auch ein bisschen Angst?« frage ich Karen, Gabi und Luca.

»Hmh. Ja, doch, einige, viele.« Die drei nicken übereinstimmend.

Ich denke an Michi, der mir sagte, Sex sei was Perverses, über das man besser nicht reden sollte, »vor allem wenn sie nackert sind«. Ich denke an André, der ebenfalls seine Unsicherheit zugab: »Ja, Angst hab ich schon ein bisschen.« Und Frederik erinnerte sich: »Ich wusste absolut nicht, wie stelle ich mich jetzt an, ist jetzt irgendwas falsch oder so was.«

»Mit zwölf fand ich das alles abartig, sagen wir mal. Da fand ich das irgendwie eklig. Dann mit dreizehn fing das an«, gestand mir Pascal. »Und irgendwie kam dann so langsam der Wunsch, es auch mal zu tun. Da hatte ich schon ziemlich viel Schiss davor. Ich hab dann abends mal länger Fernsehen geguckt, da weiß man so, wie das gehen soll. Mit Freunden hab ich darüber nicht reden wollen. Danach ist dann alles total anders, man fühlt sich irgendwie wie ein Mann, und man hat Lust, es immer wieder zu machen.«

Wenn die Jugendlichen über den ersten Sex sprachen, spiegelten sie recht gemischte Gefühle wider. Sex nach dem ersten Mal, das sei dann eigentlich am besten, resümierten viele nüchtern: »Es war eigentlich schön. Es war zwar auch nicht so schön, nachher gab es auch was, was schöner war. Aber es war nicht so, dass man sagen könnte, es war schrecklich«, zog Isabel ihr Fazit.

Wirkliche Beschwerden und Vorwürfe gab es in bezug auf die Stunden »danach«. Eine Vierzehnjährige kann nicht verstehen, dass Männer derart unsensibel sein können: »Er kam zwar erst nach drei Versuchen in mich rein«, schreibt sie, »trotzdem war es wunderbar für mich. Danach fragte er mich, ob es überhaupt richtig war. Er hat zwar gesagt, dass er mich liebt, danach aber gleich wieder ferngesehen.«

Die kleine Expertenrunde wettert heftig drauflos: »Das ist so ne Sache, das kenn ich auch«, schimpft Gabi.

Auch Karen will nicht akzeptieren, dass »wenn du mit Jungs irgendwas Intimeres machst und sie fertig sind, dann schalten sie die Glotze an. Das ist aber bei jedem Typen so. Das erste, die schalten die Glotze an.«

Und Luca fügt fast schon wehmütig dazu: »Anstatt dass sie irgendwie bei der Sache bleiben, Kuscheln oder so, nein. Glotze, Fußball.«

Eigentlich sei Sex nämlich ganz wichtig für die Liebe, alle Mädchen verspürten »danach« das starke Verlangen, in den Arm genommen zu werden, die wunderschönen Minuten oder Stunden nachwirken zu lassen, denn, um es mit Lucas Worten zum Ausdruck zu bringen: »Also irgendwie bindet Sex schon extrem, weil man dann mehr Vertrauen hat. Man spürt den anderen noch viel extremer und liebt ihn noch mehr, selbst dann, wenn der Sex oder das Petting nicht besonders schön war – kommt ja mal vor –, aber dann kann man auch verzeihen. Es ist dann nicht so, dass man sich wieder entliebt.«

Dabei gäbe es oft einen Grund zum Entlieben, weil die Jungens in erotischen Momenten oft überfordert seien, so die einhellige Meinung von Gabi, Luca und Karen. Die

Jungens könnten sich jeweils auf nur eine Sache wirklich gut konzentrieren. Entweder küssen sie gut oder streicheln gut, beides zusammen sei schon recht schwierig – und besonders kompliziert werde es, wenn sie es neben all ihren eigenen sexuellen Aktivitäten mit einer aktiven Frau zu tun haben: »Die Jungens konzentrieren sich immer nur auf eine Sache. Weiß auch nicht«, klagt Luca und erhält von Karen eindeutige Zustimmung. »Stimmt schon irgendwie. Die sind dann irgendwie weg, wie weggetreten, keine Ahnung. Wenn man die nur am Bauch streichelt, sind die total perplex. Dann vergessen sie, dass sie einen eigentlich küssen wollten, und hören dann einfach wieder auf, oder sie küssen verdammt schlecht, schlabbern nur so unbeholfen rum.«

Stellen sich Jugendliche die Frage, wie sich ein Orgasmus wohl anfühlen mag? »Nein, zunächst noch nicht wirklich«, erklären meine Expertinnen. Sicher sei man gespannt auf das erste Mal, aber an den Orgasmus selbst denke man zunächst noch nicht.

Und stellt diese Erfahrung eine wichtige Lebensbereicherung dar, wenn man sie schon mal erlebt hat? »Einerseits schon, schwer das auszudrücken …« (lange Pause und gedankenverlorene Blicke). »Ist schon cool, das mal erfahren zu haben, aber nicht so, dass man dann süchtig danach ist. Wie soll ich das jetzt sagen? Das ist schon eine Sache, die man erfahren sollte, denke ich«, antwortet Luca fast schon flüsternd.

Die Fragen an die Ratgeber wiederholen sich inhaltlich von Heft zu Heft. Ganz gleich, ob wir in *Yam*, *Mädchen* oder *Bravo* blättern. Herzschmerz, Verlegenheit bei der Anbahnung, kleine Tips, wie man am besten Schluss machen kann, und vor allem viele Fragen zur Sexualität.

Die Probleme formulierten dabei übrigens überwiegend Mädchen. Jungen scheinen sich bedeckter zu halten, so auch jene, die ich interviewte. Eine männliche Expertenrunde zu organisieren, gelang mir nicht. Keiner war bereit, so offen und ehrlich zu sprechen wie Gabi, Luca und Karen. So bleibt dieses Kapitel etwas einseitig, indem es vor allem die weibliche Sichtweise beleuchtet, und auch dies nur mit schwachem Licht.

Andererseits: wie kann man überhaupt etwas erfahren über jene Innenwelten, deren Beschaffenheit für die Betroffenen selbst noch so aufregend neu, so irritierend unerklärbar, so seltsam faszinierend ist und denen man sich nur so unendlich zaghaft nähern kann?

Kinder, die erzählen

Tina ist vierzehn, lebt auf der Straße und zählt die Gründe auf, warum Kinder von zu Hause fliehen.

Tommy ist sechzehn und hat eigenen Aussagen zufolge eine zu große »Klappe, um beliebt zu sein«. Er leidet aber mehr unter der Magersucht seiner Schwester, von der bislang niemand weiß – vor allem die Eltern nicht.

Torsten ist sechzehn und beichtet, dass er seiner Mutter hin und wieder das Kleingeld aus dem Portemonnaie stiehlt, »weil eh schon alles egal ist.«

Mara ist vierzehn und lebt in der Nähe von Cottbus in einem Asylantenheim. Sie wurde von ihrem Onkel vergewaltigt und hat Angst vor dem ersten Sex.

Werner ist dreizehn und hat im Wald in einer versteckten Waldlichtung ein kleines Biotop angelegt. Seinen ganzen Stolz will er niemandem mehr zeigen, nachdem er seinen Vater dorthin geführt hatte und dieser meinte: »An dieser Pfütze treibst du dich also immer rum.«

Willi ist fünfzehn und hat heimlich ein Grab geschaufelt. Er wollte verhindern, dass seine Schäferhündin Dana, nachdem sie gestorben war, in die Tierverwertungsanstalt kommt. So trug er sie in der Todesnacht zum Waldrand und legte sie in die Grube: »Ich hab so geheult.« Seinen Eltern hat er bis heute nichts über den Verbleib des geliebten Tiers gesagt.

6 DIE VERBORGENEN WELTEN DER TRÄUME

Am Ende habe ich ihnen einen Tag des Traums geschenkt – leider nur in Gedanken. Dieser Teil unserer Gespräche war der schönste, vielleicht auch der erhellendste.

Sie mussten nicht lange nachdenken, wie sie ihren Traumtag begehen würden. Ihre Wünsche waren zu klar und bescheiden, als dass die Phantasie sie hätte eingrenzen können. Alle träumten lächelnd, versonnen, gedankenverloren, glücklich, möglicherweise auch voller Hoffnung.

Indes steht die Realität der Schönheit dieser Träume desillusionierend und meist unerbittlich gegenüber. Vor allem bei Felix, dessen Name eigentlich Glück verheißt. Die Bescheidenheit seines Traums wird vor dem Hintergrund seines bisherigen Lebens um so eindringlicher. Das Gespräch mit ihm, in dem er, auf der Straße lebend, von Sternschnuppen träumt, werde ich wohl immer in Erinnerung bewahren.

Märchenhafte Traumwelten

Erinnern Sie sich an das Märchen, in dem Gott um eine Unterkunft bat und vergebens an die Tür des Reichen klopfte? Der wies ihn ab. Der Arme jedoch gab ihm zu essen und ein Nachtlager. Dafür erhielt er drei Wünsche, die er mit Bescheidenheit vorbrachte. Fern materialistischen Denkens wünschte er sich Gesundheit und Sorglosigkeit, vielleicht ein neues Häuschen. Der Reiche, vor Neid erblasst, erbat von Gott ebenfalls drei Wünsche und schlug die Warnung, deren Erfüllung bedeute nichts Gutes, in den Wind.

Zorn und Unüberlegtheit ließen ihn die ersten beiden Wünsche sinnlos vertun. Seine Gedanken kreisten nunmehr um Unerschöpflichkeit. Umsonst: für seinen gierigen und egoistischen Charakter bestraft, zwangen ihn die Umstände zur unfreiwilligen Verschwendung des dritten Wunsches, und übrig blieben Ärger, Mühe, Scheltwort und ein verlorenes Pferd. »Die Armen aber lebten vergnügt, still und fromm bis an ihr seliges Ende«, so steht es bei den Gebrüdern Grimm geschrieben.

Form und Struktur von Märchen geben Bilder vor, mit denen Kinder ihre Tagträume strukturieren und Lebensfragen beantworten können.

Oberflächlich betrachtet, lehren Märchen wenig über die Verhältnisse des modernen Lebens. Doch, meint Bruno Bettelheim, über die inneren Probleme des Menschen und über die richtigen Lösungen für zwischenmenschliche Schwierigkeiten und Hindernisse, die sich im Leben auftun, erfahre man durch sie mehr als durch anders geartete Geschichten, die sich im Verständnisbereich des Kindes bewegen.

»Denk dir einen Traumtag aus, an dem du morgens aufwachst, wo du willst. Du kannst dorthin mitnehmen, wen du willst, und du kannst dort machen, was du willst. Es gibt keine Grenzen, ich wünsche dir einen perfekten Tag, an dem du dir alles erfüllen kannst, wonach du dich sehnst«, forderte ich die Kinder und Jugendlichen auf.

Die meisten lächelten und zogen dann in Gedanken fort in eine Phantasiewelt, in der sie mehr als drei Wünsche frei hatten. Es war, als hätten fast alle, die ich zum freien Lauf der Phantasie ermutigte, ausgiebig Märchen gelesen und deren Botschaft in Bettelheims Sinn verinnerlicht. Denn die meisten Träume und Wünsche glichen denen des armen Mannes in Grimms Märchen: Sie sind einfach, berücksichtigen andere und sind in ihrer Bescheidenheit bestechend.

Anna: An meinem Traumtag stehe ich auf. Dann gehe ich meine Mama und meinen Papa wecken. Dann gehen wir uns anziehen und so. Dann würde ich meine Mutti fragen, ob wir vielleicht einen Spaziergang machen und so. Und wenn wir dann wiederkommen, vielleicht essen und zusammen noch ein bisschen spielen, also ein paar Spiele machen, dann abends zusammen Fernsehen gucken.

Richy: Jeden Wunsch kann ich mir erfüllen? Ich würde meine Gesellenprüfung gerne noch mal zurückblättern. Und sonst? Den Traumtag würde ich mir wohl so vorstellen: Ich würde mit meiner Freundin irgendwohin fahren, wo es warm ist, wir würden baden und einfach mal entspannen.

Birgit: Ich glaube, ich wäre an meinem Traumtag ganz superschlank, und ich würde in so ein Aufnahmestudio gehen, weil ich gerne auch mal mit einer Gesangslehrerin richtig Training machen würde und irgendein schönes Lied aufnehmen, eine schöne CD.

Mara: Ich würde meinen Bruder im Kosovo besuchen. Ich würde nämlich gern seinen Sohn kennenlernen, der letztes Jahr zur Welt gekommen ist. Den kenne ich noch gar nicht. Und ich möchte wieder mal mit meiner kleinen Cousine Süßigkeiten kaufen gehen. Bevor die nach dem Kosovo gefahren ist, da war sie am Weinen, da habe ich mir gedacht, komm, Lara, wir gehen nach G., und dann meinte sie so, was wollen wir denn da, das ist ein Dorf, Mara, da will ich nicht hin. Da habe ich gesagt: Ich habe Geld, wir gehen einkaufen. Okay. Dann konnte sie nicht mehr laufen, dann habe ich sie huckepack genommen. Sie hat den ganzen Weg gesungen: Ich bin so schön, ich bin so toll, ich bin der Anton aus Tirol. Das war ein schöner warmer Tag, und alle hatten die Fenster runter, und alle haben uns angeguckt. So einen Tag möchte ich am liebsten wieder erleben.

Susan: An dem Tag würde ich viel mit meinen Eltern unternehmen, fröhlich sein und nicht darunter leiden müssen, wenn die Eltern mal nicht da sind oder so. Dass die Eltern sich wenigstens verstehen, dass man darunter wenigstens nicht leiden muss. Das wäre ein schöner Tag.

Viele Kinder und Jugendliche sehnten sich nach einer (überschaubaren) Ferne, nach einer kurzen Pause vom Alltag.

Patty: Meine Güte. Ich glaube, ich würde an dem Tag mit meinen Freunden um die ganze Welt reisen wollen, alles ansehen, alles angucken. Ich will zum Beispiel mal nach Australien oder nach Afrika. Ich bin noch nicht so groß verreist, ich war mal in Tschechien und in Schweden, also jetzt so diese näheren, Frankreich, England, aber ich würde gern mal richtig weit weg, vielleicht auch mal in den Urwald reisen. Abends würden wir dann ein Lagerfeuer machen und einfach in den Himmel gucken.

Nina: In erster Linie würde ich erst mal den ganzen Menschen auf der Welt helfen, die in Not sind, Straßenkindern, Kindern in Afrika, allen möglichen. Ich würde zu einer Bank gehen, da das ganze Geld rausholen und überall verteilen. Am Abend würde ich dann eine riesengroße Party mit meinen Leuten feiern. Und zwar im Reichstag. Da würde ich dann viele Bands einfliegen lassen, zum Beispiel Remote, das ist die erste Punkband, die es auf der Welt gab. Den Reichstag würde ich ein bisschen besprühen. Einfach mal Leute einladen, die ich mag und die ich kenne, und jedem einfach mal eine Sprühdose in die Hand stecken, und den einfach mal dranschreiben lassen am Reichstag, was er überhaupt über die ganze Sache hier in Deutschland denkt und so was.

Manuel: Ich wäre am liebsten mit meinem besten Freund in Griechenland auf Rhodos, da war ich schon, und eigentlich wie sonst, nur mit meinem besten Freund da allein. Erst mal würden wir frühstücken gehen. Es gäbe Pizza, und dann würden wir tauchen gehen. Ich würde da gerne meine Lieblingsfische, nämlich Haie sehen. Gegen Abend würde ich auf eine Party gehen. Da trinken wir was, vielleicht andere Leute kennenlernen, neue Leute.

Alex: Erst mal würde ich mich überall hinbeamen, mal gucken, wie es in einem Land so ausschaut. Wenn ich wirklich soviel Geld hätte, wie ich wollte, dann würd ich erst mal in eine Kneipe gehen und sagen: Barkeeper, mach mir mal das und das. Er müsste mir machen, was ich am liebsten esse: Na, einen schönen Vanillepudding, Schokoladenpudding oder so was oder Nudelauflauf, habe ich einmal gegessen, hat mir meine Mutter einmal gemacht und dann nie wieder. Dann würde ich mit meinen Kumpels nach England fliegen, mir an einem Tag die Sprache aneignen, dann halt nur noch feiern, mehr nicht.

Mara: Das ist schwierig zu beantworten, weil ich jetzt ganz spontan sagen würde, ich würde gern mit Evi, das ist meine Freundin, irgendwo – keine Ahnung – am Meer sein oder so und einfach nur alle möglichen Zwänge ablegen können, aber es ist natürlich schwierig, ich würde auch gerne die Zwänge ablegen können, die ich jetzt in mir drin habe, und es ist ganz schwer, mir das jetzt vorstellen. Aber schön ist der Gedanke schon.

Pascal: Okay, mein Traumtag. Ich möchte auf ein Atom-U-Boot, auf einen Flugzeugträger oder auf eine Fregatte. Damit durch die Gegend fahren, mir das angucken, wie das funktioniert, mir erklären lassen, also so einen Rundgang sozusagen. Ich möchte meine Freundin mitnehmen. Heißluftballon würde ich auch gern mal fliegen, überhaupt fliegen allgemein.

Stefan: Auf jeden Fall mit meiner Freundin zusammen einfach auf eine einsame Insel fahren, und nicht nur einen Tag, sondern eine ganze Woche da verbringen. Einfach mal den ganzen tagtäglichen Stress hinter sich lassen, einfach wie ein ganz normaler Mensch früher: sein Essen selber machen, selber angeln, mal ohne zu rechnen, wieviel Geld kann ich heute ausgeben, die ganzen Probleme hinter sich liegen lassen, einfach mal auf eine einsame Insel.

Groß ist die Sehnsucht nach Anerkennung, vor allem durch Freunde. Berühmt sein, von anderen bewundert werden, einzigartig sein, diese Träume wurden ebenfalls oft erzählt.

Frederik: Ich sehe aus, wie ich halt jetzt auch aussehe. Bloß dürfte ich wieder meine schwarzen Sachen tragen, denn ich liebe schwarze Klamotten, die habe ich ja gar nicht mehr, ich habe das meiste weggeworfen oder verschenkt. Dann fände ich es cool, wenn mich jeder kennen würde, dass ich für die vierundzwanzig Stunden mal richtig berühmt wäre, ein richtiger Rockstar halt. Dann würde ich eine Menge Autogramme geben, ich würde Konzerte veranstalten, mehrere an einem Tag, dann würde ich in Warner Brother's Movie World fahren, denn ich fahre supergerne Achterbahn, ich würde alle Achterbahnen, echt alle Achterbahnen hier in Deutschland ausprobieren und immer mit den Fans hintendrin natürlich, die würde ich alle dann sofort mitnehmen. Meine Freundin wäre dann auch dabei, meine Freundin würde dann unten auf der Tribüne stehen, und ich würde gerade dann so Musik machen, alle Leute würden mir zujubeln, mich angucken und ihre ganze Aufmerksamkeit nur auf mich richten.

Sofie: Okay, ich liege in einem Himmelbett alleine, habe lange gelockte blonde Haare, verschlafen sehe ich aus, stehe dann auf und gehe dann zum Frühstück. Das Frühstück besteht daraus, dass alles sehr lecker ist, mit den feinsten Sachen, ziehe mich an, es ist eine festliche Veranstaltung an diesem Tag, ich ziehe mein schwarzes Jackett an, meine schwarze Hose, meine weiße Bluse und lasse mir von meinem Friseur, meinem Privatfriseur, meine Haare hochstecken und mich von meiner Privatkosmetikerin schminken. Gehe zur Veranstaltung hin, begrüße alle, und dann trinken wir einen Schluck Sekt, die sollen sich dann wundern, wie ich aussehe. Und dann gehe ich wieder nach Hause, gehe ins Solarium, gehe noch mal in die Sauna, dann ruhe ich mich aus, dann gehe ich wieder ins Solarium und in die Sauna, dann gehe ich ins Bett und esse und trinke vorher noch etwas.

Timmy: An meinem Traumtag wünsche ich mir, dass Melanie wieder leben würde, die noch einmal zu sehen, das wäre eigentlich schon so der Tag. Den mit ihr zu verbringen. Ich hätte gern einen großen, dicken Mantel, da steh ich voll drauf, einfach so einen dicken Mantel, um dadurch ein bisschen größer zu sein. Ich weiß nicht, so ein Mantel, da stehe ich total drauf, das finde ich ganz cool, wenn man dahergehen würde, und alle Leute würden einen respektieren, man ist zwei Köpfe größer als die in New York zum Beispiel. Geht da durch so einen richtig vollen Bürgersteig, alles kommt einem so entgegen, wie man es immer in den Filmen sieht, und man selber sticht total da heraus, das fände ich ganz cool. Das war's.

Die Traumtage der Kinder und Jugendlichen wiederholen sich in ihren Inhalten: die verstorbene Oma mal wieder sehen, die ferne Welt kennenlernen, im Meer baden, mit Freunden zusammensein, unbeschwerte Feste feiern, berühmt sein und bestaunt werden.

Märchen, sagt Bettelheim, ermutigten dazu, Phantasien zu überprüfen. Solche Phantasiespiele schaffen die Brücken zwischen Innen- und Außenwelt. Und wenn die Wünsche der Kinder so bescheiden sind, wenn sich darin überwiegend der Wunsch nach sozialer Nähe und

Anerkennung spiegelt, dann frage ich mich, ob nicht wir Erwachsene wieder einmal unsere Träume hinterfragen, wieder einmal Märchen lesen oder ganz einfach von der Bescheidenheit unserer Kinder lernen sollten.

Den bewegendsten Tagtraum hat Felix beschrieben, ein Straßenkind, das jetzt im Paradies zu Hause ist. So heißt nämlich der große Park in Jena, in dem Felix nachts sein Nest baut und sich nach Sternen sehnt.

Es ist dunkel, und du siehst viele Sternschnuppen

Willkommen im Paradies. »Jena Paradies«, so heißt die Station, an der der ICE Geschäftsleute mit Aktenkoffern ausspuckt. In der Vorzeigestadt des Ostens machen sie sich auf den Weg ins gläsern überdachte Business- und Einkaufszentrum Esplanade. Dort tagt eine Versicherung. Abends stehen die Herrn hoch oben im sechsten Stockwerk des Steigenberger-Hotels, blicken auf den großen Turm und genehmigen sich einen Absacker. Wenn sie sich dann in ihre Betten legen, ziehen unten zerrupfte Kinder vorbei, mit klirrenden Ketten, Dornen und ausgebleichten Schlafsäcken. Die Nacht beginnt, die Menschen tanken Kraft für einen neuen Tag – eigentlich nichts Besonderes, wenn es da nicht diese Schattenwelt jener Kinder gäbe, die ins Paradies ziehen, wenn es dunkel wird.

Jena, Stadtmitte, morgens um zehn. Das Wetter ist schön. In der Johannisstraße, am Fuß des großen Turms, stellt der Italiener Tische und Stühle vor das Lokal und sammelt leere Bierdosen ein. Für ihn eine lästige Gewohnheit. Jeden Morgen dasselbe Bild.

Wenige Meter entfernt sitzen bereits die ersten Kinder im dunklen Hausgang der Jungen Gemeinde, einer Einrichtung der evangelischen Kirche. Wie magisch angezogen, kommen sie aus leerstehenden Häusern, aus Abrissbaracken, von Parkbänken oder Schrottautos, hoffen auf Essen, warmen Kaffee, etwas Geborgenheit und ein paar Aufgaben, mit denen sie den Tag füllen können. Das schwere Eisentor ist noch verschlossen, denn Pfarrer Lothar König hat die Nacht mal wieder durchgearbeitet und braucht noch ein paar Minuten für sich.

Katharina, seine Tochter, deckt den Tisch, bringt Kaffee, Baguette und Käse. Endlich wird aufgeschlossen, vier Jungen, zwei Mädchen und ein Hund versammeln sich um den Tisch. An den schmalen Körpern baumeln Schnuller, kombiniert mit Hundehalsbändern und Rasierklingen. König will wissen, wie es seinen Schützlingen geht: »Wo habt ihr denn heute geschlafen? Und Pia, du hast wohl mal wieder Schule geschwänzt. Pia, was war denn gestern nacht, schaust richtig fertig aus!«

Dann wird der Tagesablauf diskutiert, Aufgaben werden verteilt. Wer reinigt die Toiletten? Die dreizehnjährige Steffi hat Cafédienst, und die Jungen sollen die Vorbereitungen für die heutige Filmvorführung treffen. Gezeigt wird das Spiegelbild der Kids: Der kleine Punk.

Felix und Moritz haben nun auch ausgeschlafen. Mit kleinen Augen und einer Alkoholfahne vom Vorabend trudeln sie in der JG ein, vorläufig zum letzten Mal. »Mensch, ihr zwei, eure Mutter kommt später kurz vorbei und will noch ein paar Dinge erledigen. Außerdem, wenn ihr schon morgen nach Berlin abhaut, dann sammelt vorher bitte alle Decken und Schlafsäcke ein«, begrüßt König die beiden.

Die eineiigen Zwillinge blicken sich vielsagend an und machen sich auf den Weg, wenn auch murrend. Anweisungen verabscheuen sie, Widersetzlichkeit ist eine unerschütterliche Konstante und gleichzeitiger Stolperstein in ihrem erschütterten Leben. Gemeinsam der erste Atemzug, gemeinsam der erste Schultag, gemeinsame Wochen in der Psychiatrie, gemeinsame Ruhigstellung durch Ritalin, gemeinsames, unfreiwilliges Verlassen des Elternhauses – mit fünfzehn. Gemeinsam klettern sie nun über einen zwei Meter hohen Gartenzaun und quetschen sich durch ein zerbrochenes Fenster: Station eins im Herbstquartier. Umsonst, sie finden keine Decken, auch nicht unter dem Haufen alter, miefender Kleidung. Am Boden liegen leere Bierdosen, Kippen, Tempos und ein Pilzmittel. An der Decke hängt eine unbenutzte Damenbinde, und an die Wände ist gesprüht: Ruf doch mal an, ruf doch mal an. Weiter, zu Station zwei, durch eine Kellertür, hinauf in den Speicher und raus auf das Dach. Hoch oben, über Jena, da schläft es sich in lauen Nächten besonders gut. Zwei modrige Decken sind schon mal aufgestöbert. Die weitere Ausbeute des Streifzugs durch fünf menschenunwürdige, verdreckte, stinkende Fluchtburgen: vier Schlafsäcke, die nach Schweiß, Alkohol und Urin riechen. Miefende Hüllen, die so was wie Heimat bedeuten, in denen nachts von einer anderen Welt geträumt wird. Felix will mal Tischler werden, wenn das alles hier vorbei ist. Und Moritz? »Mal ne Frau kennenlernen und in weißen Betten schlafen, möglichst auch Kinder haben.« Denen aber solle was anderes geboten werden, als ein »Hobbyhitler«, der heftig schlägt und eine emotionslos wirkende, resignierte Mutter, die ihre Kinder aufgegeben hat.

Wie Lastesel bepackt, kehren sie zurück zur Johannisstraße, vorbei am Steigenberger-Hotel, vor dem die Vertreter Mittagspause halten. Bedauernde und irritierte Blicke auf beiden Seiten.

In der Jungen Gemeinde überreicht Benny dem kleinen Sven ein Mitbringsel vergangener Tage, sein letztes Relikt der Geborgenheit, eine lila Kakaotasse mit der Milkakuh. Der Vierzehnjährige ist jüngst aus dem Kinderheim ausgebrochen und weiß jetzt schon, wo am besten Schlafen ist. Sicher sein vor den Skins sei ein wichtiges Gebot begehrter Schlafplätze, mahnt Moritz.

»Mensch Martin, wo ist Judy, hast du die gesehen? Ihre

Mutter ist da, total fertig. Christiane, warte hier mal eben, ich muss nur noch mal eben zu Felix gehen, muss ganz schnell was erledigen, trink nen Kaffee. Ach ja, Tina, das ist Christiane, die macht da so ein paar Interviews, red mit der mal, könnte ganz gut sein, die schreibt da so ein Buch, Mensch, wo ist denn die Judy? Felix, warte mal hier eben, ich komm gleich wieder, ich frag mal eben, ob der Moritz weiß, wo die abgeblieben ist.«

König verschwindet im Caféraum und kehrt nach wenigen Sekunden wütend zurück. »Kinder, das darf es einfach nicht geben, das könnt ihr nicht machen. Sebastian, warum bist du nicht an der Bar? Geh mal rein, da ist einer von der Straße. Geh rein und red mit dem, das geht nicht, kommt der da rein, und keiner ist da. Ich hab ihm einen Kaffee gegeben, also, sorg dich um den.« Königs Stimme ist laut, Sebastian eilt, kümmert sich um eine verlorene Seele, um einen alkoholisierten Obdachlosen. Der stinkt und friert, denn es ist klirrend kalt, so kalt, dass selbst einer wie er von der Straße in die Wärme kommt.

Die Stunden vergehen. Ständig stehe ich irgendwie im Weg, werde im engen Raum auf die Seite geschubst, jeder kommt und geht, wie in einem Ameisenhaufen, der eng, schrill, bunt und verraucht ist. Jamaikastimmung in der einen Ecke, mit Rastalocken und Reggaemusik, arabische Welten auf der anderen Seite, dunkle Gesichter von Asylsuchenden, in Würfelspielen vertieft. Müde verquollene und leere Augen an der Bar. Sebastian hört zu, wie der alte Mann Wirres berichtet. Seelenverwandte stehen sich da gegenüber, Verbrauchte, Alkoholgeschädigte, Ausgestoßene, die über wertvolles, gemeinsames Wissen verfügen: Wo sind die besten Schlafplätze, an welchen Tagen schnorrt es sich am effektivsten (an den warmen, denn da sind die Leute gut drauf). Alle kennen den harten Boden, auf den man sich weich betten kann, wenn Hochprozentiges Schmerz und Kälte nimmt.

Im anderen Teil des kleinen Raumes sitzen bunte Paradiesvögel, an Ketten gelegt, die klirren, wenn sie an Metalldornen schlagen. Helle Farben, kunstvolle Frisuren, sorgsam geschnittene Irokesenschnitte (Kesis), unter denen die Pubertät sprießt. Die kahlen Stellen sind übersät mit Flecken, mit Pickeln, eitrig gelb und dreckig schwarz. Die grellen Vögel bleiben nie lange an einem Platz, sie flattern wie Zugvögel, denen man die Flügel gestutzt hat, am Boden umher, gedrückt von Kettenlasten und aufgespießt von Nadeln. Ab und zu zieht es sie ins Freie, aber nicht weit, nur bis zu einem Mauerabsatz vor ihrem Nest. Sehr viel weiter kommen sie nicht. Es sind nicht wirkliche Paradiesvögel, freie Vögel, die stolz in Wäldern leben, man bewundert sie nicht wegen ihrer Schönheit, man jagt sie nicht wegen ihres Wertes. Man verachtet sie, denn man hat ihnen Wert, Stolz und Schönheit genommen.

Judy ist aufgetaucht, flüchtet ins Café, wo sie sicher ist, und König hält die Mutter in Schach. »Mensch, das können Sie nicht machen, da reingehen und Ihre Tochter vor allen bloßstellen, das sind ihre Freunde, hier ist noch ein Ort, an dem sie sich wohlfühlt, Mensch, Frau Stebnitz, verstehen Sie das doch bitte. Christiane, Mensch, Sebastian, bring Christiane doch mal nach oben, da kann sie in Ruhe die Interviews machen. Christiane, ich hab Felix Bescheid gesagt, der kommt hoch. Mensch, Frau Stebnitz, wollen Sie einen Kaffee? Holt doch mal einen, setzen Sie sich, der Judy geht es gut, sie braucht das hier, Mensch, bitte verstehen Sie doch, die braucht die Freunde, sonst geht die ganz vor die Hunde.«

Denen aber geht es besser, sie sind wohlgenährt, haben weniger Läuse als ihre Besitzer, bekommen gutes Futter.

Jena ist unter Straßenkindern eine bekannte Anlaufstelle. »Die wichtigste in Deutschland«, meint die vierzehnjährige Tina, selbst seit zwei Jahren von zu Hause weg. Es gibt aber auch Kids wie Moritz und Felix, denen die Familie zu kalt, unberechenbar und gefährlich ist, Jena zu klein und die Drogen zu weich, und deren Traum die wilde, große und anonyme Stadt Berlin ist. Wenn die Kids am Bahnhof Zoo landen, gäbe er ihnen noch drei Jahre, dann sei Schluss, prognostiziert König deren schicksalhaften Werdegang. Auf weiche Drogen wie Hasch und Alkohol folgten die harten und dann deren unausweichliche Folgen: der Strich und vielleicht auch der Tod, wenn die Seele endgültig resigniert und der Körper von Drogen zerfressen ist.

Über die Gründe für das Straßenleben weiß König keine wirkliche Auskunft zu geben. Mal sei es ein unerbittliches Elternhaus, in dem Kinder irgendwann keinen Platz mehr haben, mal seien es die Kinder selbst, die sich an gesellschaftliche Normen nicht mehr halten mögen und irgendwie hineingeraten in die Szene. Tina kommt aufgrund ihrer langjährigen Straßenerfahrung zu der Überzeugung: »Die meisten werden daheim brutal misshandelt, viele auch vergewaltigt. Sie fliehen aus Angst.« So wie Tina selbst.

Plötzlich erscheint Frau P., die Mutter der Zwillinge, blass, mit versteinerter Miene, und legt einen Packen Unterlagen auf den Tisch. Moritz und Felix tauschen Blicke aus, die nur sie verstehen. Der Wehrdienst ruft. Post vom Amtsgericht. Sie wollen Fragen beantwortet haben, die so leicht nicht zu beantworten sind. Schulausbildung? Keine, die wurde vor Monaten einfach so abgebrochen.

Derzeitiger Wohnsitz? Was soll man darauf antworten? Ansonsten will die Mutter noch wissen, ob die Zwillinge etwas dagegen hätten, wenn man ihre Kinderzimmer zu Gästezimmern umbauen lassen würde. »Kannst du machen, wir kommen eh nicht mehr zurück«, so die unerbittliche Antwort der Kinder, deren Augen jedoch eine andere, eher wehmütige Sprache sprechen. Mit einer zaghaft kurzen Umarmung und dem Versprechen, sich zu melden, entlässt eine Mutter nach sechzehn Jahren ihre Kinder nun endgültig in eine ungute Zukunft.

Den Zwillingen ist nach dieser Begegnung nach einer kurzen Bierpause, sie trinken vor dem Eisentor, denn in der Jungen Gemeinde herrscht bis abends um sechs Alkoholverbot. Felix verspricht mir, so schnell wie möglich zu unserem Gespräch zu erscheinen: »Schnell trinken hab ich inzwischen gut gelernt, haha!«

Olaf bringt mich inzwischen ins obere Stockwerk, in einen hohen, quietschgelb gestrichenen Raum. Dort warte ich inmitten allerlei Gerümpels auf Felix. Ich warte auf einen der schrillen Typen mit buntem Haar, auf einen jungen Kerl, der streng riechen wird, weil sein Körper wochenlang kein Wasser, geschweige denn Seife erfahren hat, weil seine Kleidung nie gewechselt oder gereinigt worden ist, weil sich am alten Parka der Dunst von Bier und Rauch festgesetzt hat. Ich warte auf eine zugrundegerichtete Existenz, auf eine Lebensgeschichte, die mir – zum ersten Mal in meinem Berufsleben – Tränen in die Augen jagen sollte. Das alles ahne ich noch nicht wirklich, als Felix mit klirrenden Ketten und schwerem Schritt die hölzernen Treppen zu mir nach oben poltert.

Er nimmt Platz, zündet sich eine Zigarette an und mustert mich erwartungsvoll. Dass sich jemand für sein Leben interessiert, scheint ihn zu überraschen. Seit sechzehn Jahren hat es niemanden tangiert, jetzt kann er erzählen, und er redet sich Ballast, Verzweiflung, Resignation und Träume von der Seele.

Er berichtet wirr durcheinander, springt von einem Thema zum anderen, vom leiblichen Vater, der die Familie verließ, als er und Moritz drei Jahre alt waren, bis hin zum gehassten Stiefvater, der ihn quälte.

Er erzählt von fehlender Geborgenheit. Die Mutter habe sich nicht um ihn kümmern wollen, habe ihn einfach nicht geliebt, sagt er mit tonloser Stimme und fährt fort: »Als ich vier war, kam meine Schwester, die war immer bevorzugt, ich hab meiner Mutter immer wieder gesagt, du hast mich nicht lieb und so, das weiß ich noch, da war ich vier. Seit meinem sechsten Lebensjahr drückt sie mich nicht mehr. Ich hätte es damals gerne gehabt, aber jetzt werde ich selber fertig mit meinen Problemen.« Die Schule hat ihm keinen Spaß gemacht. Zu den Punkern ist er mit vierzehn Jahren gekommen. »Bin ziemlich faul. Es ist einfach so, die Lehrer erzählen dir immer wieder das gleiche, stundenlang, es war einfach langweilig, spätestens nach der vierten Stunde hatte ich keinen Bock mehr, habe jetzt schon sechsundfünfzig Fehltage, jetzt gibt es schon Bußgeld. Meine Mutter hat früher immer gesagt, mach doch, aber ich hab keinen Bock gehabt, und dann hat sie gesagt, ach, mach doch, was du willst, da war ich fünfzehn.« Früher war er mal Mitläufer bei den Skinheads, plapperte deren Ideologie mehr oder weniger hirnlos nach, bis er anfing zu denken und – wie so viele – das Lager wechselte, zu den Punks.

Ab dem fünfzehnten Lebensjahr wurde er von Mutter und Stiefvater regelmäßig aus der Wohnung geworfen. Die Gründe: der erste Iroschnitt und spätes Nachhausekommen. Für Frühstück in der Schule sorgten seine Kumpels, die Punks.

Manchmal kehrte er heimlich nach Hause zurück, »so zwischen zwei und halb sieben, da hat der Vater geschlafen« – nicht um zu schlafen, sondern der Wärme wegen. Nachts auf der Straße schlafen, daran konnte er sich mit fünfzehn Jahren nicht ganz gewöhnen: »Ist übelst kalt da draußen.« Dennoch, auf der Straße ist es cool, »wenn da so Säufer vorbeikommen und dich vollabern und nichts mehr auf die Reihe kriegen, so abends ist es schon richtig verrückt. Abends musst du dir einen richtig guten Schlafplatz suchen, im Parkhaus sind Faschos, da ist es gefährlich. Am Bahnhof, da kamen sechs Stück, ich hatte da einen Mantel, mit einem A drauf ... Na, verbrenn den Mantel, ich hab den dann so ein bisschen angezündet, dann haben sie ihn dann auch noch mit dem Messer aufgeschlitzt. Wenn da so eine ziemlich große Horde dasteht mit dem Messer, dann musst du schon machen, was die sagen.«

Von den Altfaschos wurde er oft zusammengeschlagen. »Das ist so, du läufst so, dann hörst du es schon von hinten, he, dreh dich rum, dann dreht man sich rum, und dann, wenn du am Boden liegst, dann treten die immer noch auf dich ein. Dann denkst du, hoffentlich ist es nicht so krass, du willst nicht ins Krankenhaus, du versuchst dich so gut wie möglich zu schützen, also nicht zu wehren, einfach nur schützen.« Welche Empfindungen hat ein Fünfzehnjähriger in solchen Situationen? »Angst hat man weniger, es ist mehr so, ob's bleibende Schäden sind, es ist so, wenn du irgendwo runterspringst, dann ziehen also ganz schnell übelste Bilder an dir vorbei. Es war mal ganz schlimm, es kam mir wie eine Stunde vor, als sie auf mich raufgetreten haben, der eine ist auch noch mit dem Messer auf mich, am Rücken habe ich quer einen Riss. Die treten so immer in die Magenkuhle rein, dass du kotzen musst, und auf die Nasenwurzel treten sie immer.« Die Angst vergeht, man muss nur oft genug geschlagen werden, dann weiß man sich auch zu wehren, erklärt er stolz. »Du weißt dann auch schon, wenn es bekannte Gesichter sind. Du weißt, wie sie dich zusammenschlagen, wo der erste Schlag hingeht. Dann weißt du auch, wie du dich besser schützen kannst. Das sieht man an den Gesichtern, wenn da einer mit einem übelst bösen Blick ist, kommt auch auf die Größe an, normalerweise treten die nicht gleich zu, die schlagen erst mal ins Gesicht, bis du umfällst. Na ja.«

Sein planloser Wortschwall führt uns vom erbarmungslosen Staat über arme Asylanten bis hin zur eigenen, ersehnten Freiheit: »Wie der Staat mit den Asylbewerbern umgeht, das gefällt mir nicht. Ich will auch Freiheit, will nicht gebunden sein. Zuhause hab ich wegen jedem bisschen Hausarrest gekriegt, dann bin ich da abgehauen, und dann gab es wieder Schläge. Meine Mutter hat nie geschlagen, es ist immer mein Stiefvater. Bei einer Fünf im Zeugnis, da geht es dann rund, oder sonst so. Dabei hat er mich nicht mit der flachen Hand, sondern mit der Faust, so richtig. Aber ich habe mich da auch schon daran gewöhnt. Mit sechs, sieben Jahren, da ging das noch mit der flachen Hand, mit der Faust kam dann später, als ich vierzehn war. Immer auf den Kopf, und meine Mutter sagt immer, nicht auf den Kopf, und er dann, dümmer kann er nicht werden.«

Jetzt, mit sechzehn muss er endgültig raus aus dem elterlichen Haus, muss den Schlüssel abgeben, darf sich nicht mehr blicken lassen: »Ist gut so, auf der Straße leben, kannst machen, was du willst.«

Wenn er hier in seiner Heimatstadt keinen Schlafplatz hat, dann geht er in in die Stadt G., zum Mekka der Punks, denn »da gibt es gutes Essen, Hippies, keine Faschos, die Bullen machen nichts. Essen muss man sich nicht schnorren. In der Traumstraße gibt es Fressen, für fünfzig Cents kann man fressen, was man will. Auf der Straße, das ist eine Herausforderung, da kannst du sein, wie du willst. Da werde ich wohl bleiben.«

Sein momentan wirkliches Zuhause, da wo er sich am wohlsten fühlt, das ist hier, im Hinterhof, den man durch eine enge Einfahrt erreicht.

Dort ist das Nest der schrillen Paradiesvögel, eine Oase, liebevoll hergerichtet mit fliegenden Fahrrädern, die hoch oben an den kaputten Gemäuern baumeln. Die noch halbwegs intakten Wände sind kunstvoll mit Graffiti besprüht.

Dort ist die Festung, die durch mehrere schwere Eisentore zur Straße geschützt ist. Die sind tagsüber geöffnet, nachts jedoch, wenn der eigentliche Kampf beginnt, da müssen alle wieder raus, das Nest verlassen und kämpfen, um Geld, Bier, einen Schlafplatz, um Wärme – und gegen Skins. Dort im Hinterhof ist ein buntes Auffangbecken, in dem sich Gestrandete ausruhen, Sinn suchen und finden. Dünne Kinder, die ungewollt schwanger geworden sind, Kinder, die Babys in den Armen wiegen. Punks, Alks, aber auch politisch Organisierte, die sich gegen Rechts verbünden und Aktionen planen. Es ist eine Gemeinde junger, völlig unterschiedlicher Menschen, die sich je nach Kraft und Können gegenseitig stützen.

Vor allem aber ist dort der Pfarrer König, der an Rübezahl erinnert, ein Riese des Herzens mit einem langen Rauschebart, mit einem Gesicht wie Bud Spencer, aber leider nicht mit dessen Kraft versehen. Sie hatten ihn damals schwer zugerichtet, die Rechten. Am Kopf verläuft eine dicke Narbe, seine Schädeldecke ist eingedrückt. Zwischen den beiden Eisentoren hatten sie ihn niedergetreten, ihm die Schädeldecke gebrochen, nicht aber den Willen, jenen zu helfen, die letztlich ihresgleichen sind: verlorene Seelen.

»Ein Zuhause ist irgendwie wichtig«, meint Felix. »Ein Zuhause ist für mich, da sind auch viele Freunde für mich, wenn ich Probleme habe, dann geh ich halt zum Lothar. Der versucht noch was aus mir zu machen.«

Die Eltern? Haben die noch eine Chance, ihn jemals zurückzuholen? Nicht wirklich, denn: »Wo meine Mutter das erste Mal gesagt hat, ich soll gehen, habe ich gedacht, die macht einen Spaß, aber war nicht so. Aber jetzt mach ich mein Ding.«

Felix wird nachdenklich, vielleicht würde er doch mal wieder zurückkehren, aber nur um kurz »hallo« zu sagen, denn eigentlich höre ihm die Mutter ganz gut zu, »auch wenn ich viel Scheiße labere. Zum Beispiel gestern abend wollte ich was zum Essen haben, aber das wollte sie nicht. Dann wollte ich Geld haben, damit ich essen kann, morgen zum Frühstück. Aber meine Mutter hat selber nicht viel Geld, die ist arbeitslos. Gestern hab ich kein Abendbrot gekriegt, weil ich zu spät war, wenn ich nach sechs Uhr komme, gibt es nichts mehr, aber ich konnte ja nicht früher kommen, weil mein Vater mich sonst sieht. Ja, es gab Zeiten, da hab ich es verstanden, es gab aber auch Zeiten, da hatte ich einen Hass auf sie, aber nach drei Stunden war es wieder vorbei, da war es in Ordnung.« Felix drückt die Zigarette aus, wendet den Blick nicht vom Aschenbecher, sammelt seine Gefühle und erklärt leise: »Manchmal muss ich weinen, wenn ich daran denke, wenn die Mutti stirbt, wenn die mal stirbt ... weil irgendwie habe ich die schon ganz lieb ...«

Eine lange Pause entsteht.

»Ich bin unruhig, ich bin hyperaktiv, da hab ich Ritalin gegessen, die in den gelbweißen Packungen«, fährt Felix schließlich fort. Die Wirkung war jedes Mal kurz und befremdlich, nach einer Stunde schon fühlte er sich, als ob »sie dir die Ohren aufgemacht hätten, ja und dann bist du wach – cool!«

Therapiert wurde rauf und runter, er machte eine Art »Motortherapie«, landete auch in der Psychiatrie, weil er sich ständig auf brutalste Weise mit seinem Bruder prügelte, Steine vom Balkon auf ihn schleuderte: »Das war aber nur Langeweile, wenn wir uns gekloppt haben.« Die Psychiatrie besuchte er zusammen mit seinem Zwillingsbruder, eingewiesen wurde er von einem örtlichen Arzt: »Ja, der hat gesagt, wir sollen da rein, da hab ich gedacht, gut, dann gehen wir halt rein.« In der Anstalt wurde viel gebastelt, »ja, wolltest halt deinen Eltern was schenken, wenn sie zu Besuch gekommen sind. Du bist da mit Typen da drinnen, es ist ziemlich irre. Die Psychologen haben immer nur erzählt, ich soll mich benehmen, ansonsten haben die mit mir nichts gemacht. Um ehrlich zu sein, ich hab gemeint, ich gehör da nicht rein.«

Drei Monate hielten es die Brüder unter den »Irren« aus, bastelten für die Eltern kleine Präsente und versprachen irgendwann, artig zu sein. So entließ man sie denn wieder.

Mittlerweile sieht Felix in seinem Leben keinen Sinn mehr, früher jedoch wollte er noch kämpfen, bei seinem Blinddarmdurchbruch etwa: »Da wollte ich nicht verrecken, jetzt ist mir das egal, ich hab da keine Probleme, wenn ich irgendwo kümmerlich liege und abkratze, jeder wird irgendwie sterben, ob früher oder später ist eben egal.«

Dennoch hat Felix noch Illusionen, und seine Augen leuchten, als ich ihm den Vorschlag mache, einen Tag seiner Träume zu beschreiben:

> »Du wachst auf, siehst gerade so einen Sonnenaufgang, so in einem richtig schönen Rot. Du liegst auf einer Weide, einer richtig fetten grünen Wiese, und da kriegst du ein Frühstück. Es ist so eine richtig schöne Landschaft. Du siehst vielleicht auch noch weiße Eisberge von weitem auf einem Berg oben, wo noch Schnee liegt. Hast halt ein Mädel im Arm, das du liebst, und du liegst einfach nur da. Die Sonne scheint halt den ganzen Tag, und du kannst machen, was du willst. Die Sonne hat mehr so ein grelles Orange und oben drüber noch so ein Grauton, wie so ein Schleier mit Wolken und so. Am Abend siehst du sie halt hinter dem Berg so verschwinden. Und du siehst halt nur noch oben durch die Berghügel so durch – das ist bestimmt ein gutes Muster.
> *(Lange Pause)*
> Dann wird es wieder dunkel, und du liegst immer noch mit deinem Mädel im Arm auf der Weide. Und dann, dann siehst du halt den klaren Sternenhimmel und viele Sternschnuppen.«

Stille im Raum, in dem es inzwischen dunkel geworden ist. Einzig das rote Männchen in einer Fußgängerampel, die man hier an die Wand gehängt hat, leuchtet. Anderes Licht geht nicht. Zwischen alten Matratzen, einem kleinen Tisch und aufgestapelten Stühlen träumt ein zerrupfter Paradiesvogel mit rotem Kamm von seinem genügsamen Eden, das keine zweitausend Meter von hier entfernt zu haben wäre, doch der Traum scheitert nicht an der Überwindung physikalischer Gegebenheiten. Vielmehr sind es die Ketten, die sich um den Vogel gelegt haben, Eisernes, das ihn knechtet und zu einem Gefangenen seiner unnachgiebigen Sehnsucht nach Freiheit macht.

Abends, um elf Uhr. Ein weiterer Tag gebotener Geborgenheit geht zu Ende. Der Pfarrer schließt das eiserne Tor. Sein Antrag eines Jugendwohnprojekts ist bislang nicht bewilligt worden. So sieht er allabendlich zu, wie die Kids mit geliehenen Decken von dannen ziehen, mit biblischer Härte, wie er mit Jesajas Worten zu sagen pflegt: »Äußerlich hart werden, wie ein Kieselstein, um innerlich lebendig zu bleiben.« Nur so lasse sich der Anblick ertragen, wenn sie im Dunkel verschwinden. Eine lange Nacht steht an. Moritz, Felix und ein paar andere Heimatlose trotten mit Decken (»Bringen wir diesmal auch wieder zurück, versprochen!«) durch die einsamen Straßen Jenas. Im Foyer des Hotels ist es menschenleer. Unweit vom Bahnsteig, an dem der ICE die Vertreter vor ein paar Stunden eingesammelt hatte, bereitet man sich kleine Nester.

Ein letzter Schluck aus der Dose, ein letzter Schlaf im fensterlosen Haus.

Gute Nacht im Paradies.

Kinder, die erzählen

Silvia ist sechzehn und hat ihre Eltern heimlich bei einem Sado-Maso-Spiel beobachtet. Anfangs war sie sehr schockiert, dennoch gefällt ihr, dass ihre Mutter den Sadopart übernehmen durfte. Seit dieser Nacht hat sie von ihren Eltern ein »gewöhnungsbedürftiges« Bild.

Sofie ist vierzehn, hat immer dunkle Augenringe, rechnet in dem Buch mit ihrer Mutter ab und kann sich ein Leben ohne ihre Freundinnen nicht vorstellen.

Stefan ist siebzehn und fühlt sich aufgrund seines Äußeren von Frauen zurückgewiesen, worunter er sehr leidet. Seinen Kummer möchte er den Eltern nicht mitteilen, da diese seine Welt eh nicht mehr verstehen könnten.

Steffi ist zwölf und berichtet, wie das Baby ihrer Tante gestorben ist. Sie würde gern nach New York fliegen und in ein Kino gehen, »wo man miterleben kann, wie das passiert ist mit den Zwillingstürmen«.

Susan ist dreizehn und spricht über die Scheidung ihrer Eltern.

Till, achtzehn, ahnt, wie vergänglich die Zeiten sein können, dass sich vieles im Leben ändert, dass Freunde kommen und gehen. Er sehnt sich zurück nach den alten, unbeschwerten Zeiten, die er mit Freunden auf Obstbäumen verbrachte.

Timmy, achtzehn, hat seine erste große Liebe bei einem Autounfall verloren. Ihren Tod hat er bis heute nicht verkraftet.

Timo ist vierzehn, liebt seine Eltern über alles und kann sich nicht vorstellen, mit ihnen jemals ernsthaft zu streiten, da sie immer für ihn da seien. Er gesteht, dass er immer noch glücklich ist, wenn seine Mutter ihm abends einen Kuss vor dem Zubettgehen gibt. »Ist ja fast peinlich, wenn ich das sage.«

7 DIE VERBORGENE WELT DER ZUKUNFT

Wohin schicken wir sie? In welche Welt entlassen wir sie? Wenn sie heute mit ihren Skateboards auf den Plätzen herumturnen, wenn sie in zu weiten und tiefhängenden Hosen gelangweilt umherziehen. Welche Form der Zukunft tragen sie in ihren East-Pack-Rucksäcken – falls diese zwischen Coladosen, Zigaretten und Schminkutensilien überhaupt Platz hat. Alles wirkt auf uns so leicht, wenn sich die Heranwachsenden Poster von Eminem, Linkin Park und Nelly an die Wände hängen, wenn sie über JackAss ablachen oder bei »Gute Zeiten, schlechte Zeiten« träumen. Unbeschwerte Jugend. Ist deren Welt wirklich so einfach, schön, überschaubar? Und in welcher Zeit sind wir selbst aufgewachsen? War die Zukunft Bestandteil unseres Denkens, oder war es damals unmodern, daran überhaupt zu glauben? Atomkraftwerke, Nato-Doppelbeschluß, Kalter Krieg, saurer Regen haben unsere Zukunft vor zwanzig Jahren subjektiv, vor allem in Deutschland, heftig bedroht. Die Befürchtungen sind nicht vorbei, sie haben sich nur ein bisschen geändert. Dennoch sehen die heute Vierzigjährigen die Zukunft für sich nicht so bedroht wie in ihrer Jugend – der Jugend kurz vor der Golf-Generation.

Was spielt sich heute in den Köpfen der nächsten Generation ab? Haben sich die Flugzeuge am 11. September nicht nur in die Wahrzeichen von New York gebohrt, sondern auch in unser aller Köpfe? Und die Krisenherde? Irak, Afghanistan, terroristische Aktionen in Kenia, Bali, Arbeitslosigkeit, Wirtschaftskrisen? Sind die Probleme und Schreckensmeldungen so gewichtig, dass sich unsere Kinder um ihre eigene Zukunft sorgen?

Sie tun es. Alle, mit denen ich gesprochen habe. Die große, weite Welt ist kaum mehr eine Herausforderung.

Sie wird als bedrohlicher, höllischer Geistertanz betrachtet, bei dem die irdischen Schönheiten in Dämonen verwandelt sind. Kriegsangst vermischt sich mit Grauen.

> »Die Welt ist ganz komisch geworden. Man sagt immer, dass sich die Welt schlagartig verändern kann, das glaube ich auch, das, was in Amerika passiert ist mit dem World Trade Center, das hat die Welt auch ganz schön verändert. Immerhin ist man jetzt auf den Terror wieder aufmerksam gemacht worden in den ganzen Ländern. So etwas verändert die Welt, so etwas verschlimmert die Welt. Ich kann mir das auch nicht vorstellen, wie das Leben in vielen, vielen Jahrhunderten sein soll. Allein schon die Umweltverschmutzung, dann Arbeitsplätze – man bekommt heutzutage ja kaum Arbeit –, Überbevölkerung, so etwas, oder Kriege. Ich habe wahnsinnige Angst vor dem dritten Weltkrieg.«

Die große, weite Welt, so nah sie ist, wenn wir vor dem Fernseher sitzen, die Zeitung aufschlagen, so fern ist sie doch für Kinder. Und Jugendliche wollen sie auf Distanz halten, weil sie so beängstigend ist. »Ja, ich würde die Welt schon ganz gern mal sehen. Aber ich bin froh, dass ich auf dieser Welt überhaupt noch lebe.«

Sie bleiben gerne zu Hause, in ihren Städten und Dörfern.

> »Ich war in Griechenland und Italien, Frankreich, weiter noch nicht. Weiter will ich auch nicht, denn da gibt es Krieg und Krankheiten oder halt Milzbrand oder so was.«

Man müsse sich damit abfinden, dass Lösungen, Änderungen, Geborgenheit und Sicherheit ebenso fern seien wie die große, weite Welt:

»Schrecklich, aber man muss irgendwie damit klarkommen können, weil man Terror nicht einfach wegstecken kann, das geht nicht, denn so wie die USA jetzt darauf antworten, das ist eine Lösung, aber den kann man nicht wegkriegen, du kriegst den Terror nicht weg.«

Wie sollten mögliche Lösungen überhaupt aussehen? Wer ist in der Lage, Einfluss zu nehmen auf all die Geschehnisse, denen man doch letztlich ohnmächtig gegenübersteht:

»Die Welt interessiert mich eigentlich nicht so, weil ich meine eigenen Probleme habe, nicht einmal die schaffe ich, und dann auch noch die Probleme von der Welt, das kann man sich ja nicht alles auflasten. Die wird man doch eh nicht alle lösen können.«

Die große, weite Welt, wie angstvoll unvertraut ist sie doch:

»Ich habe Angst vor der Welt, gerade jetzt in der letzten Zeit, die Bin-Laden-Sache, vor der habe ich Angst. Man weiß nicht, wer als Nächstes mal durchdreht und vielleicht woanders Bomben wirft.«

Wie schön könnte sie sein, wenn man wüsste, wo der sichere Ruhepol zu finden ist. Da wird sie auf einmal sehr klein, die Welt, die unsere Kinder kennenlernen wollen:

»Ich würde gern mal nach Paris fahren, weil es ja die Stadt der Liebe sein soll, die Sehenswürdigkeiten vielleicht betrachten und so, aber im allgemeinen käme eine Weltreise für mich nicht in Frage. Das ist mir zu gefährlich. Man weiß ja nicht, was auf einen zukommt, wenn man als Ausländerin in ein anderes Land kommt. Wo wir in Italien waren, haben wir auch eine Anzeige gekriegt, weil wir angeblich Strandliegen beschädigt hätten, wir Schüler, na ja, deswegen sage ich mir, lieber nicht. Ja, Europa würde ich schon ganz gern mal sehen, aber jetzt Türkei und so, das wird mir zu gefährlich, weil, was man darüber hört, dass die Frauen sozusagen versklavt werden. Man hat auch mal gelesen, dass eine junge Türkin von ihrem Mann verprügelt wurde. Sie hat ihm dann den Penis abgeschnitten, und sie wurde dann verurteilt, weil der Mann dort das Recht hat.«

Und wann folgt so etwas wie Resignation? Wie Abhärtung? Wie Kapitulation? In der Regel erst dann, wenn alles zuviel wird, wenn man sich gewöhnt hat an all die Schreckensmeldungen und Horrorszenarien. Einige Jugendliche aber haben aufgegeben, sind abgehärtet, haben sich gewöhnt an alles, was sie erleben und sehen:

»Das ist ja das Ding bei Nachrichten, irgendwie können einen Nachrichten auch nicht mehr bewegen. Es wird halt alles immer gezeigt, genau draufgefilmt, wenn jemand erschossen wird oder so, das kann einen dann auch nicht mehr bewegen, es sind halt die täglichen Bilder, wovon sich keiner mehr richtig beeinflussen lassen kann. Natürlich hat man im Hinterkopf, das ist jetzt super Scheiße, aber man kann sich dem nicht widersetzen, weil die Medien immer nur das Krasseste zeigen, und man gewöhnt sich einfach daran. Die Welt ist in meinen Augen ziemlich ungerecht. Weil es nicht irgendwie gepackt wird, dass sich irgendwas verbessert, weltweit oder so.«

Wenn die Kinder Play Station spielen, im Kino *Herr der Ringe* ansehen, wenn Jugendliche abends in der Disko tanzen, sich im Park treffen, durch Geschäfte bummeln, ist sie jedoch sehr weit weg, diese unerbittliche Welt, denn Deutschland, so die einhellige Überzeugung aller, sei im großen und ganzen »ziemlich okay«.

Ein sicheres und schönes Land, das für fast alle seine Bürger Verantwortung trage: »Deutschland ist eines der entwickeltsten Länder, und uns geht es ja sehr gut hier. Ändern würde ich, dass mehr Menschen auch was für die Armen spenden.«

Ein Land, in dem meistens Gerechtigkeit groß geschrieben werde, obwohl: wenn »jetzt jemand ein Bonbon geklaut hat, dann kommt der in den Knast, und wenn jemand ein kleines Mädchen vergewaltigt hat und der bringt das Mädchen auch um, der geht nur in die Klapse, und da wird er dann geheilt. Das finde ich blöd.«

Hier in Deutschland, das von allen Kindern und Jugendlichen, die ich sprach, als Zentrum einer friedlichen Oase empfunden wird – »Wenn ich jetzt hier weg müsste, wenn ich irgendwo anders hinziehen müsste, ich hätte davor erst mal Angst, weil ich ja nicht weiß, wie das wird. Davor hätte ich dann bestimmt Angst. Ich weiß nicht, wie das dann weitergehen würde.« –, hier verspüren sie so etwas wie Optimismus, wenn sie an ihre Zukunft denken, wenngleich mit bangem Anflug von Furchtsamkeit, die fast jeder tief im Inneren verspürte, auch der kleine Michi, der mir inmitten seiner friedlichen Idylle, zwischen Hasen, Ziegen und Kühen leise sagte: »Ja, in Deutschland ist es sehr schön, aber vor dem Krieg hab ich trotzdem ein bisschen Angst, dass es Deutschland trifft oder so.«

Was wird sein – was ist geschehen?

Ist alles so gekommen, wie Sie es sich früher vorgestellt haben?

Nehmen Sie sich Zeit für das nun folgende Kapitel. Schlagen Sie das Buch jetzt zu, wenn Ihre Kinder – falls Sie welche haben, noch nicht im Bett sind. Lesen Sie nicht weiter, wenn Sie keine wirkliche Muße haben. Warten Sie, bis Ihre Kinder ruhig schlafen, alle Termine und Anrufe erledigt sind. Nehmen Sie vielleicht ein warmes Bad, hüllen Sie sich in einen weichen Bademantel, brauen Sie sich einen Tee oder trinken Sie ein Glas Wein. Lassen Sie sich von niemandem stören, während Sie die nächsten Seiten lesen. Sie werden Ruhe benötigen, Besinnung und Konzentration.

Es sollte dunkel sein und ruhig. Haben Sie noch Musikstücke aus Ihrer Jugendzeit greifbar? Das wäre gut. Bevor Sie das Buch weiterlesen, sollten Sie Ihre Jugend zurückholen. Haben Sie noch alte Fotos? Irgendwelche Alben oder verstaubte Fotokisten auf dem Speicher? Einen abgegriffenen Teddybären, ein Poesiealbum mit Beiträgen von Freunden, ein Tagebuch, Enid Blytons *Fünf Freunde, Die drei Fragezeichen,* was auch immer?

Ist alles so gekommen, wie Sie es sich vorgestellt haben?

Öffnen Sie das Fotoalbum, wühlen Sie in der Kiste, und führen Sie sich die Zeit vor Augen, in der Sie so alt waren wie die Kinder, die in diesem Buch sprechen. So plastisch und intensiv wie möglich.

Da halten Sie nun ein Foto in den Händen, lächeln über Ihre Frisur von damals – und Ihre Kleidung, mein

Gott, was hat man damals alles als schön empfunden! Hier ein Foto, auf dem Sie wohl um die zwölf waren: Kaffeetrinken bei der Oma. Die ist inzwischen gestorben. Damals saßen Sie noch auf ihrem Schoß. Sie hat immer alles erlaubt und konnte wirklich gut zuhören. Jetzt, wenn Sie das leicht vergilbte Bild in der Hand halten, merken Sie wieder, wie sehr sie fehlt.

»Wenn ich an die Zukunft denke, habe ich Angst vorm Altwerden und Sterben. Vielleicht dass mein Freund an einer Krankheit vor mir stirbt, oder dass aus der Familie jemand stirbt, so meine Oma, also Menschen, die mir sehr am Herzen liegen, oder dann jemand wegzieht, durch eine Scheidung oder so.«

»Ich seh die Zukunft nicht so toll, Ich bin dann ganz auf mich allein gestellt, weil vielleicht dann auch Menschen nicht mehr da sind, die mir jetzt helfen. Ich muss dann mein eigenes Geld verdienen und den Haushalt machen. (Lächeln) *Auf Putzen hab ich keine Lust, auf Kochen schon. Später möchte ich ein Haus auf dem Land hier in der Nähe haben, woanders hinziehen will ich nicht.«*

Vielleicht finden Sie ein paar alte Klassenfotos.

Sie kennen nicht mehr alle Namen der Mitschüler, die neben- und hintereinander aufgereiht in die Kamera grinsen. Dennoch fallen Ihnen Geschichten ein. In der letzten Reihe, zweite von links, stehen Sie selbst, den Arm im Gips – ein Fahrradunfall. Unten rechts sitzt Detlef auf dem Boden und hält Zeige- und Mittelfinger zum Victoryzeichen hoch. Er war der Lehrerschreck, erinnern Sie sich. Oben, in der vorletzten Reihe ganz rechts, mit der dicken Brille, das ist der Wolfgang, dessen Eltern Lehrer an Ihrer Schule waren.

»Ich habe irgendwie Angst vor der Zukunft, weil man nicht so richtig weiß, was auf einen zukommt, was passieren kann oder so. Das ist einfach so bei mir, dass ich sage, dass ich irgendwo Angst habe.«

Es war ein hartes Schuljahr, weil Sie keine rechte Lust hatten, zu lernen. Schuld daran, so mögen Sie sich vielleicht erinnern, hatte die Person, die auf dem Bild neben Ihnen steht: die erste Liebe.

»Ich will meiner Freundin später auch eine tolle Zukunft bieten können. Ich hätte gern mit ihr eine Familie, da haben wir auch drüber gesprochen. Wir müssen nur gucken, dass wir beide einen tollen Beruf bekommen, wo wir nicht wenig verdienen. Wir hätten gerne zwei Kinder, ein Haus und zwei Autos.«

»Meine Zukunft stelle ich mir auf jeden Fall mit meiner Freundin vor. Ein eigenes Haus brauche ich nicht unbedingt, aber zusammen mit meiner Freundin hätte ich gern ein eigenes Auto. Ich freu mich darauf, mal eine eigene Familie zu haben.«

Ganz vorne in der Mitte steht der Klassenprimus Martin, der immer alles wusste. Neben ihm Angelika, die hat immer an den Nägeln geknabbert. Dahinter Fabian, der immer für Aufregung sorgte. Er kaute immer Löschpapier, schleuderte es an die Decke vom Klassenzimmer, wo es wochenlang kleben blieb. Im Unterricht passte er nur selten auf, er war das große Problemkind aller Lehrer.

Ich möchte halt gerne – ja, wenn es nach mir ginge, würde ich am liebsten ein berühmter Musiker werden, aber da ich genau weiß, dass das sowieso nicht passieren wird, denke ich mir, dass ich gerne Musik studieren würde und Musiklehrer werden würde, aber nur auf dem Gebiet Schlagzeug, nur Schlagzeug und Percussion, alles, was Rhythmus erzeugt. Aber ich denke mal, dass ich – ich weiß noch nicht, wie ich das mache mit dem Studium –, ich muss erst noch Abi machen, das ist ziemlich schwer, von daher habe ich mir gedacht, ach, keine Lust mehr auf die Schule, mache ich erst mal eine Lehre.«

»Familie, Haus, soviel Einkommen, dass wir gut über die Runden kommen, so sehe ich meine Zukunft. Ich will das unbedingt schaffen, sagen wir mal so, aber ob das mal so wird, weiß ich nicht, bin halt zu faul und hab keinen Bock aufs Lernen. Familie will ich aber erst, wenn ich die Lehre und vielleicht ein Jahr Berufserfahrung hinter mir habe, dann ja.«

Susanne, die links außen ihre Hände in die Hüften stützt, war so sportlich, dass Sie immer ganz neidisch waren. Hinter ihr steht Lydia, mit der Sie eine Zeitlang eng befreundet waren, bis es Streit wegen eines Jungen gab. Lydia konnte so laut und herzlich lachen.

»Ich will mal später eine ordentliche Ausbildung als Masseurin machen, vielleicht danach noch eine Ausbildung, erst als Masseurin, dann eine Weiterbildung als Kosmetikerin, dass ich viel Geld verdiene, dass ich zum Beispiel meine Wohnung bezahlen kann oder meine Miete bezahlen kann, dass ich mir noch Essen kaufen

kann und dass es vielleicht noch reicht, dass ich mir Sachen oder Geschenke kaufen kann für Freunde, wenn sie Geburtstag haben.«

Lucie, hinten in der Mitte, hatte einen Schäferhund, von dem sie ständig erzählte. Bossi konnte angeblich alles, Drogen aufspüren, Verschüttete befreien, Blinde führen und Lucie vor beliebig vielen Verbrechern und Feinden schützen.

»Wenn ich an die Zukunft denke, habe ich etwas Angst, dass alles schieflaufen könnte, dass ich auf den falschen Weg komme. In meiner Generation kann man ganz schnell an Drogen kommen oder so, dass ich halt zu den Sachen komme durch schlechte Freunde oder so, oder dass ich mich halt in einen schlechten Kerl verliebe, der Alkoholiker oder Drogensüchtiger ist oder sonst etwas.«

Und dann können Sie sich auch noch an den Peter Knobloch erinnern, über den später in der Abiturzeitung stand: heißt nur so, stinkt aber anders. Peter war stets adrett gekleidet, sein Vater war ein bekannter und gefürchteter Rechtsanwalt, und Peter meinte, schlechte Noten gegebenenfalls per Gericht korrigieren lassen zu können. Wir alle freuten uns immer, wenn er eine Sechs bekam und akribisch nach möglichen Bewertungsfehlern suchte. Sein Vater hätte so manch hochrangigen Herrn überführt, meinte er immer. Lehrer waren für Peter hochrangig, aber durchaus auch fehlbar und angreifbar. Vater würde es schon richten, meinte er dann mit hochrotem Kopf. Die Lehrer, dessen war er sich immer ab einer Vierernotengebung sicher, hätten seine Ergebnisse falsch interpretiert.

»Ich will zur Bundeswehr gehen, Unteroffizier, Offizier oder so etwas will ich machen. Ich weiß auch nicht, warum. Seit ich sieben oder acht Jahre alt bin, bin ich nur für Bundeswehr. Ich bin eigentlich Bundeswehrfan so ein bisschen, ich finde das gut, was die machen. Den Krieg finde ich nicht so gut, aber das andere finde ich eigentlich gut. Ich war mal bei Übungen dabei, was die so machen. Das fand ich ganz gut, deswegen hat sich das so entwickelt, dass ich da hin will.«

Wie hieß doch gleich wieder der Dritte von rechts in der zweiten Reihe? Und die lange Blonde, die immer Schwarz trug? Vergessen. Aber an den Kleinen rechts außen können Sie sich noch erinnern, obwohl er immer so unscheinbar war. Er hat sich nie gemeldet und war oft krank. Zu Weihnachten hatte er Lucie mal einen Hund aus Holz geschnitzt, den sie überall herumzeigte. Sebastian hieß er, die Schule verließ er nach der neunten Klasse, und niemand wusste, wo er hingegangen ist.

»Ich will mal wie ein ganz normaler Mensch leben, nicht irgendwie reich oder arm, einfach ganz normal, ganz normales Einkommen. Ich will immer etwas Handwerkliches machen, so was Höheres kann ich mir nicht vorstellen. Ich will mir selber was schaffen, was ich will, ich will irgendwie nicht nur genug Geld haben, dass ich mir was kaufen kann. Ich will mich selber hinsetzen und selber renovieren oder so. Außerdem kann ich da sowieso Geld sparen, weil ich es da machen kann, wie es mir gefällt, und dann habe ich auch Spaß am Handwerk. Ich würde mich freuen, wenn ich mit meiner Freundin zusammenbleiben würde, vielleicht später mal Kinder

haben, erst mal sehen, wie sich alles entwickelt. Aber ich hab vor allem Angst, dass ich mal arbeitslos bin, dass ich irgendwie mal absinke, so wie mein Vater zum Beispiel, was ich nicht will. Wenn man das miterlebt, wie einer abgesunken ist, dann wird einem mit einem Schlag auf einmal klar, dass dann alles vorbei ist, keine Chance mehr mit Frauen oder so, dann kann man nicht mehr arbeiten, kommt nicht mehr gut an. Dann ist man irgendwie abgestempelt.«

Sigrid, die Braunhaarige mit dem grünen Pulli, wurde immer Hase genannt, weil sie so große Lücken zwischen den Vorderzähnen hatte. Sie trug immer eine Zahnspange, die sie jedesmal aus dem Mund nehmen musste, wenn sie vom Lehrer aufgerufen wurde, weil sie sonst nur spritzend zischte. Dafür hatte sie immer eine kleine Dose parat, die vor ihr auf dem Tisch lag. In Religion saßen Sie immer neben ihr und haben sich ein wenig geekelt, wenn sich eine Spur glänzender Spucke über den Tisch zog.

»Mein eigenes Haus zu haben, da freue ich mich drauf, weil ich weiß, das gehört mir und das kann mir niemand wegnehmen. Wo ich mich auch total drauf freue, ist, wenn ich mal heirate oder wenn ich ein Kind kriege. Aber ich habe Angst davor, alt zu werden, richtig alt zu werden. Ich weiß nicht, wie man sich alt fühlt. Man ist nicht alt, wenn man graue Haare hat, auf gar keinen Fall. Man ist vielleicht alt, wenn man sich alt fühlt. Ich will mich nicht alt fühlen, ich will einfach jung bleiben. Wenn man alt ist, kann man nichts mehr machen. Nein, man kann schon noch was machen, aber nicht mehr so viel. Man kann nicht mehr weggehen, man kann nicht

mehr so viel spazierengehen, man kann einige Sachen nicht mehr machen, weil man nicht mehr so beweglich ist. Davor graut mir ein bisschen.«

Was wohl aus ihnen geworden ist? Der ewig lange Fabian, der wie ein geringelter Turm aussah (er hatte immer so merkwürdige Ringelrollis an), könnte jetzt Designer sein. Er war in Kunst extrem gut und malte im Unterricht immer. Und aus Peter ist sicher ein pedantischer Bürokrat geworden, trägt jetzt graue Anzüge, hat eine Frau, zwei Kinder und lebt in einem Einfamilienhaus. Und Detlef? Irgendwas Verrücktes, er ist garantiert nirgendwo angestellt, weil der das nie aushalten würde, also tippen Sie auf einen selbständigen, aber kreativen Chaoten.

»Mal wieder arbeiten gehen in Bayern, alles hier liegenlassen, ein neues Leben anfangen, aber wie gesagt, erst mit einundzwanzig. Dann habe ich gesagt, ich habe genug von meinem Leben gehabt, habe mitgenommen, was ich konnte, habe gemacht, was ich wollte. Und irgendwann, wenn ich mal alt bin, kann ich sagen, ich habe das und das gemacht. Mit dem Alter wird man sowieso dann ruhiger. Ich sehe das bei einigen, die sind fünfundzwanzig, die haben Kinder am Hals, wenn die mal dreißig, vierzig sind, dann sind die Kinder größer, dann tanzen die Kinder den Eltern auf dem Kopf rum. Und damals haben wir das halt gemacht. Vielleicht wirst du achtzig, dann bist du uralt, dann hast du Enkel auf dem Schoß, dann kannst du sagen, das haben wir gemacht.«

Eine Frage, die zu stellen Sie gar nicht wagen: Leben überhaupt noch alle? Die immer kranke Gunda hatte arges Asthma und Zucker, noch dazu ist sie im Unterricht sogar einmal ohnmächtig geworden. Der Krankenwagen holte sie mit Blaulicht, und der Biolehrer benutzte den Vorfall für ausführliche Exkurse in die körperlichen Vorgänge bei Diabetes. Ob Gunda noch lebt?

»Ganz normal will ich später mal sein, wie jeder Mensch auch, nicht mit schlechtem Gewissen, wenigstens. Wenn ich an die Zukunft denke, habe ich irgendwie ein bisschen Angst vor einer ganz schlimmen Krankheit, denn die Krankheiten kommen dann halt, wenn man älter wird. Ich möchte später mal einen Mann haben, der für mich und die Kinder immer da ist. Dann stelle ich mir vor, dass ich als Sekretärin arbeite. Ich will mal in einem eigenen Haus leben, das blau gestrichen ist, aber ich werde gar nicht so viel Geld haben für das Haus und so.«

Jetzt fällt Ihnen der Name wieder ein. Richtig, der mit dem blauen Sweatshirt ist Robert, der ständig nörgelte und an nichts wirklich Spaß hatte, ein richtiger Spielverderber. Er verwickelte die Lehrer in Endlosdiskussionen und wollte immer demokratisch abstimmen, ob es zuviel Hausaufgaben gibt.

»Solange wir selber nichts tun, überhaupt nichts, wird die Zukunft immer schlimmer. Ich werde immer mehr eingeklammert, ich habe immer mehr Pflichten, immer weniger Freiheiten. Zukunft kann ja auch heißen: Veränderung, dass sich irgendwie mal ein bisschen mehr tut, dass mehr Menschen die Augen geöffnet werden. Sie müssen es natürlich selber wollen. Zur Zeit habe ich tierische Angst, dass sich das noch mehr verstärkt. Wenn

ich mir zum Beispiel jetzt die Sicherheitspakete angucke oder Stoiber mal zuhöre, wenn der jetzt auch noch Kanzlerkandidat wird, dass einfach alles noch mal total verschärft wird, dass wirklich Menschenrechte immer mehr eingeschränkt werden und wir, die nicht mitmachen, irgendwann alle sterben. Davor habe ich Angst, dass es so sein wird. Das kann ich mir aber vorstellen. Ich weiß dann überhaupt nicht, wie meine Zukunft mal aussehen wird. Für mich sehe ich da keinen Platz. Wirklich nicht.«

»Zukunft ist halt nicht greifbar, daher kann man sich die nicht vorstellen. Trotzdem hoff ich, dass es ein bisschen besser wird, dass sich die Menschen vielleicht verändern. Und dass ich mich halt irgendwann einordne, dass ich weiter Kritik übe und nicht irgendwie … (lange Pause) *Das Beste wäre eine kleine Kommune oder so, aber nicht abgeschlossen von der restlichen Welt und nicht integriert, sondern halt einwirkend.«*

Der Dunkelhaarige ist auch auf dem Bild, welch Zufall, denn er war notorischer Schulschwänzer. Auch an diesem Tag blickte er finster drein. In seinen Augen spiegelt sich unverdrossene Verweigerung. Sie hatten zu ihm kaum Kontakt. Er war ein Einzelgänger und flog nach diesem Schuljahr von der Schule. Welche Zukunft hatte er damals vor sich? Keine, so schien es damals allen.

»Ich würde mal sagen, ich werde noch ein bisschen auf der Straße liegen, dann mal eine Familie gründen, dann auch arbeiten gehen. Das habe ich mir auch schon vorgenommen, dass ich mal arbeiten gehe. Eine schöne

Rente kriegen. Und dann mit der Familie noch ein schönes Leben haben.«

Lebten Sie damals von heute auf morgen, haben Sie damals schon an die Zukunft gedacht, als Sie elf, zwölf oder dreizehn waren? Wann hat die Zukunft Formen angenommen?

»Untereinander sprechen wir, was man werden will und wie man sich die Zukunft vorstellt, und da haben wir ungeheuer viel gemein. Wir wollen ganz reich werden. Aber es kann natürlich nicht jeder stinkreich werden. Dann überlegen wir uns, wie unser Haus mal aussehen soll und unsere Wohnung. Das geht bis ins Detail – und ob man dann noch Kontakt untereinander hat. Am Schluss sitzt man dann so da und ist traurig. Dann macht man wieder was Lustiges!«

Da, ein Foto von einem Fest, das Sie im Keller auf Matratzen feierten. Es waren wilde Zeiten, in denen die Eltern ein besonders kritisches Auge auf Sie geworfen hatten. Denen war nichts gut genug, ganz zu schweigen von den verwegenen Freunden, die Sie umgaben. Jerome hat nach ausgiebigem Whiskygenuss ins Waschbecken gekotzt, und Harald balancierte im Regen auf dem Hausdach, der Wahnsinnige.

»Meine Zukunft stelle ich mir mal so vor, dass ich nicht so werde wie meine Eltern. Diese Doppelmoral haben und so wenig an Politik interessiert sein. Die sitzen nur vor dem Fernseher, das kommt bei mir später mal so nicht in Frage, ich will was in der Welt bewegen. Ich will nicht angepasst sein und so leben, wie es allen gefällt.«

»Ich hätte später gerne eine liebe Freundin, wo ich mir sicher bin, ein Kind vielleicht, und aufhören mit Trinken und alles. Mit meinen Kindern würde ich dann alles anders machen. Ich meine, verbieten kannst du es sowieso nicht, wenn du sagst, sie sollen nicht rauchen, dann rauchen sie halt heimlich draußen. Ich habe es genauso gemacht. Und Alkohol kriegst du auch, wenn du welche kennst, die ein bisschen älter sind, dann gehen die halt rein und holen dir was. Das ist ziemlich egal. Ich würde einiges anders machen. Das Kind auf jeden Fall nicht verwöhnen, weil das den Charakter verdirbt. Ich glaube, ich werde mal ein strenger Vater, vor allem wenn ich die Kinder von meiner Tante sehe, die kriegen alles in den Arsch geschoben und sind selber richtige Arschlöcher.«

Ach ja, und da haben Sie beim Griechen gefeiert, und die Sabine hat an diesem Abend einen halben Strip gemacht – mit baumwollgekämmter Unterhose. Karin fand das so furchtbar lächerlich, sexistisch, weil Felix klatschte, und hat unter Protest das Lokal verlassen. Am nächsten Tag lag in Ihrem Briefkasten ein dreiseitiger Brief, in dem eine Aufklärung über das Frauenbild in der Gesellschaft ausführlich diskutiert wurde.

»Schön, also ich stelle mir meine Zukunft so vor: Ich habe jetzt beschlossen, was ich werden möchte, ich würde gern in der Asylpolitik Beratungen machen, richtig vor Ort für Leute, was sie für Chancen haben, was sie machen müssen, weil die Leute, die nach Deutschland kommen, haben ja noch nicht mal ein Demokratieverständnis, die wissen nicht, was das heißt, sich sofort melden zu müssen und sofort eine Anhörung zu haben,

um zu sagen, weswegen man hier ist, warum man nicht mehr zurück will und solche Sachen. Einfach auch auf die Missstände aufmerksam machen und einfach dort helfen, ich möchte viel über die Kulturen erfahren. Ich würde auch gern arabisch sprechen können und orientalische Sprachen. Ich will ganz viele Sprachen lernen, und will ich halt versuchen zu reisen, wenn es dann mit dem Abi klappt, Biologie zu studieren, und so kulturelle Sachen würde ich gern machen wollen. Und vielleicht irgendwann Kinder kriegen, mal gucken.«

Vielleicht entdecken Sie nun auch ein Foto, auf dem Sie genervt vor der Akropolis stehen, die Haare rot mit Henna gefärbt, wie schrecklich! Sie wissen es noch ganz genau, es war der letzte Urlaub mit Ihren Eltern. Die wollten Ihnen noch die griechische Antike als Schlüssel zur ultimativen Lebensweisheit auf den Weg in die Volljährigkeit mitgeben. Sie aber sehnten sich nach Hause, weil Sie befürchteten, dass Ihre große Liebe nach jemand anderem Ausschau halten könnte, während Sie weit weg gelangweilt zwischen den Tempeln umherschlendern und mit den Eltern über Ihr Desinteresse am kulturellen Erbe Griechenlands diskutieren mussten.

»Das Schöne an der Zukunft ist, dass ich mir ein Ziel gesetzt habe und dass ich das auch ausführen will, dass ich mit meinem Freund zusammenbleibe, dass der mich später nicht verarscht, und dass ich mit ihm alt werde und ein Kind kriege. Das sind bis jetzt so meine Zukunftsträume.«

Sie erinnern sich, Sie lebten von heute auf morgen, genossen oder litten, hatten Liebeskummer, bewegten sich in Wechselbädern der Gefühle und ahnten nicht, was die Zukunft für Sie bereithalten würde …

Schön, wenn es für Sie ein langer Abend war, schön, wenn Sie noch wache Erinnerungen haben. Wertvoll vor allem für Ihre Kinder, die jetzt schlafen, hoffentlich noch arglos, noch voller Zuversicht.

Diesen Abend der Nostalgie hätten Sie auch anders verbringen können, denn die Antwort auf die Frage nach den Zukunftsperspektiven Ihrer Kinder steht in ein paar Sätzen zusammengefasst im *Elften Kinder- und Jugendbericht* auf Seite 128: »Es herrscht die Hoffnung auf oder das Interesse an stabilen, linearen Entwicklungen vor – also durchaus ›traditionelle‹ Vorstellungen. Hieraus soll jedoch nicht auf unpolitische, realitätsferne Lebensentwürfe geschlossen werden. Es zeigt sich eher der Wille der Heranwachsenden, ihren persönlichen Lebensentwurf, zu dem eine sichere Zukunftsoption gehört, für sich selbst zu formulieren und nach außen vertreten zu können; das ist vermutlich eine wichtige Voraussetzung für die Steuerung des Lebensweges in eine ungewisse Zukunft hinein.«

Nehmen Sie sich nun noch die Zeit und gehen Sie, wenn auch nur in Gedanken, bevor Sie das Licht löschen, in das Zimmer Ihrer Kinder und teilen Sie ihnen mit stummen oder leisen Worten mit, dass Sie für sie da sind. Ich bin sicher, Schlafende spüren die Anwesenheit tiefer Verbundenheit, vor allem dann, wenn sie sich nach Nähe sehnen.

Und versuchen Sie, bevor Sie einschlafen, noch einmal die Diskrepanz zwischen all dem Erhofften und dem tatsächlich Erlebten zu begreifen. Erinnern Sie sich an all die Illusionen, die Ihnen Kraft und Motivation verliehen. Die erste große Liebe liegt nicht neben Ihnen (oder etwa doch?), Sie verbringen die Tage nicht so wie einst erträumt (oder doch?), Sie leben an einem anderen Ort, als ehemals gedacht (oder etwa nicht?). Wie auch immer es sei: Sie verfügen über Lebenserfahrung, über Strategien, wie den Anforderungen des Lebens und dessen Wendemarken zu begegnen ist. Es sind Erkenntnisse, die – stimmen Sie mir zu? – Sie sich hart erworben haben.

Schon die Gestaltung der Gegenwart ist vielen Prüfungen unterworfen, und die Aussichten auf die Zukunft zehren vom Rest der Kraft. Einer Kraft, deren Basis früh entsteht, und die um so stärker ist, je mehr Unterstützung sie erfährt.

Löschen Sie die Kerze, schließen Sie die Augen und seien Sie sich in den letzten Gedanken vor dem Einschlafen bewusst, dass Träume, so schnell sie sich verändern mögen, stets einen Begleiter benötigen, der versteht, der stärkt, der ermutigt, der berät – kurzum, der immer zur Seite steht. Für Ihre Kinder sollten Sie dieser Begleiter sein. Immer. Gute Nacht.

BOTSCHAFTEN AN DIE ERWACHSENENWELT

Herbei! Herbei! Wer hilft geschwind? Im Feuer steht das ganze Kind! ... Das arme Kind mit Haut und Haar; ein Häuflein Asche bleibt allein und beide Schuh' so hübsch und fein ... Paulinchen experimentiert und verbrennt. Max und Moritz sind frech und werden am Ende zu Hühnerfutter, welch schreckliches Ende zweier Jungs im Flegelalter. Sorglosigkeit und Träumereien enden im Wasser, wie im Fall des Hans Guckindieluft. Und Robert verschwindet für immer im Himmel, weil es ihn bei schlechtem Wetter nach draußen zog.

Heute wie ehemals lauschen Kinder in ihren Betten, die Decke bis zur Nasenspitze hochgezogen, wenn ihnen die Geschichten vorgelesen werden; die Botschaften der Erwachsenen an die Kinderwelt. Vertraut ist ihnen der Kaspar, der nicht essen will und am fünften Tag ins Grab zieht, und noch immer wird der Philipp zitiert, wenn man bei Tisch zu sehr zappelt.

Wie ist mit Kindern und Jugendlichen umzugehen? Im Brockhaus von 1815 steht: »Erziehung hat ihren Namen aus der Pflanzenwelt entlehnt. Man zieht junge Bäume, wenn man sie in einen ihrer Natur angemessenen Boden setzt, ihnen die gehörige Nahrung gibt und sie durch Richten, Beschneiden, Pfropfen und so weiter in dem Grade veredelt, als es die Gesetze der Pflanzenwelt nur zulassen. Auf ähnliche Weise kann man auch Tiere und Menschen ziehen oder erziehen.«

Und heute sind die Regale in den Buchhandlungen voll mit Ratschlägen, mit Botschaften Erwachsener an

Erwachsene, in denen geschrieben steht, wie man mit Kindern und Jugendlichen am besten umzugehen hat: *Jedes Kind kann Regeln lernen. Kinder brauchen Grenzen. Starke Kinder brauchen starke Eltern. Vom ersten Schrei bis zur ersten Liebe. Adoleszenz und pädagogische Praxis. Eltern und Freunde – Soziale Entwicklung im Jugendalter* – so und ähnlich lauten die diversen Titel.

In diesem Buch jedoch sprechen Kinder und Jugendliche, indem sie ihre Botschaften an die Welt der Erwachsenen schicken:

Sofie: Seid zu euren Kindern mal nett, redet mal mehr mit denen und stellt euch mal vor, was in Kindern eigentlich vorgeht. Das wissen die meisten Erwachsenen doch nicht.

Nina: Ja, es fällt mir nur schwer, das auf den Punkt zu bringen. Vielleicht nur versuchen, nicht nur andere zurechtzubiegen, sondern auch mal auf sich selber gucken, auf sein eigenes Leben, ob das eigentlich wirklich so toll ist, wie man sich das immer ausmalt oder auch nicht. Ich projiziere das, glaube ich, gerade sehr auf meine Mutter, ja, und nicht sich aufgeben, mal wirklich wahrnehmen, wenn hier irgend etwas beschissen ist, und dann versuchen, dagegen anzugehen, solche Sachen, und nicht einfach nur sich sagen, wenn Leute irgend etwas unternehmen gegen Dinge, die sie stören in der Gesellschaft, dann ist das halt eine pubertäre Phase, sondern das ist eine Verantwortung, die jeder von uns hat, jeder.

Jana: Na ja, man soll sich an seine eigene Kindheit zurückerinnern und vielleicht nicht ganz so streng sein und zu schnell urteilen über Jugendliche und über den Stil, den Jugendliche haben, das ist ja dieses Generationsding: Ach, ich habe so etwas nie gemacht oder so. Ich glaube, das kommt alles in abgewandelter Form wieder. Auch damals hat man schon mit Jungs rumgeknutscht und so etwas, das wird halt immer viel krasser, aber es war genau das, was man selber auch erlebt hat, dass man sich auch im Alltag ein bisschen mehr Zeit nimmt für viele Sachen, und auch mal einen Spaß mitmacht und sich ein bisschen an seine eigene Kindheit erinnert.

Dino: Was mir als erstes einfällt ist, dass man Kinder nicht vernachlässigen soll, also nachlässig mit denen umgehen soll, man soll versuchen, die Kinder besser zu verstehen.

Timmy: Für die Erwachsenen halt, dass die auf ihre Kinder wirklich achtgeben, dass sie ihr Ziel auch nicht verfehlen, und wenn diese Kids dann das Ziel verfehlen, wollen das aber eigentlich immer noch, aber sie verfehlen es, oder denken, hätte ich doch den anderen Weg genommen, dann fände ich es ganz gut, wenn die Eltern dann die Kinder auf den rechten Weg weisen. Natürlich nicht auf radikale Weise, so mit Schlägen oder so, bestimmt nicht, so etwas mag ich nicht, aber so vernünftig reden, sich auch ein bisschen mit den Kindern unterhalten, sich in die Lage hineinversetzen.

Manuel: Was kann man denen ganz einfach mal mit auf den Weg geben? Dass man sich vor allem mit seinen Kindern hinsetzt und redet, auch über Probleme, auch wenn sie sie nicht zeigen wollen, auf die Probleme eingehen. Man merkt doch als Elternteil, dass ein Kind Probleme hat. Dass sie einfach darauf eingehen sollen, einfach fragen sollen, wenn sie merken, mit dem Kind stimmt irgend etwas nicht. Dass sie vielleicht doch mal nachhaken sollten und so. Dass, wenn die Kinder mal stur sind, sie einfach mal darüber hinwegsehen sollten, und nicht gleich irgendwo sagen, hier, passt mal auf, so nicht weiter. Dass man einfach mal, auch wenn sie Mist gebaut haben, darüber hinwegsieht. Dass man irgendwie lockerer darangeht und nicht gleich drauflos brüllt und zum Beispiel sagt: Ab in dein Zimmer, Stubenarrest, oder solche Schoten. Wenn man sich einfach mal mit den Kindern hinsetzt, egal, wie spät es ist, egal, wieviel Zeit man hat, aber die Zeit sollte man sich nehmen.

Richy: Erst mal gerade Jugendlichen Freiräume lassen, manche haben sie zwar auch schon, aber ich finde das Quatsch, strenge Ohrfeigen zu geben, du bist vierzehn, und du hast, was weiß ich, um sechs Uhr zu Hause zu sein, was in der Stadt bestimmt nicht so ist, aber bei uns hier auf dem Dorf ist es so extrem. Gut, Schule und so, aber gerade bei Feierlichkeiten oder so, gerade bei Jugendlichen, wenn sie Freunde haben zum Beispiel, und da halt ständig, wenn man irgendwo hinfahren will, dass ständig rumgemotzt wird oder so.

Dominik: Sie sollten mehr auf ihre Kinder achten, am besten Finger weg vom Alkohol, das würde ich vielleicht jedem raten. Die lesen das zwar, aber machen tun sie es bestimmt nicht. Und wenn sie es machen, dann haben die Kinder ziemlich viel Glück. Es gibt einige Familien, wo das zum Beispiel nicht hinhaut.

Marie: Na, dass sie mehr auf ihre Kinder aufpassen, was für einen Umgang sie haben und wie sie sich verhalten gegenüber den Eltern und Freunden.

Franzi: Viele ältere Leute sagen immer, klar, das waren wieder die Jugendlichen, wenn irgend etwas passiert, die nehmen uns alle auf einen Haufen. Da waren es vielleicht zwei Mann von zwanzig, und das würde ich auch vielen sagen, dass sie das vielleicht nicht so sagen sollten.

Pina: Dass manche Leute nicht rumnölen, wenn jetzt schon Elfjährige ein Handy haben. Und wenn sie um zwölf angerufen werden, dass eine etwas ältere Frau sagt, schon wieder eine mit einem Handy. Wenn es mal etwas Wichtiges gibt, dann muss das Handy schon da sein, zum Beispiel, wenn ich anrufe und sage, ich habe einen Unfall gebaut, dann können sie sagen, wir holen dich ab, wir klären das ab und machen alles in Ordnung. Dann wollte ich noch sagen ... Das ist eine komische Frage. Dann würde ich noch sagen, dass sie aufgeschlossen gegenüber Jugendlichen und Kindern sind.

Tommy: Dass man sich mehr einsetzt und mehr nachdenkt, dass man nicht nur an sich selber denkt.

Oliver: Die Erwachsenen sollen sich mal Gedanken machen über Gott und die Welt, sie sollen nicht immer nur reden, sondern sich auch mal über das informieren, was sie sagen, sich nicht immer nur mit ihrer Meinung darstellen.

Felix: Ich würde ihnen erst mal mitteilen, dass sie ihre Kinder nicht schlagen sollen. Wenn sie mehrere Kinder haben, dass sie nicht eins davon bevorzugen. Und dass sie nicht alles so ernst nehmen sollen, was in der Pubertät so mit ihnen abgeht.

Susan: Dass sie vielleicht darüber nachdenken sollten, was die Jugendlichen am häufigsten gesagt haben, dass es sie stört. Sie sollen darüber nachdenken, dass sie nicht so streng sind, dass sie ab und zu auch mal ein Auge zudrücken können, vom Weggehen her jetzt gesprochen, dass sie einfach auch mal zuhören sollen und großem Streit aus dem Weg gehen.

Nicola: Dass die Erwachsenen sich mehr um die Kinder, also um die Jugendlichen kümmern, und dass sich nicht so viele Eltern trennen sollen, so dass die Kinder dann auf der Straße leben.

Pascal: Botschaft? Dass man vielleicht lernt, sich mit den Jugendlichen oder seinen Kindern irgendwie besser zu verstehen, als es schon ist, dass man jetzt sagt, man soll ihnen nicht alles hinterhertragen, aber man soll sie auch nicht verkaufen, man sollte das Mittelmaß finden. Man sollte nicht zuviel Taschengeld geben, dass sie jetzt sozusagen vom Taschengeld leben, weil ich kenne welche, die kriegen hundert bis hundertzwanzig Euro Taschengeld im Monat, und das ist nicht in Ordnung. Man sollte den Kindern nicht einfach zuviel in den Hintern stecken.

Johanna: Dass sie vielleicht äußerlich, man kann ja nicht jung bleiben, aber innerlich, dass man sich so ein bisschen auf die Jugendlichen einstellt, dass man viel mehr – was heißt viel mehr –, dass man viel mit den Kindern unternimmt, gemeinsame Interessen teilt, dann würde ich dieses amerikanische Bild nehmen, wie Vater und Sohn campen gehen oder so, dass sie viel unternehmen, das fände ich wichtig, oder das würde ich sagen.

Anna: Dass die Eltern mal netter sein sollen, die jetzt so streng sind. Ja, dass die, die jetzt Kinder kriegen, nicht so werden wie meine Eltern. Sie sollen die Kinder nicht schlagen, und wenn sie zwei haben, das jüngste immer bevorzugen.

Steffi: Dass sie mehr mit Kindern unternehmen und nicht nur an sich denken sollten.

Isabel: Nicht so streng durchs Leben gehen, glaube ich, und dass sie vielleicht mehr auf die Feinheiten des Lebens achten, nicht so materialistisch denken sollten und einfach mal stehenbleiben, wenn die Sonne untergeht, oder nicht nur im Urlaub an ihre Familie denken. Diese

Einzelheiten des Lebens mal richtig zu sehen, nicht nur im Rentnerdasein, dass man dann durch die Welt bummeln kann, sondern auch mal eine Minute stillzustehen und an Menschen zu denken, die einem wichtig sind.

Alle übrigen Kinder haben sich ähnlich geäußert, mit bescheidenen Botschaften, die eigentlich, so meint man, leicht zu erfüllen sein müssten.

Die Botschaften von Erwachsenen an Kinder und Jugendliche beziehen sich vor allem auf deren Persönlichkeitsentwicklung sowie den zwischenmenschlichen Umgang im allgemeinen und den innerfamiliären im besonderen. Im Mittelpunkt steht dabei nicht selten die Unterordnung unter Normen und Regeln.

Umgekehrt verraten die Botschaften der Kinder und Jugendlichen an die Erwachsenen eher schlichte Ansprüche, deren Erfüllung eigentlich selbstverständlich sein sollte: etwas mehr Zeit und Interesse seitens der Eltern, einfühlsameres Nachdenken darüber, was in ihren Kindern vorgeht, und vielleicht ab und zu etwas mehr Freiheiten.

DER KÖNIGSWEG

»Wenn man dieses Buch liest, hat man den Eindruck, alle Jugendlichen würden leiden. Man bekommt das Gefühl, dass sich Eltern um ihre Kinder nicht kümmern, nicht voller Sorge sind, sich keinerlei Gedanken machen!« kritisierte meine Mutter, als sie mein Manuskript durchlas. Möglicherweise fragte sie sich insgeheim, wie ihre eigenen Kinder bei derartigen Gesprächen geantwortet hätten. Jetzt, nach über vierzig Jahren, sind mein Bruder Philipp und ich sozusagen aus dem Gröbsten raus. Die Abnabelung von den Eltern würden wir beide als erfolgreich abgeschlossen bezeichnen. Doch. Denn wir haben ein recht gutes Verhältnis zu unseren Eltern. Mein anderer Bruder, Moritz, ist Epileptiker und geistig auf dem Stand eines dreijährigen Kindes geblieben, er wird sich nie abnabeln können, nie eine eigene Familie gründen. Er wird immer Kind bleiben, das seine Mutter noch »Mutter Bär« nennt und sich jeden Abend aufs neue über die vorgelesenen Geschichten vom »Kleinen Bär« freut. Wenn wir mitbekommen, wie Mutter nachts wieder einmal seine eingenässte Decke wechselt, morgens sein Gesicht wäscht, mittags mit ihm über weiche Wiesen geht (damit er bei einem Anfall weich fällt), ihm abends das Essen ans Bett bringt, dann sehnen Philipp und ich uns manchmal zurück zur einst genossenen Geborgenheit. Das haben wir uns mal in einer schwachen Minute gestanden. Unsere jetzige Geborgenheit ist auch schön, aber eine andere. Sie stützt sich auf das Wissen, dass unsere beiden Eltern trotz unruhiger Jahre unser Leben stets mit Empathie und Unterstützung begleitet haben. Damals, im Dunkel unserer Kinderzimmer aber haben wir uns noch über das völlige Versagen unserer Eltern beklagt. Wir mussten, so fanden wir, viel zu früh ins Bett, uns zu oft die Zähne putzen, zuviel für die Schule lernen. Uns wurde (ungerechterweise) der »falsche Ton« (Originalzitat meiner Mutter) angekreidet, es hieß, wir würden uns einer »Gossensprache« (sprich Fäkaljargon beim Fluchen) bedienen, wir hätten die falschen Freunde, seien zu passiv, zu wenig interessiert, würden zu wenig lesen und unsere Zimmer kaum bis gar nicht aufräumen (diesbezüglich geben wir ihr heute zu hundert Prozent recht). Wahrscheinlich lag unsere Mutter irgendwann – oder öfter – abends im Bett und dachte, aus ihren Kindern würde nie was werden: Sorgen wegen Moritz und seiner Epilepsie, Sorgen wegen Philipps Schulverweigerung und Sorgen mit der Tochter, die sich für nichts interessierte als fürs Ausgehen und ihrer Meinung nach schräge Freunde. Du bewegst dich auf einem »Semmelknödel- und Sauerkraut-Niveau«, hat sie mal zu mir gesagt. Meine damaligen Innenansichten, wären sie zu Papier gebracht worden, hätten genug Stoff abgegeben für ein langes, sehr langes Klagelied, in dem meine Jugendzeit in tragendem Moll nach einem kompletten Desaster geklungen hätte.

Meine Mutter konnte aber auch gut verzeihen und uns in die Arme schließen, um sich dann allerdings gleichzeitig wieder darüber aufzuregen, dass wir vergessen hatten, die Schuhe in der Wohnung auszuziehen: »Und wer muss immer euren Dreck wegputzen?« Den Satz haben Philipp und ich uns gegenseitig immer als Abschluss unserer nächtlichen Lästereien zugeflüstert, mal mit Amüsement, mal im Zorn.

»Die Interviews können doch nicht repräsentativ sein, das wäre ja eine Katastrophe für den Stand der heutigen

Jugend!« Meine Mutter kann nicht fassen, was sie zu korrigieren hat.

Ich gebe ihr recht. Was hier an Innenansichten versammelt ist, strotzt von Anschuldigungen, gespickt mit emotionalem Schiffbruch. Aber die Mehrzahl der Gespräche gab nun mal seelische Untergangsstimmungen wieder. Und das ist, von den extremen Fällen mal abgesehen, ganz normal. Auch ich fragte mich während all der Gespräche immer wieder: Wo ist die heile Welt? Wo bleiben die Erzählungen über verständnisvolle Eltern? Wo bleiben die unversehrten Innenansichten? Gibt es überhaupt intakte, unzerrüttete Seelen?

Je älter ich werde, vor allem aber je älter meine eigenen Kinder werden, desto mehr wird mir indessen bewusst, dass der Abnabelungsprozess von den Eltern nicht unbedingt den falschen Weg einschlägt, wenn er holprig, voller Steine und Hindernisse ist. Es sind Hindernisse, deren Beseitigung den Heranwachsenden die Chance auf einen neuen Weg öffnet, den eigenen nämlich.

Auf diesem Weg entfernen sie sich allmählich von den Eltern, schlaksig, etwas unproportioniert in die Höhe geschossen, mit langen Gliedmaßen, Pickeln, tieferer Stimme, wachsender Brust. Sie kämpfen sich durch Widerstände hindurch, durch körperliche Veränderungen, hormonelle Wallungen, Umstrukturierungen im Hirn, emotionale Wechselbäder, sichtbare und unsichtbare Begrenzungen. Und die Eltern haben dabei eine irgendwie undankbare Rolle: Einerseits bieten sie Begleitschutz, säumen den Weg ihrer Kinder und vermitteln ihnen so das Gefühl von Nestwärme, andererseits ist es ja gerade Ziel des jugendlichen physischen und psychischen Ausnahmezustandes, das schützende Geländer zu durchbrechen. Gut, wenn der Königsweg gefunden wird. Aber wie sieht er aus, der Königsweg?

Gerade liest meine Mutter mit ernsthafter, kritischer Miene diesen letzten Satz. Wie vertraut ist mir der Ausdruck in ihrem Gesicht. Ich kenne ihn zu gut, habe ihn zu oft beobachtet, wenn sie vor vielen Jahren meine Schulaufsätze korrigiert, kritisiert und verbessert hat.

Sie nickt, versteht und beantwortet die Frage: »Weißt du, ich glaube, der Königsweg besteht darin, dass Eltern ihre Kinder nie aufgeben, immer um sie kämpfen und immer den Kontakt halten.«

Dann blickt sie mich an. »Sind wir den gegangen?«

Es gibt viele Wege. Felix ist den Weg ins Paradies gegangen, Carola kämpft sich auf einem höllischen Weg ins unklare Nirgendwo. Anna wandelt vielleicht auf einem Prinzenweg. Petras Zukunft könnte sich den Königsweg entlangbewegen. Und wie bin ich in die Welt der Erwachsenen gezogen?

»Ich denke«, antworte ich, »ja, es war der Königsweg.«

SCHLUSSBEMERKUNG

Wie sind die Alpen entstanden? Ich hatte es vergessen: das Urmeer, das zwischen zwei Kontinenten lag und Platz machen musste, als vor fünfzig Millionen Jahren die afrikanische Platte mit der europäischen kollidierte. Meine Kinder schreiben morgen in Erdkunde eine Arbeit und sind genervt, weil ich sie abfrage. »Mama, ehrlich, uns ist egal, wie die Alpen entstanden sind und wie das damals aussah!«

Sie denken lieber an die Fernsehserie *Simpsons,* die gleich beginnen wird.

Ich hingegen denke an unsere Almhütte in einer dieser uralten Gebirgsfalten. Vor Augen habe ich auch Hannibal mit seinen Elefanten, wie sie die Täler durchschreiten, die einst tief unter dem Urmeer lagen. Ich denke an wilde Gebirgsbäche, die ins Tal stürzen, an Ötzi, der dort vor über fünftausend Jahren sein Leben in den eisigen Höhen des Schnalstaler Gletschers gelassen hat, und an die Touristen, die auf den Alpenstraßen lange Staus bilden.

Meine Kinder werden ungeduldig: »Mama, die *Simpsons* fangen an«, und knipsen den Fernseher an. Alpen oder gar deren Entstehung sind bei ihnen noch nicht in ein semantisches Bedeutungsfeld eingebettet, und meinem Argument, sie hätten es schließlich dem Resultat dieser Faltenbildung zu verdanken, dass es Schrägen gibt, auf denen sie auf zwei Brettern herumrutschen können, folgt verständnisloses Stirnrunzeln. Bedeutungsfelder sind Erfahrungen, die aus eigenen Erlebnissen oder Erzählungen anderer resultieren – und je eindrucksvoller und je zahlreicher die Assoziationen, die Erlebnisse, die Geschichten sind, desto größer und bedeutungsvoller sind die Felder, die ein Wort umgeben.

Seit heute gesellt sich bei mir zu Almhütten, Hannibal, Ötzi, Staus und anderem auch noch die Welt der Jugendlichen hinzu. So jedenfalls sehe ich sie jetzt, da das Buch geschrieben ist: als seelische Faltengebilde, mit Spitzen und Tälern, höchst unterschiedlich beschaffen, mal karg, mal fruchtbar, mal reich an Fauna und Flora, dann wieder reich an nacktem Geröll. Die Welt der Jugendlichen erscheint mir als eine Folge des Aufeinanderprallens zweier Welten: der Welt der Erwachsenen und der ihrer Kinder.

Und hier, in meiner Wohnung, sind die unterschiedlichen Welten kaum fünf Meter voneinander entfernt. *Simpsons* im Kinderzimmer und abstrakte Analogienbildungen im Wohnzimmer, mit deren Hilfe der Einblick sowohl in die tiefen Täler des Faltengebirges als auch über die vielfältigen Panoramen hinweg leichter gelingen soll. So will das Buch verstanden werden.

Mir ist bewusst, dass sich weltweit unzählige Wissenschaftler und Fachleute den Kopf darüber zerbrechen, wie es um die Situation der Kinder und Jugendlichen bestellt ist. Eine Unzahl von Studien beschreiben die in diesem Buch aufgeführten Aspekte mit trockenen statistischen Daten. Jeder einzelne Aspekt – der Ablösungsprozess vom Elternhaus, Freundschaft, Träume, Liebe, Ängste, Sehnsüchte – könnte für sich allein mehrere Bücher beanspruchen. In diesem Buch habe ich jedoch den Versuch unternommen, einen direkten Einblick in Kinderwelten zu bekommen: den in die verborgenen.

So empfinde ich mich denn wie eine Pilotin, die über das Gebirge fliegt und nur andeutungsweise ahnt, wie die Welt unter ihr aussieht – obwohl ich vor vielen

Jahren selbst die Höhen und Tiefen dort durchschritten habe: als ich da unten in der Wildnis saß und mich weigerte, ein verkohltes Huhn zu essen.

DANK

An all die Kinder und Jugendlichen, die mit mir sprachen.

Ohne eure Offenheit wäre dieses Buch nicht entstanden. Für euer Vertrauen und die Zeit, die ihr euch für mich genommen habt, möchte ich euch von tiefem Herzen danken. Ich hoffe, eure verborgenen Welten richtig verstanden zu haben und sie in einer Form niedergeschrieben zu haben, die in eurem Sinne ist.

Großer Dank gilt auch allen Eltern, die mir ihr Kind für die Gespräche anvertraut haben, obgleich sie wussten, dass auch sie selbst dadurch zum Inhalt würden.

Wesentlich mitgetragen wurde dieses Buchprojekt auch von zahlreichen Schulleitern, Lehrern und Sozialpädagogen, die die Kinder in ihren Schulen, Klassen und pädagogischen Einrichtungen zur Teilnahme motivierten. Dank für ihr Engagement.

In diesem Zusammenhang möchte ich insbesondere Pfarrer Lothar König von der Jungen Gemeinde in Jena danken, ohne dessen Unterstützung ich gewiss niemals Einblick in die Gefühle von Jugendlichen erhalten hätte, die sich ansonsten verschließen.

Don Schubert reiste mit mir durch Deutschland und half mir auf einfühlsame Weise bei den Interviews. Die schöne Zeit mit ihm werde ich nicht vergessen.

Meine Mutter, Laura Doermer, mein Bruder, Philipp Doermer, und Hedi Rehm haben das Manuskript kritisch durchgesehen und mir wertvolle Ratschläge gegeben.

Ohne Steffi Hüdepohls wichtige Hilfe bei der Aufarbeitung und Analyse der Interviews wäre ich zeitlich und nervlich in arge Bedrängnis geraten. Danke für alles, liebe Steffi.

Dank auch meinem überaus geschätzten Agenten, Lionel von dem Knesebeck, für sein Vertrauen und seine Unterstützung.

Christiane Tramitz

Unter Glatzen

Meine Begegnungen mit Skinheads

318 Seiten

»Immer wieder hatte ich mich gewundert, wie unbewegt die Glatzen über ihre Taten sprachen, wie wenig sie bereut hatten, wie kümmerlich wenig Gedanken sie sich über ihre Opfer machten. Es war nicht meine Aufgabe zu urteilen und zu richten. Ich musste zuhören, Vertrauen gewinnen. Dennoch verurteilte ich innerlich. Ich spürte Wut, Hass und Ohnmacht, manchmal auch Angst.«

So dicht und hautnah erzählt Christiane Tramitz von ihren Erfahrungen im Reich der Glatzen, dass einem beim Lesen angst und bange werden kann. Unberührt wird niemand dieses Buch aus der Hand legen.

»Christiane Tramitz schreibt von ihrer
ohnmächtigen Wut, ihrer Hilflosigkeit,
der schleichenden Vergiftung ihres persönlichen
Lebens durch das alltäglich gewordene Böse.«
Michael Jürgs in der »Woche«

Knaur